농사짓고 장사하고

송기호 교수의 우리역사읽기 4

농사짓고 장사하고

초판 1쇄 발행 2014년 11월 10일
초판 2쇄 발행 2023년 8월 10일

지은이 송기호

펴낸곳 서울대학교출판문화원
주소 08826 서울 관악구 관악로 1
도서주문 02-889-4424, 02-880-7995
홈페이지 www.snupress.com
페이스북 @snupress1947
인스타그램 @snupress
이메일 snubook@snu.ac.kr
출판등록 제15-3호

ISBN 978-89-521-3237-6 04900
978-89-521-0997-2 (세트)

송기호 교수의 우리역사읽기 4

생업과 행정

농사짓고 장사하고

송기호 지음

서울대학교출판문화원

머리말

과거에서 지금 '우리'를 찾다

거의 5년 만에 다시 세 권의 책을 내게 되었다. 2009년 말에 『이 땅에 태어나서』, 『시집가고 장가가고』, 『말 타고 종 부리고』 세 책을 내고, 그 후속으로 이제 다시 세 책을 더 선보이는 것이다. 앞의 세 책은 필자 나름으로 분류한 '인간과 자연', '가족과 혼인', '사회와 신분'을 다루었다면, 뒤의 세 책은 '국가와 제도'를 다루었다.

필자에게는 각각 50대 나이 전반기와 후반기의 결과물이라는 의미가 있다. 이제 내년에 '외교와 이민족'을 주제로 하나 더 내게 되면 모두 일곱 권으로 큰 마무리가 될 것이다. 2005년에 연재를 시작해서 어느덧 10년의 세월이 흘렀으니, 이렇게 해서 내 50대의 10년을 꼬박 이 집필로 보내게 되었다.

이번 세 책 가운데 첫째인 『농사짓고 장사하고』는 사농공상 가운데 농업과 상업에 초점을 두면서 행정과 형벌을 추가했다. '사'는 뒤의 책에서 다루겠지만, '공'은 아쉽게도 사료가 별로 없어서 생략했다. 둘째

권인 『과거보고 벼슬하고』는 입학하여 공부하고 과거보고 벼슬하는 선비의 출세 과정이 핵심 주제이다. 셋째 권인 『임금되고 신하되고』는 국가의 최상위에 있는 임금을 중심에 두면서 측근에서 보좌하는 왕비, 환관, 궁녀, 암행어사, 언관, 사관 등을 언급하였다.

다시 한 번 강조하지만, 필자는 이런 식의 역사책을 써보고 싶었다. 이야기로서의 역사, 에피소드로서의 역사, 생활사로서의 역사, 사료가 직접 말해주는 역사이다. 교과서와 같이 분절적이고 딱딱한 체제와는 다르게, 흥미롭고 재미있는 역사책이요 이념에 휘둘리지 않고 가치중립적인 역사책을 쓰려고 했다. 야담은 재미있는데 역사는 재미없다는 인식을 바꾸고 싶었다. 그러나 타고난 얘기꾼이 아니라서 내 목표가 얼마나 성공했는지는 독자가 판단할 일이다. 다만 역사 교과서가 이런 식으로 바뀌면 좋겠다는 희망은 가지고 있다.

또 기왕의 사고틀에서 벗어난 역사, 소외된 이면의 역사를 쓰고자 했다. 우열이나 보편성에 가려진 차이점과 고유성, 발전에 가려진 변화, 구조에 가려진 개인, 대외항쟁에 가려진 상생조화에도 관심을 가져야 한다. 몇년 전 미국에 경제 위기가 닥쳤을 때에 수많은 경제학자가 예측하지 못한 점을 반성하면서 사람이 빠진 경제학이었음을 고백했다. 학문을 위한 학문을 하였고, 사람의 마음과 제도를 고려하지 않고 수학과 통계에 빠졌다는 자성이었다. 사실 우리 역사학도 논문을 위한 논문을 쓰고, 사람이 빠지고 기계적인 틀에 갇힌 학문이 되지 않았는지 자성해야 한다.

이에 더하여 발전이나 구조를 구명하려는 서양의 역사관과 도덕적 교훈을 얻으려는 동양의 전통적 역사관, 내재적 요인과 외래적 요인에 대한 인식의 조화도 필요하다. 그래야만 종합사로서의 역사학도 제 면목을 드러낼 수 있을 것이다. 이 책은 그런 시도의 하나이다.

조선시대 사료를 읽어가면서 이 시대 전공자라면 이런 자료는 논문감이 안 되어 지나칠 것이라는 생각이 종종 들었다. 논문은 논리적인 문장을 쓰는 것이다. 논리적 구성에 도움이 되지 않는 에피소드는 역사학자에게서 외면을 당하게 된다. 그러나 인생사가 모두 논리적으로만 설명될 수 있는 것은 아니다. 그렇게 소외되는 부분도 당시 사회의 실상을 압축적으로 보여주는 소중한 역사 자료가 될 수 있다.

우리 역사학계는 발전을 찾는 데 너무 편향되어 있다. 발표되는 논문들은 우리가 어떻게 발전했는지를 찾는 데에만 진력하고 있다. 그러나 역사에는 발전만 있는 것이 아니라 쇠퇴도 있고 그저 변화하는 것도 있다. 이런 것들은 관심 밖에 던져져 있다. 또 반성의 역사를 쓰거나 부정적 평가를 담으면 무조건 식민주의 사관이라고 공격하여 입을 닫아버리게 한다. 이렇게 되면 자아도취의 역사에 빠져버리고 만다. 역사에는 밝은 곳이 있으면 어두운 곳이 있게 마련이다.

이런 것들은 민족주의 사학의 역효과이다. 문제는 주변국인 중국과 일본이 이를 부추기는 형국이라는 점이다. 아픈 것도 우리 역사인데 시대적 상황이 이를 감내하지 못하게 한다. 불편한 진실은 빼거나 외면하려 하고, 자꾸 과거를 변호하려 든다. 한반도에서 한사군이나 왜의 활동이 사라지고 당쟁의 역사도 제대로 보이지 않는다. 그 대신에 북쪽 만주에서의 영역은 자꾸 넓히려 든다. 또 조선시대까지는 자랑스런 역사이다가 근현대사에 이르러서는 저항이나 반성이 주조를 이루는 불균형도 나타난다.

모두들 현재에서 자부심을 가질 생각은 하지 않고, 과거 역사에서 위안을 찾으려 하기 때문이다. 그러다 보니 고대사를 과대포장하려는 사람도 나타난다. 역사를 정신적 도피처로 여기고 있는 것이다. 이처럼 역사에서 긍정적인 요소만 찾게 되는데, 이것도 또 하나의 왜곡이다. 필자는 발해사를 연구하면서 항상 중국이나 일본 연구자들이 수긍할 수 있을 정도로 객관적인가 하는 점을 염두에 두어 왔다. 그러지 않고 민족주의적인 국내용 논문을 써서는 외국에서 통하지 않는다. 이런 점에서 민족주의 사학마저도 21세기 우리 사회에서 종언을 고해야 한다.

예컨대 우리 역사학계는 우수성을 찾으려 한다. 그런데 우리의 우수성은 다른 민족의 열등성을 전제로 하는 것이다. 우열은 상대적인 것이기 때문이다. 이것은 모든 사회의 고유 가치를 인정하는 글로벌 사회에서는 극복해야 할 태도이다. 문필가 이윤기 씨는 이런 수필을 썼다.

나는 우리 한국인들과 일본인들에게 물었다. 일본인들은 저희들끼리 모이면 소곤소곤 이야기를 나눈다. 그런데 한국인들은 큰 소리로 웃고 떠든다. 일본인은 옳고 한국인은 그른가? 이 양자 사이에는 '이야기를 나눈다'는 공통점이 존재하는 것이 아닌가?

연필 깎는 것을 자세히 보면 한국인과 일본인은 연필을 손에 쥔 채 칼을 움직인다. 하지만 미국인들은 칼을 쥔 채 연필을 움직인다. 한국인과 일본인은 옳고 미국인은 그른가?

한국의 톱과 일본의 톱은 앞으로 당길 때 나무가 썰리도록 되어 있다. 뒤로 미는 행위는 당기기 위한 준비 작업일 뿐이다. 하지만 미국의 톱은 반대로 되어 있다. 미는 순간 나무가 썰리도록 되어 있다. 앞으로 당기는 행위는 밀기 위한 준비 작업일 뿐이다. 그래서 한국인이나 일본인들은 미국 톱을 쓸 때마다 애를 먹는다. 아시아 톱은 옳고 미국 톱은 그른가? ('흥보다가 한 수 배우다'에서)

이것은 옳고 그름의 문제도 아니요 우수와 열등의 문제도 아니요 그저 차이일 뿐이다. 굳이 따진다면 고유와 보편의 문제에 가깝다. 이런 말도 있다. "외국에 나가면 중국인은 식당을 열고, 일본인은 가게를 열고, 한국인은 교회를 만든다." 해외 공동체의 구심점이 민족 성향에 따라 각각 다른 것이다. 이런 차이를 드러내고 왜 이렇게 되었는지 설명하는 것도 역사학에서 관심을 기울여야 하지 않겠는가?

역사에는 항상 양면성이 있다. 규장각에 소장된 서적은 몇백 년이 흘러도 변색이 되지 않을 정도로 우수한 종이를 사용했다. 고려지란 종이는 중국에서 알아줄 정도였고, 사신들이 항상 선물용으로 휴대했다. 반면에 중국 종이의 질은 상대적으로 뒤떨어졌다. 그러나 이것만 강조해서는 일면만 보는 것이다. 중국은 서적을 널리 인쇄하여 보급하였기에 보급용 종이를 만든 반면에, 조선에서는 그러지를 못했다. 이렇게 역사는 두 얼굴을 가지고 있다.

이 글에는 '내 어릴 적'이란 말을 자주 사용했다. 불과 20년 전에 인터넷을 시작하고 곧이어 이메일을 사용했는데, 이제는 이런 것이 없던 세상이 잘 떠오르지 않을 정도이다. 지하철이나 버스에서 서 있는 사람의 가방을 들어주는 것은 우리에게 당연한 의무였지만, 지금은 주지 않으려 할 뿐 아니라 오히려 경계심을 보낸다. 남에게 신세 지지 않으려는 뜻도 있고, 혹시 내 가방 어쩌려나 하는 의구심도 들기 때문이다. 그만큼 세상이 크게 바뀌었다. 아니 과거와의 간극이 기하급수적으로 벌어지고 있는 느낌이다. 그런 과거를 복원해내는 데에 어릴 적 기억도 크게 기여했다.

다른 한편으로 과거와 맞닿아 있는 면도 있다. 이 글을 읽고서 '사람 사는 게 다 똑같구나' 하는 반응도 있었다. 예를 들어서 과거시험의 부정행위나 맞수들의 경쟁을 읽다보면 그런 생각이 들 것이다. 우리가 과거와 크게 다르다는 생각은 현대인의 오만에서 비롯된 것이 아닌지 모르겠다. 역사는 발전한다는 생각에 사로잡혀 덜 발전된 과거를 낮추어 보는 편견이 개재되어 있을 수 있다. 그러므로 변화와 불변의 이중주를 보여주는 것도 생활사의 매력이 아닐까 생각한다. 이 책을 통해서 이러저러하게 다양한 생각을 갖게 된다면 필자의 목적 하나가 이루어지는 것이다.

한국사를 바라보는 하나의 사고틀을 이제는 벗어나야 한다. 다양한 방식과 시각에서 과거를 바라보아야 한다. 그런 하나의 방편으로 이 책을 쓰게 되었다. 50대의 나이가 되면서 논문 평가와 승진에서 자유로워지게 되었고, 내가 평소에 하고 싶었던 일에 착수한 결과물이기도 하다. 지금 한국사 전공자가 되었지만, 고등학교 때에 암기과목으로 전락하여 재미없는 과목이 국사였다. 당시 예비고사 수석을 했으면서도 국사가 많이 틀린 과목이기도 했다. 그러기에 뭔가 바꾸어보고 싶은 마음이 항상 있었다.

이런 방대한 작업은 사실 공동으로 하는 게 마땅하다. 그러나 공동집필을 하게 되면 글의 편차가 심하고 시간적 효율성도 떨어진다. 일관된 체계를 잡기도 어렵다. 한국적인 현실에서는 편집자의 권한을 마구

휘두르기도 어려운 형편이다. 그러기에 홀로 도전하게 되었다. 대한토목학회지에 매달 글을 연재하면서 과연 내가 이럴 만한 자격이 있는지, 큰 실수를 하지 않았는지 항상 두려움 속에 있었다. 도중에 포기할까도 생각했지만 마침내 여기까지 끌고 오게 되었다. 또 연구비를 받았으면 정해진 시간에 쫓기고 논문이란 틀에 갇혀서, 오랜 기간에 걸쳐 이런 책을 쓰지는 못했을 것이다.

그동안 자판을 두드리느라 키보드 병에도 걸렸고, 다른 퇴행성 질환들도 나타나기 시작했다. 이제는 글을 쓰는 게 너무 고통스러울 정도가 되었다. 오래 집중하지 못하고 몸이 쑤실 만큼 체력이 고갈되었다. 내 나름으로 힘을 쏟아부은 대가를 치르고 있다.

이 책을 낼 수 있었던 것은 무엇보다도 매달 지면을 할애해준 대한토목학회의 덕택이니, 감사의 마음을 먼저 표하지 않을 수 없다. 부록의 참고 자료 목록에서 보듯이 한국고전번역원을 비롯하여 그동안 번역에 힘을 써온 여러 연구자의 도움을 받은 사실을 다시 한 번 강조하고 싶다. 국사학과 김건태 교수는 농업사 관련 부분, 언어학과 이승재 교수는 한글 부분, 홍승우 군은 형벌 부분을 검토해주었다. 그러나 나머지 대부분은 전문가의 손을 거치지 못했다. 아무리 노력해도 완벽한 책은 없다. 잘못된 부분은 언제든지 고쳐나가고자 하니, 독자의 오류 지적은 항상 받아들일 자세가 되어 있다.

되도록이면 필자가 찍은 사진을 사용하려 했으나 유물 사진 등은 한계가 있다. 국립중앙박물관과 문화재청 자료를 비롯하여 많은 도록의 도움을 받았고, 그 출처는 뒤에 밝혀놓았다. 그 가운데는 미처 저작권자의 동의를 구하지 못한 것도 있어 죄송스럽다. 개인적으로 사진을 제공한 분들에게도 감사를 표한다. 교정에는 대학원생 김수진이 도움을 주었다. 또 지난번에 이어서 이 책들을 편집하고 출판해준 정미경 씨를 비롯한 서울대학교출판문화원에도 감사를 표한다.

2년 전 갑자기 세상을 떠난 처남 정현철에게 이 책을 바치고 싶다. 10년 사이에 장인과 장모님, 어머님이 차례로 세상을 뜨시더니, 이제 손아래 처남마저 세상을 등지고 말았다. 집사람과 내 주변에는 공허함과 그리움만 맴돌고 있다. 조카 유진이가 구김살 없이 잘 자라길 바랄 뿐이다.

2014년 9월

또 관악에서 가을을 보내며

차례

1

서울과 지방

서울 풍정 | 지방 사정

서울 풍정

서울은 북쪽으로 청와대 뒷산인 백악산을 진산鎭山, 주산으로 삼아 의지하고, 남쪽으로 목멱산이라 불리는 남산을 안산案山, 앞산으로 삼아 바라보고, 동쪽의 타락산낙타산과 서쪽의 인왕산을 두 날개로 삼고 있다. 풍수에서 말하는 이른바 북현무, 남주작, 좌청룡, 우백호이다. 다시 멀리서 사방을 보호하는 산으로는 북한산, 관악산, 아차산, 덕양산행주산성이 있다. 풍수에서는 배산임수가 적격이니, 백악산과 북한산이 배산이라면 성 안의 청계천과 성 밖의 한강은 임수에 해당한다.

지금은 백악산 아래에 왕궁이 있지만 처음 도읍을 정할 때에는 인왕산 아래에 정했던 일화가 전설로 전해진다.그림 1

태조는 크게 기뻐하여 스승의 예로 대접하고 이내 도읍 정할 곳을 물었다. 무학이 바로 한양을 점쳐서 "인왕산을 진산으로 삼고, 백악산과 남산을 청룡과 백호로 삼으시오"라고 말했다. 정도전이 난색을 보이며 "예로부터 제왕은 모두 남쪽을 바라보고 다스렸으니, 동쪽을 향했다는 말은 듣지 못했습니다" 하니, 무학이 "내 말을 듣지 아니하면 200년이 지난 뒤에 내 말을 생각할 것입니다" 하였다. _『오산설림초고』

그림 1 인왕산(왼쪽)과 백악산(오른쪽), 북한산(뒤) (2009. 11)

200년 뒤에 임진왜란이 일어날 것을 예언했다는 말이다. 여기서 알 수 있듯이 중국과 우리나라의 도시는 북쪽에 중심을 두고 남쪽을 바라보는 형국으로 설계되어 있다. 유럽 도시에서는 이런 방향성이 보이지 않아 우리에겐 길 찾기가 익숙하지 않다.

광해군 때에 인왕산 아래에 궁궐을 지어 인경궁이라 했으나 곧 헐리고 말았다. 이 궁궐터를 정할 때에 사관은 이렇게 적었다.

> 드디어 사직단 담장 바깥에다 궁궐터를 정했다. 이보다 앞서 사제社祭, 토신 제사에 쓰는 시루가 저절로 소리를 내어 그 소리가 1리 밖까지 들렸는데, 얼마 되지 않아 궁궐터로 잡아 담장을 무너뜨리고 터를 닦았으므로 사람들이 그에 대한 응험이라고 하였다. 인왕仁王은 석가모니의 미칭이니, 예전에 산에 인왕사가 있어서 그런 이름이 붙었다. _광해군일기 8년(1616) 3월 24일

인왕은 원래 불법을 수호하는 신인데, 불교를 배척하던 조선에서도 바뀌지 않았다. 일제강점기에 일왕日王을 상징하기 위해서 왕旺으로 글자를 바꾸었다고 해서 1995년에 원래 이름으로 환원했지만, 사실은 조선시대에도 이런 표기가 사용되었다. 일본에서는 일왕이 아니라 일황이니 이것도 맞지 않는 말이다. 산에 박은 쇠말뚝의 신화와 같은 것을 여기서도 엿볼 수 있다.

동쪽에 마주하는 산은 타락산으로, 지금은 줄여서 낙산이라 부른다. 인왕산보다 산세가 약해서 동대문 현판에 산줄기를 형상한 지之자를 더 넣었다고 전해진다. 낙타 등처럼 생겼다고 해서 붙여졌다고 하지만, 실은 관음보살이 머무는 보타락가산에서 유래된 불교식 이름이다. 양양에 있는 낙산사의 낙산 같은 경우다.

남산그림 2은 남쪽에 있어서 붙은 이름이라 생각할 수도 있으나, 실은 중국의 시안西安에 있는 남산, 즉 종남산終南山에서 연유했을 것이다. 실록에도 종남산이란 표현이 이따금 보인다. 애국가에서 "남산 위에 저 소나무 철갑을 두른 듯"이라고 하듯이 조선시대부터 남산은 소나무로 상징되었다. 태종 때에 성석린이 남산에 소나무와 잣나무를 심자고 하였고, 세조 때에 양성지는 농가의 소에 대한 도살 금지와 관련하여 이렇게 비유해서 아뢰었다.

신이 남산 아래에 살고 있어서 남산의 소나무와 관련된 일을 목격했으므로, 이것으로 반복해서 비유하고자 합니다. 남산의 소나무는 도읍으로 정한 이후로 70여 년이나 가꾸고 길러서 무려 백만여 그루나 되었습니다. 처음에는 거리의 아이들과 골목의 부녀자들이 삭정이나 마른 잎

그림 2 남산과 한강(2008. 6)

을 몰래 져다가 불을 땠고, 중간에는 큰 창고를 짓느라 말라 죽은 나무라고 칭탁하면서 베어냈습니다. 또 마지막에는 산 근처에 사는 사람들이 귀천을 불문하고 대낮에 무리를 지어 생나무를 바리로 실어다가 간혹 집을 짓는 자가 있었고, 집을 지을 뿐만 아니라 수레로 실어다가 기와를 굽는다는 소리가 온 나라 안에 들렸습니다. 이렇게 벌채하여 거의 다 없어졌고, 겨우 남은 것은 인가의 동산에 있는 수천 그루뿐입니다.

_세조실록 13년(1467) 1월 4일

남산의 소나무는 꼭 있어야 하나 설혹 없어도 상관없지만, 농가의 소는 없어서는 절대 안 된다는 뜻으로 아뢴 말이다. 남산에는 누에머리를 닮은 잠두봉이 있는데, 지금은 서울 전경을 내려다볼 수 있는 포토 아일랜드가 만들어져 있다. 누에가 있으면 먹이가 있어야 했기에 한강 건너에 뽕나무를 심었으니, 지금 잠실이란 지명은 그 가운데 동잠실에서 유래되었다.

멀리서 서울 남쪽을 보호하는 산이 관악산이다. 백악산에서 숙정문으로 가다 보면 전망대가 있는데, 경복궁을 지나 멀리 관악산이 한눈에 가까이 들어온다. 이 산에 대해서 한 서양인은 이렇게 적었다.

밤이 되어 서울에 도착할 무렵에서야 높이 솟은 관악산이 보였다. 그 꼭대기에는 불교 사원이 있고, 작은 제당은 뾰족하게 깎아지른 아찔한 바위 위에 지어졌다. 바로 이 산을 조선사가들은 '화염처럼 타오르는 산'이라고 부른다. _에밀 부르다레 책, 49쪽

관악산 북쪽 자락에 자리잡은 서울대학교에서 바라보면 마치 불꽃이 피어오르는 것 같기도 하고, 큰 독수리가 비상하는 듯한 모습이기도 하다. 남쪽은 불을 상징하는데다가 산 자체도 화염처럼 보여서, 이 화기가 도성에까지 미치지 못하게 여러 조치를 취했던 것은 풍수와 관련하여 이미 언급한 적이 있다.

산꼭대기에는 아름다운 주상절리의 기암절벽 위에 연주대가 있고,그림 3 그 아래에 효령대군의 초상을 모신 연주암이 있다. 연주대의 유래에 대해서는 두 가지 설이 전해진다. 하나는 조선 태종이 충녕대군을 세자로 책봉하려 하자 양녕대군과 효령대군이 이곳에 올라 멀리 왕궁을 바라보며 왕위를 그리워했다는 설명이다.

채제공이 아뢰었다. "관악산 제일봉에서 멀리 경복궁이 보입니다. 양녕

그림 3 관악산 정상과 연주대(2009. 5)

대군도 필시 여기에 올라 바라보았기 때문에 아직도 차일햇빛가리개을 쳤던 흔적이 있는데, 세상 사람들은 염주대念主臺라고 일컫고 있습니다."

_정조실록 13년(1789) 12월 30일

다른 하나는 조선이 건국된 뒤에 고려의 신하들이 이곳에 올라 멀리 개성을 바라보며 두문동에서 죽은 72명의 충신과 임금을 그리워했다는 설명이다. 어느 쪽이든 임금을 연모했다는 의미로 붙여졌다. 관악산 줄기가 동쪽으로 우면산 방향으로 뻗으면서 과천과 경계를 이루는데, "서울이 무섭다니까 과천서부터 긴다"는 곳이 이 줄기인 남태령 일대이다. 관악산 아래에는 자하동이 몇 군데에 있었다. 그중 하나가 지금 서울대학교 부근에 있었으니, 조선후기 문인이요 서예가였던 자하 신위1769~1845의 고향이다. 서울대 안의 연못에 자하연이란 이름이 붙은 것은

그림 4 성돌의 차이(2010. 4)

이 때문이다. 자하는 보랏빛 노을이란 뜻으로 신선이 사는 곳을 이른다.

백악산에서 낙산과 남산을 거쳐 인왕산으로 연결된 것이 조선시대의 도성이다. 태조 때에 처음 쌓은 뒤에 여러 차례 고쳐 쌓았는데, 그때마다 돌의 크기가 조금씩 달라서 시대의 변천을 엿볼 수 있다. 태조 때에는 메주만한 크기의 자연석을 쌓았고, 세종 때에는 장방형 돌을 쌓으면서 사이에 잔돌을 끼워넣었고, 숙종 때에는 장정 4명이 들 수 있도록 2자 크기의 정방형 돌로 규격화해 쌓았다.그림 4 그리고 도성에는 사방으로 8개의 문을 설치했다.

서울에 여덟 문이 있다. 정남쪽은 숭례崇禮라 하는데, 속칭 남대문이다. 정북쪽은 숙청肅淸이라 한다. 정동쪽은 흥인興仁이라 하는데, 속칭 동대문이다. 정서쪽은 돈의敦義라 하는데, 속칭 신문新門이다. 동북쪽은 혜화惠化

그림 5 동대문과 옹성

라 하는데, 속칭 동소문이다. 서북쪽은 창의彰義라 한다. 동남쪽은 광희光熙라 하는데, 속칭 남소문이다. 서남쪽은 소덕昭德이라 하는데, 속칭 서소문이다. 또 수구문水口門이 있는데, 이 두 문은 장례 치르러 나가는 곳이다. _『지봉유설』 궁실부宮室部, 궁전

지금의 정동사거리에 세종 때에 새로 만든 돈의문, 즉 신문이 있었기에 지금 신문로란 도로명이 생겼고, 그보다 안쪽이 우리말로 새문안이라서 새문안교회와 같은 이름이 붙었다. 숙청문은 숙정문으로 바뀌었다. 남대문은 그야말로 서울의 얼굴로서, 외국 사신을 정식으로 맞이하던 곳이다. 광해군 때에는 문 좌우의 돌에 붉은 글씨와 검은 글씨로 낙서를 했다고 해서 수문장에게 벌을 준 적이 있다광해군일기 1611. 11. 19. 지금도 볼 수 있듯이 동대문에는 적의 침입을 방비하기 위해 문을 둘러싼 옹성이 있지만그림 5 남대문에는 없어 차이가 난다. 8개 문 가운데 남소문

그림 6 성벽 넘기

과 숙정문은 거의 사용하지 않았다. 그 이유에 대해서는 이렇게 전한다.

서울에는 과거에 남북 소문이 있었으니, 살피건대 옛날 수도를 만들 때에 세운 것이다. 남쪽에 남소문이 있어 한강으로 통하고, 북쪽에는 숙청문이 있다. 예종 원년 기축년1469에 남소문을 막도록 명령을 내렸는데, 음양가의 설에 손방巽方, 동남쪽을 기피하기 때문이다. 숙청문은 곧 양주 북한산으로 통하는 곳으로 역시 지금 쓰지 않는다. 어느 때에 폐지했는지 알 수 없지만, 세속에 전하기를 이 문을 열면 성 안 마을의 남녀가 음란해지는 풍조가 많이 일어난다고 해서 폐지했다고 한다. _『오주연문장전산고』 경사편, 논사류, 이문흥인문변증설里門興仁門辨證說

숙정문은 북쪽 정문인데 여기서는 소문, 즉 작은문이라 했다. 성문은 해가 지면 닫혀서 표신확인증 없이는 드나들 수 없었고, 해가 떠야 다시 열렸다. 그래도 서민들은 성 안으로 들어가는 그 나름의 방법이 있었다. 성벽 가운데 조금 부서져 돌출되거나 구멍이 있는 곳을 이용해서 맨발로 성벽을 타고 오르거나 안에서 밧줄을 던져주어 넘어갔다.그림 6 그렇지만 사대부는 그럴 수 없었다.

이전에 중추원사 한확이 임금을 수행하여 돌아오다가 양주에 이르러서 장인 홍여방이 사망했다는 말을 듣고 어둑할 무렵에 서울로 말을 달렸다. 그러나 문이 이미 닫혀 들어갈 수 없어서 수문진무 이연기, 병조정랑 남계영, 행상호군 연경에게 청했으나, 모두 문을 여는 표신이 없다고 하여 듣지 않았다. 하지만 한확이 강력히 요구하여 문을 열고 들어갈 수 있었다. 얼마 후에 중궁내사가 내지(內旨, 왕비의 뜻)를 받들어 행재소로 가려 하였으나, 표신이 없어서 내사가 나가지 못했다.

후에 일이 발각되어 사헌부에서 심문하고 "한확은 마음대로 성문으로 들어왔고, 이연기·연경·남계영 등은 한확의 요청에 따라 마음대로 문을 열었으니, 마땅히 법으로 처리해야 합니다"고 아뢰었다. 이에 한확과 연경 등은 파면하고, 남계영과 이연기는 모두 형장 100대로 죗값을 치르게 하여 복귀시켰다. _세종실록 20년(1438) 10월 19일

범인을 색출하기 위해서 때로는 성문을 닫아버리는 일도 있었다. 이럴 때 외부에서 땔감을 들이지 못하고, 성 안의 시신을 밖으로 내보내지 못해서 고통을 겪었다(연산군일기 1504. 8. 1). 승려들은 부모나 동기간을 만날 일이 아니면 성으로 들어올 수 없었다. 대낮에는 상여가 도성 문으로 나갈 수도 없었다. 또 현직에 있는 대신은 성 밖에 거주하지 못했다.

영의정 이광좌와 우의정 심수현이 좌의정 조태억을 위하여 민간의 집을 빌릴 수 있기를 청하니, 임금이 허락하지 않았다. 이때에 조태억이 질병이 있었다. 또 집이 성 밖에 있었는데, 시임대신은 으레 성 밖으로 나갈 수 없으므로, 민간의 집을 빌려 병을 조리하려 하였다. 그러나 민간의 집을 빼앗아 들어가지 말라는 명령이 매우 준엄하였으므로, 이광좌가 특별히 옮겨갈 수 있도록 임금의 허락을 받기를 청했고, 심수현도

잇달아 아뢰었다. _영조실록 3년(1727) 12월 3일

개인 집을 양반들이 빼앗아 들어가는 사가탈점을 하지 못하도록 엄하게 지시하자, 집을 빌리지도 못하는 사태가 벌어진 것이다. 야간에 통금을 알리는 인경 종이 울리면 밖에 나다니지 못했다. 그런데 특이하게도 남녀의 야간 통행에 시차제가 시행되었다. 남녀 내외법에 따라 여성들은 낮에 외출하지 못하였고 용무가 있을 때에는 야간에 돌아다닐 수 있었다. 해가 지고 8시 무렵이 되면 남자들은 집으로 들어가고 여자들이 거리를 메웠다. 그러다가 10시 무렵이 되면 통행금지가 시작되었다. 프랑스의 여행가인 샤를 바라는 밤거리의 모습을 이렇게 적었다.

그러나 여자들은 이런 통행금지에 해당되지 않는데, 혹시라도 밤거리에서 여자와 맞닥뜨릴 경우엔 남자 편에서 벽 쪽으로 얼굴을 돌려 시선을 피해 주는 것이 통례이다. 이렇게 해서 밤 아홉시 이후 수도의 밤거리를 나다니는 자유는 오로지 여자들의 몫이며, 낮에는 결코 얼굴을 드러내놓고 다닐 수 없는 여염집 규수들은 아이러니컬하게도, 어둠을 틈타 마음껏 얼굴을 내놓고 자유롭게 밤공기를 호흡할 수가 있는 것이다.

_샤를 바라 책, 88쪽

밤 풍경에 대해서 가톨릭 신부 리델은 이렇게 적었다.

여느 때와 마찬가지로 이 시각이면 북적대는 사람들을 보았고, 큰 소리로 외쳐대는 행상인들, 뛰어다니고 노래하며 노는 아이들, 밝은 색깔의

긴 장옷으로 얼굴을 가리고 조용히 걸어가는 여인네들을 보았다. 앞서서 뛰어가면서 사람들에게 큰 소리를 외쳐 길을 트는 하인들 뒤로 대관들의 행차가 이어지는 것을 보았고, 또 길 한복판에 앉아 추위에 떨면서 행인들에게 동정을 사려고 외치는 버려진 불쌍한 어린아이들도 보았다.

이 시각이 되면 서울은 정말이지 묘한 풍경을 연출한다. 형형색색의 다소 낄끔한 의복들, 오고 기며 서로 교차되는 등롱燈籠들은 기묘한 길 풍경을 자아냈다. _펠릭스 클레르 리델 책, 57쪽

통행금지는 근대에 폐지되었지만, 해방 후에 치안유지를 위해서 부활했다가 1982년에 와서야 다시 사라졌다. 술 마신 뒤 야간 통행금지에 걸리지 않고 집에 가기 위해서 온갖 백태가 연출되었던 기억이 있다. 영조 때에는 통금에 걸린 사대부는 잡지 않고 상놈만 잡아들여 왕이 노한 적이 있다.

임금이 홍화문에 나아가 군대의 위세를 펼쳐보이고 지난밤 두 곳의 순장巡將, 순찰 장교과 감군監軍, 순장 보좌관을 잡아들여서 야간 순찰 때에 유생과 조정 관리를 잡아 바치지 못한 죄를 꾸짖어 세 차례 조리돌림을 하고, 야간 통행금지를 범한 사람은 모두 곤장을 때려 군대에 편입시키는 벌을 내렸다. 이때에 야간 통행금지령이 매우 엄했는데, 임금이 사대부는 잡지 않고 다만 상놈만 잡는 데에 노하여 야간 순찰한 장교들이 대부분 형벌을 받았다. 혹은 날이 밝은 뒤에 길을 가는 유생을 잡아 바쳐 죄를 면한 자도 있었다. _영조실록 46년(1770) 윤5월 3일

그림 7 조리돌림(김윤보)

그림 8 현대의 조리돌림(1961. 5)

조리돌림이란 이 사람이 무슨 죄를 지었다 하고 죄명을 붙인 다음에 북을 둥둥 치며 돌아다녀서 사람들로부터 망신을 당하게 하는 형벌이다.그림 7 명예를 중시하는 조선시대에는 큰 형벌이었을 것이다. 과거에 깡패들을 잡아서 깨끗이 살겠다고 맹세하며 거리를 돌아다니게 한 것도 그런 형벌의 유산이다.그림 8

종각의 종을 지금은 제야에나 특별히 경축할 때에 치지만, 조선시대에는 서울 사람들의 일상 활동을 지배하는 중심에 있었다. 종각의 용도는 이러했다.

이때에 호서 사람 윤광류가 운종가의 종을 두들기므로, 병조에서 조사하여 "오이를 바치려는 것입니다"고 했는데, 임금이 본 고장으로 쫓아 보내도록 명했다. 이에 대사헌 홍양호가 글을 올려 아뢰었다. "어제 망령된 한 사내가 운종가의 종을 몰래 쳐서 사람들이 듣고 놀라거나 이상하게 생각했는데, 정말로 이전에는 없던 변괴입니다. 대개 저녁과 새벽으로 활동과 휴식을 알리고 도성 문의 여닫음을 정해주려고 운종가의 종을 설치했으니, 국가에서 봉수 다음으로 중히 여기는 것입니다. 그러기에 정해진 시각에 치게 되고 새벽과 밤에 치는 횟수도 정해져 있어, 비록 이를 감독하는 병졸이라도 정해진 시간 전이거나 후에 치게 되면 죄를 용서받을 수 없게 되어 있습니다. …" _정조실록 7년(1783) 8월 2일

이 종소리가 멀리서는 잘 들리지 않는다고 해서 동대문과 남대문에도 종을 설치한 적이 있다.

김안로가 "성 밖에 사는 관리는 중심지에서 멀리 있어서 새벽 종소리와 저녁 북소리를 들을 수 없다. 이 때문에 출근할 때에 제 시간을 놓치곤 한다"고 늘 말했다고 한다. 병신년1536에 정릉의 종은 남대문에 옮기고 원각사의 종은 동대문에 옮기고, 종각을 지어 매달아 새벽과 저녁에 그 종을 쳐서 성 밖에 사는 사람들이 듣게 했다고 한다. _중종실록 36년(1541) 6월 1일

또 하나 서울 도심의 중요한 거점은 백탑이었다. 하얀 돌로 만들어서 백탑이라 불렀다. 얼마전까지 파고다 공원이라 하다가 지금은 탑골 공원이라 하는 그곳이다. 이곳은 박지원을 비롯한 실학자들이 살면서 교유하던 곳이다.

빙 둘러싼 성 한가운데에 탑이 있다. 멀리서도 우뚝 솟은 것이 보이는

데, 마치 하얀 죽순이 솟아난 듯하다. 여기가 바로 원각사의 옛터다. 지난 무자년1768과 기축년1769 사이에 내 나이 열여덟, 아홉이었다. 미중 박지원 선생이 문장에 조예가 깊다는 명성을 듣고 마침내 탑 북쪽으로 가서 찾아뵈었다. 선생께서는 내가 왔단 말을 들으시더니 옷을 걸치며 나와 맞이하시는데, 오랜 친구인 것처럼 손을 잡아주셨다. 마침내 선생이 지으신 글을 모두 꺼내 와서 읽게 하셨다. 몸소 쌀을 씻어 차솥에 밥을 짓고, 맑은 사발에 담아 옥소반에 받쳐 내와서는 잔을 들어 나의 장수를 빌어주셨다. 나는 과분한 대접에 놀라고 기뻐하며 천고에 드문 훌륭한 일이라 생각하여 글을 지어 화답하였다. 선생에게 끌린 모습과 나를 알아주는 감동이 대개 이와 같았다.

당시에 형암 이덕무의 집은 북쪽으로 마주보고 있었고, 낙서 이서구의 사랑채는 그 서편에 솟아 있었다. 수십 걸음 떨어진 곳은 서상수의 서루書樓였고, 거기서 다시 북동쪽으로 꺾으면 유금유득공 숙부·유득공이 사는 집이었다. 나는 한번 갔다 하면 돌아오는 것도 잊고 열흘이고 한 달이고 연거푸 머물곤 했다. 시문이나 간단한 글을 썼다 하면 한 질의 책을 이루었고, 술과 음식을 찾아다니며 밤이 낮으로 이어지곤 했다.

일찍이 장가가던 날 저녁에 처가의 좋은 말에 안장을 벗기고 올라타서 종 하나만 데리고 나오니 때마침 달빛이 길에 가득하였다. 이현궁梨峴宮, 배오개 소재 앞에서 말을 채찍질해 서편으로 내달려 쇠다리 주막에 이르러 술을 마셨다. 삼경11~1시을 알리는 북소리가 울리자 드디어 벗들의 집을 모두 거친 다음 백탑을 한 바퀴 돌아 나왔다. 당시에 호사가들은 이 일을 왕양명 선생이 철주관鐵柱觀, 도교 사원의 도인을 방문했던 일에 비기곤 하였다.

그후 지금까지 6, 7년 사이에 뿔뿔이 흩어져 살면서 가난과 질병이 날마다 찾아들어, 이따금 서로 만나 모두 별 탈 없는 것을 다행으로 여긴다. 그렇지만 풍류는 지난날만 못하고 낯빛도 예전으로 돌아갈 수 없다. 그제야 벗과 노니는 데도 본디 성쇠가 있어, 피차간에 각기 한때일 뿐임을 비로소 알게 되었다. _『정유각집』 백탑청연집서白塔淸緣集序

교유하는 친구들이 얼마나 좋았으면 신혼 첫날밤에도 술 마시고 돌아다녔겠는가. 그런가 하면 도성 안에는 자객과 검객도 돌아다녔던 것 같다. 대간이 연산군에게 아뢴 말이다.

도성 안에 자객이 숨어다니고 저잣거리에서 밝은 대낮에 살인을 하니, 이것은 매우 좋지 않은 일입니다. _연산군일기 3년(1497) 3월 19일

좌의정 민정중이 숙종에게 아뢴 말에는 검계劍契 무리들이 보인다.

포도청에 갇힌 검계 10여 명 가운데 가장 패악한 자는 도검으로 살을 깎고 가슴을 베기까지 하여 흉악한 짓을 하는 것이 그지없다 합니다. 이제 느슨히 다스려서 무리가 번성하게 되면 그 우환은 이루 말할 수 없을 것입니다. 우두머리는 중한 법으로 처결하고 붙좇은 무리는 차등을 두어 죄를 다스려서, 연루된 무리들이 옥에 오래 갇혀 있는 일이 없게 하소서. _숙종실록 10년(1683) 2월 18일

요즘 퓨전 사극에 보면 이들이 등장하는 장면이 많지만, 실제로는 그

리 많지 않았을 것이다. 서울 사람들에게는 음탕한 여자를 가리키는 '동구안 삼월'이란 말도 퍼져 있었다.

세상에 전해 오기로는 참판 오광운이 "일찍이 중국 사람의 문집에서 조선에 관한 일을 기재하면서 조선 관동關東에 월삼月三이라는 유명한 기생이 있는데, 얼굴이 매우 예쁘고 곱다고 한 것이 있다"고 말했다고 한다. 대개 우리나라에서 돈화문 앞길을 동구안洞口內이라 하는데, '내'를 우리 말에 '안'이라 하므로 구·안 두 음이 합해져 동관洞關이 되었던 것이다. 또 동관에 삼월三月이라는 계집이 있어 음탕하고 추잡하기로 온 나라에 유명하였다. 지금도 추한 계집을 보면 반드시 '동구안 삼월'이라 한다. 중국 사람이 우연히 이 계집을 기록하면서 거꾸로 적어서 '관동 월삼'이 되었고, 게다가 얼굴이 예쁘다고 일컬었으니, 풍문으로 길에서 들은 것이 사람들을 포복절도하게 한다. _『청장관전서』 앙엽기盎葉記, 명사비류明史紕繆

서울 남쪽에는 술이 유명하고 북쪽에는 떡이 유명하여 '남주북병'이란 말도 있었다.

옛날부터 남주북병이란 속담이 있다. 남방의 술로서 장흥방과 회현방에서 생산되는 것을 제일로 친다. 그곳의 술은 색과 맛이 다 뛰어나며, 한 잔이면 술기운이 돌고 술이 깬 뒤에도 갈증이 없으니, 전국의 명주라고 할 만하다. 떡으로는 누각동에서 만든 것이 훌륭하다. _『임하필기』 순일편旬一編, 남주북병南酒北餠

그림 9 종로 청진지구 우물(2010. 4)

그래서 그런지 종로 일대에는 지금도 유명한 떡집이 제법 있다. 태종 때에 도성 안에는 다섯 집마다 공동우물을 하나씩 파게 하여 가뭄에도 물이 부족하지 않게 했다. 서울 도심을 발굴하게 되면 이러한 공동우물이 자주 발견된다.그림 9 숙종 때가 되면 온돌이 보급되면서 주변 산이 민둥산이 되었고, 이에 따라 토사가 밀려내려와 개천이 막히는 사태가 발생했다.

5부의 관리에게 명하여 담당하는 방민坊民들에게 엄히 지시하여 도랑을 뚫게 하였다. 대개 사방의 산들이 민둥민둥해진 이래로 모래와 돌이 흘러내려 도랑을 메우고 물길을 막았다. 그리하여 날이 가물고 건조하면 축축한 데서 더러운 냄새가 나고, 비가 오면 물이 불어 평지로 범람해서 근방의 인가에 해가 미쳤다. 이에 한성부에서 도랑 주변에 사는 백성에 명해서 각각 집 앞을 정비하여 차츰 소통시키게 하고, 인가가 드문 곳은 부근의 방민을 시켜서 일제히 부역하게 할 것을 청했던 것이다. _숙종실록 36년(1710) 9월 5일

산이 더욱더 헐벗어지면서 영조 이후로는 주기적으로 청계천을 파내지 않으면 안 되는 사태에 이르렀다. 청계천의 모습에서도 엿볼 수 있고 전통시대에는 흔히 그러하였듯이 전반적인 위생 상태도 그리 좋지는 않았을 것이다. 다소 비판적이기는 하지만 박제가는 이렇게 적었다.

서울에서는 오줌을 날마다 뜰이나 거리에다 버리므로, 우물이나 샘물이 모두 짜다. 또 냇가 다리의 돌 축대 부근에는 인분이 덕지덕지 말라붙어서 큰 장마가 아니면 씻기지 않고, 가축의 똥이 항상 사람의 버선을 더럽힌다. 밭고랑을 가꾸지 않는다는 것을 이로써 미루어 알겠다. 이와 같이 똥을 거두지 않고 재는 오로지 길거리에 버려서, 바람이 조금만 불어도 눈을 뜰 수 없고, 이것이 이리저리 흩날려서 모든 집의 술과 밥을 불결하게 만든다. _『북학의』 외편, 분오칙糞五則

과거에는 요강 오줌이나 개숫물과 같은 오물을 하수구에 버리거나 길바닥에 뿌렸다. 간혹 행인이 이를 뒤집어써서 봉변을 당하는 일도 있었다. 그런데 최근 기사를 보니 옛날 얘기만은 아니다. 물이 부족한 평양의 아파트에서는 수세식 변기가 있어도 무용지물이라서, 종이에 변을 받아 두었다가 어두운 틈을 타서 밖으로 내던지는 일이 잦다고 한다. 이렇게 오물 벼락을 맞은 사람을 "번개 맞았다" 한다고 한다동아일보 2013. 12. 3.

그림 10 셰익스피어 고향의 튜더 양식 건물(2013. 8)

사실 서양도 과거에 이러기는 마찬가지였다. 영국에는 16세기 튜더 왕조시대에 유행한 양식의 건물이 곳곳에 남아 있다.그림 10 건물 외벽에 나무 골조가 드러나 있고, 무엇보다도 위층으로 갈수록 넓어져 가분수를 이룬다. 위의 생활공간과 아래의 길을 넓게 쓰려는 의도에서 만들어진 것이라 한다. 그런데 당시에는 오물을 창밖으로 내던져서 사람들은 길을 갈 때 튀어나온 곳을 지붕 삼아 그 아래로 피해 다녀야 했다고 한다.

그런가 하면 이탈리아 피렌체는 '냉정과 열정사이'란 영화에서 아름답게 묘사되어 있지만, 길거리는 개똥 지뢰밭이라서 자칫 낭패를 보기 십상이다. 미켈란젤로 언덕에서 내려다보이는 도시의 붉은 지붕들과는 딴판으로, 바닥에 개똥 깔린 것이 유독 심한 편이다. 꽃이란 의미를 가진 르네상스의 도시란 이미지를 무색하게 한다. 낭만적일 것 같은 캐나다 온타리오 호숫가의 잔디밭이 새똥 천지인 것을 보고 기겁했던 기억도 있다.

이 달 17일에 한성전기회사에서 전차 개통식을 시행했는데, 26일 전차가 종로를 질주할 때에 다섯 살 난 아이를 치어 죽였다. 군중이 격노하여 차체를 파괴하고 기름을 뿌려 불태워버렸다. 또 전차 하나가 전복되어 죽거나 다친 사람이 약간 있었다. _고종실록 36년(1899) 5월 27일

서울은 근대화가 되면서 그 전환기의 대가를 톡톡히 치렀다. 실로 많은 것이 변해버린 것이다. 서양의 전차가 들어와 개통된 며칠 뒤에 아이를 치어 죽인 사건이 이를 상징적으로 보여준다.

지방 사정

영국 브리튼 섬과 한반도는 면적이나 인구에서 매우 비슷하다. 그런데 영국에는 100만 명이 넘는 도시가 런던을 비롯하여 세 곳밖에 되지 않으나, 남한에서만 2013년 현재 아홉 곳이나 된다. 영국은 산지가 적어서 여기저기 분산해서 살 수 있는 자연 조건이 한국과 다르기 때문이기도 하고, 한국에서는 대도시에 살려는 경향도 크기 때문인 것 같다. 특히 수도권 인구는 2,500만 명이 되어 남한 인구의 절반을 차지하니, 그 편중도는 800여 만 명에 불과한 광역 런던과 대비된다. 아마 이것은 "사람을 낳으면 서울로 보내고, 말을 낳으면 제주도로 보내라"는 말과 연관이 있을 것이다. 일단 서울로 올라와야 출세를 하고 제대로 먹고살 수 있는 것이다. 조선시대에도 서울과 지방은 큰 차이가 났다.

우리나라는 도성에서 몇 리만 밖으로 나가도 풍속이 벌써 시골티가 난다. 대개 입을 것과 먹을 것이 넉넉하지 않고, 재화가 제대로 유통되지 않기 때문이다. 또 학문은 과거시험으로 죽어버리고 기풍은 문벌에 국한되어 있어서, 견문을 넓힐 길이 없고 재주와 식견을 열 길이 없기 때문이다. _『북학의』 외편. 농잠총론農蠶總論

변방의 실태는 더욱 열악하였다. 광해군과 신하 장만과의 대화에서 함경도 지식인의 사정이 드러난다.

왕이 "그곳에도 유학을 업으로 삼는 사람이 있는가?" 하니, 장만이 "함흥 이남에는 있지만, 육진에는 전혀 없어서 겨우 시 한 편 지어낼 줄 아는 자가 10여 명 정도입니다. 혹 관리를 보내거나 감사로 하여금 문장 시험을 보여 상을 내리게 한다면 진작시킬 수 있을 것입니다"고 아뢰었다. _광해군일기 2년(1610) 11월 18일

지금도 '서울깍쟁이'란 말이 있듯이 서울은 사람이 많이 모여 인심이 박할 수밖에 없다. 조선 태종 때에 사간원에서 올린 현안 가운데, 서울 사람들의 인심과 고자질에 관한 언급이 보인다.

지난번에 들으니, 한 지방 사람이 말을 끌고 서울에 들어왔다가 마침 해는 저물고 비를 맞아 몹시 추워서 어느 집에 이르렀으나, 문을 닫고 받아들이지 아니하자 밤새도록 추위를 호소하다가 땅에 쓰러져 죽었다고 합니다. 서울은 풍속의 중심으로 사방에서 우러러보는 곳인데, 인심의 박하기가 어찌 이 지경에 이르렀습니까? 신 등은 밝은 시대를 위하여 유감으로 여깁니다.

또 고자질하는 풍속이 성행하여 사람을 해치려고 무기명 고소장을 걸어두는 자가 있고, 분풀이를 하고자 신문고를 치는 자도 있으며, 수령을 참소하는 자까지도 벌떼처럼 일어납니다. _태종실록 10년(1410) 4월 8일

그림 1 개성의 황진이 묘

반면에 시골 사람에 대해서 촌놈은 촌놈일 뿐이라는 자조도 보인다.

시골 사람이 서울 태를 내봤자 결국 사리에 어두운 촌놈일 뿐입니다. 비유하자면 술 취한 사람이 정색을 해봤자 취한 것일 뿐이니, 이걸 꼭 알아야 합니다. _『연암집』 영대정잉묵映帶亭賸墨, 척독尺牘, 아무개에게 보냄 2

그래도 서울에 버금가는 도시는 개성이었다. 일찍이 황진이그림 1는 송도에 뛰어난 것으로 박연폭포, 화담 서경덕과 자신을 손꼽은 적이 있다. 세종과 신하의 대화에서 서울과 개경을 비교한 말이 나온다.

임금이 "내가 들으니 이 도시의 크고 작은 인가가 송도보다 훨씬 장려하다고 하는데, 그러한가?"고 물으니, 김자가 "이 도시의 인가가 장대하기는 송도보다 나으나, 사치하고 화려하기는 송도보다 못합니다"고 대답했다. _세종실록 9년(1427) 12월 13일

지금 일본의 도쿄와 교토가 경쟁 관계에 있는 것은 현재의 수도와 과거의 수도라는 역사적 배경 때문이다. 두 도시는 각각 관동과 관서를 대표하여 풍토도 다르다. 도쿄대학과 교토대학, 그리고 요미우리 자이언츠와 한신 타이거스는 일본 최대의 라이벌 대학이요 라이벌 야구팀이다. 이와 비슷한 것이 바로 서울과 개성의 관계이다. 조선시대에도 이 도시의 역사성을 무시할 수 없어 서울과 같은 대우를 했다고 한다.

개성부 유수 이필영이 급히 달려 "우리 부는 옛 도읍지이기 때문에 모든 일을 서울과 동일하게 하여서 학교를 향교라 하지 않고 성균관이라 일컫습니다. 봄가을의 석전제釋奠祭, 공자 제사도 당연히 서울의 봉상시제사 담당 관청에서 마련합니다. … 이밖에도 송악제松岳祭, 송악산 제사와 둑제纛祭, 전쟁 깃발 제사가 있으나 우리 부에서 감히 번거롭게 청할 수 없으니, 해당 조曹로 하여금 법규를 참작해서 서울과 동일하게 일을 거행하게 하소서"라고 아뢰니, … "서울과 일체로 조치하여 마련하는 것이 타당할 듯하니, 봉상시에 물어보라"고 답했다. _인조실록 23년(1645) 1월 17일

고려의 서울이던 개성그림 2에 뿌리를 둔 사람들은 조선왕조에 그리 긍정적일 리 없었다. 고려가 망한 뒤에 왕씨들을 죽인 정치적 살인 사건이 있었다.

그림 2 개성 민속여관촌(2005. 9)

고려 왕씨가 망하자 왕씨들을 섬으로 추방했다. 이에 계책을 담당한 신하들이 모두 "이들을 제거하지 않으면 반드시 후환이 있을 것이니 죽여버려야 합니다"고 했다. 그러나 명분 없이 죽이기가 어려워 물에 익숙한 사람에게 배를 갖추게 하고 왕씨들을 꾀어 "교서가 지금 내렸는데 여러분을 섬 안에 두어 서민으로 만들라 하신다"고 했고, 이에 왕씨들이 매우 기뻐서 다투어 배에 올랐다. 배가 해안을 떠나자 뱃사람이 바다 밑으로 잠수해 들어가 배에 구멍을 뚫으니, 물이 새어 들어와 배가 반쯤 잠겼다. 이때에 왕씨와 본래 잘 아는 중이 해안에서 손을 들어 불렀다. 왕씨가 곧 한 수의 시를 지어 중에게 "한 마디 노 젓는 소리 푸른 물결 밖인데, 산승에게 묻노니 이를 어찌 하리一聲柔櫓滄波外, 借問山僧柰爾何" 라고 외치니, 중이 통곡하고 돌아갔다. _『추강냉화』

고려 신하들은 새 왕조를 거부하여 두문동, 부조현이란 지명이 생겨났다.

임금이 수행한 신하들을 가마에서 돌아보며, "부조현不朝峴이 어디에 있고, 무슨 뜻으로 명명한 것인가?" 물으니, 주서 이회원이 아뢰었다. "태종께서 과거를 실시하였으나, 서울의 큰 집안 50여 곳이 시험에 응하려고 하지 않았기 때문에 이 이름이 생겼습니다. 또 문을 닫고 나오지 않았으므로, 그 동네를 두문동杜門洞이라고 했습니다."

임금이 부조현 앞에 이르러 가마를 정지하도록 명하고, 근신에게 "말세에는 군신의 의리가 땅을 쓴 듯이 없어지는데, 이제 부조현이라 명명한 뜻을 들으니 비록 수백 년 뒤지만 오히려 사람으로 하여금 눈으로 보는 것처럼 마음이 오싹함을 느끼게 한다"고 말했다. 이어서 승지에게 명하여 칠언시 한 구절을 짓게 했으니, "고려의 충신들이여 대대로 계승하기를 힘쓰라"고 적었다. 임금을 수행하는 옥당과 승지·사관으로 하여금 이 구절에 이어서 시를 지어 올리게 했다. 후에 또 직접 부조현이라는 세 글자를 쓰고 그 터에 비석을 세우게 하였다. _영조실록 16년(1740) 9월 1일

두문동은 경기도 개풍군 광덕면에 있는 마을이다. 이 글에서는 과거에 응시하지 않고 두문불출한 것만 쓰여 있으나, 고려 유신들이 지조를 지키기 위해서 부조현이란 고개에서 관복을 벗어던지고 두문동에 들어와 새 왕조의 벼슬길에 나아가지 않았으며, 조선왕조는 이곳을 포위하고 고려 충신 72명을 불살라 숙였다고 전해진다. '두문불출'이란 말이

여기서 비롯되었다고 한다. 근대까지도 개성 사람들의 이런 마음은 변하지 않았다.

이곳 주민들은 상업적인 재능이 뛰어난 것으로 평판이 나 있었고, 또한 현재 권력을 쥐고 있는 그들의 정복자, 조선왕조를 경멸하고 있었다. 반면에 지금 왕조 사람들은 상업이나 거래에 관한 일들을 모두 천시하고 오로지 정부의 명예로운 관리들만 우러르며, 또 시대를 막론하고 이 나라에서 항상 존경받아온 농부들만을 높이 평가하고 있었다. 송도 주민들은 조선왕조에 경멸을 나타내고 있으니, 옛날의 미움이 아직 가시지 않은 것이다. 그들은 수도가 다시 서울에서 자신들의 도시로 이전할 반가운 날을 참을성 있게 기다리고 있다. _펠릭스 클레르 리델 책, 190쪽

권력에서 밀려난 개성 사람들은 장사에서 능력을 발휘했고, "개성 사람 앉았던 자리엔 풀도 안 난다"는 말처럼 계산에 철저하였다. 이런 기질은 서울 유학자에게 천박하게 보였을 것이다. 그러나 조선후기에 경제 활동이 활발해지면서 송상松商이라 불리는 상인집단이 전국을 무대로 활동하며 대외무역에도 종사하였다. 이들은 상품을 매점하고 광산을 경영하고 인삼 재배에 투자하는 등 활동 범위를 넓혀갔으며, 장부를 적을 때에 세계에서 가장 오래된 복식부기법을 사용한 것으로도 유명하다.

개성이 서울에 버금가는 도시였다고 한다면, 그 대척점에서 변방을 대표하는 곳은 제주도나 함경도였다. 제주도그림 3는 지금도 이국적인 풍경으로 우리나라뿐 아니라 외국인에게도 호평을 받는 곳이지만, 고려시대까지만 해도 탐라국이란 독립된 나라가 있던 곳이다. 조선초기

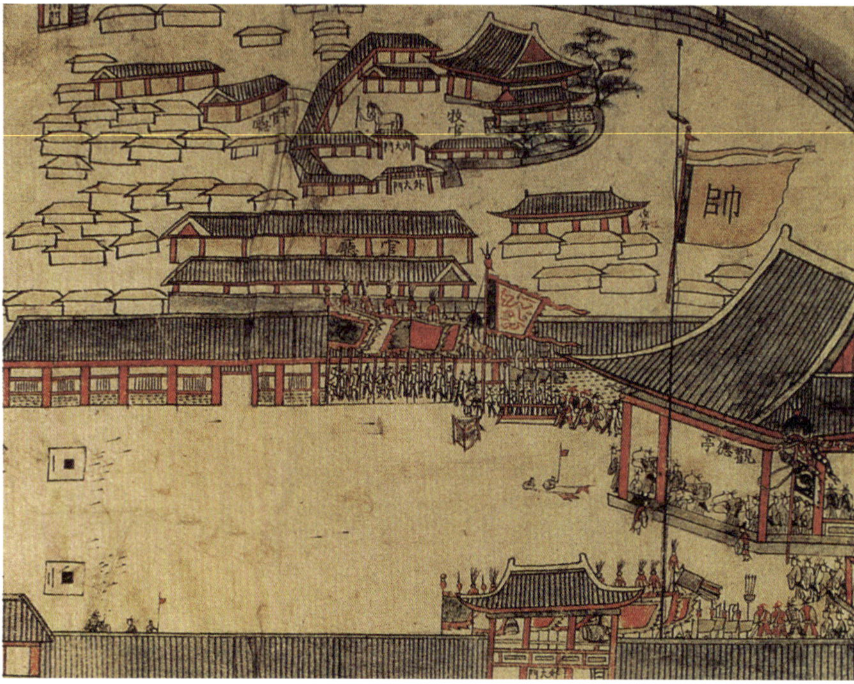

그림 3 제주 관아와 마을

에도 중앙에서 파견한 관리보다 지방 토호들이 힘을 발휘하고 있었다. 제주도에 찰방으로 부임했던 김위민이 세종에게 아뢴 말이다.

> 신이 제주에 도착했을 때 고소하는 자가 구름 몰리듯 하였는데, 모두 토호土豪들이 억지로 양민을 점유하는 일들이었습니다. 물으면 모두 이렇게 대답합니다. "이 지방이 멀리 바다 밖에 있어서 수령의 기강은 해이하고 토호들은 방자하게 행동합니다. 제 마음대로 양민을 점유하여 봉족奉足이라 일컫고는 노예처럼 부립니다. 이리하여 양민의 아들로서 겨우 8, 9세만 되면 벌써 점유를 당하여 아비로서 자기 자식이라 할 수

가 없게 됩니다. 비록 관청에 호소해도 세력 있는 토호들의 농간대로 안 되는 일이 없으니, 원통하고 억울함을 어떻게 해야 풀 수가 있겠습니까?" _세종실록 9년(1427) 6월 10일

그림 4 성주청지 안내문(2009. 6)

이때만 해도 제주도에는 성주, 왕자라 불리는 독자적인 지배세력이 형식적으로나마 남아 있었다.그림 4 그러다가 태종 때에 와서야 독립성을 잃어버리고 뒤늦게 한반도 역사의 일원이 되었다. 그러기에 육지와 다른 독특한 풍속과 말씨가 지금까지도 전해지고 있는 것이다.

정조 때까지도 제주도와 육지 사람들이 오갈 수 없도록 한 금지령이 있었고, 유배자와 관리만이 제주도로 건너가게 했을 뿐이다. 아마 이것도 제주도에 고유한 풍속을 온존시킨 원인이 될 것이다. 영의정 김상철이 정조에게 아뢴 말이다.

탐라 한 섬은 다른 섬과 달라서 섬에 사는 사람은 육지로 나가서 살 수 없고 육지 사람은 섬에 들어가서 살 수 없습니다. 이것은 모두 금지령에 해당합니다. 그런데도 팔도 사람으로서 섬에 들어가 사는 사람이 매우 많으니, 원래 섬에 살던 사람이 육지로 나와서 사는 것도 이로 미루어 알 수 있습니다. 이는 오로지 전후의 지방관들이 나라의 금지령을 봉행하지 못한 소치로서, 진실로 놀랍고 개탄스러운 일입니다. _정조실록 2년(1778) 9월 30일

이런 금지령이 오래전부터 있었음에도 연근해를 떠돌아다니며 생활을 하는 제주도 사람들이 있었다. 이에 병조에서 이들을 통제하는 안을 성종에게 건의했으나 실행하지는 못했다.

제주에서 나온 포작인鮑作人, 어부들은 본래 정해진 생업이 없이 오직 고기를 잡아 살아가는데, 작은 배에 처자를 싣고 후미진 바닷가로 떠돌아다니며 일시 머뭅니다. 그러다가 그곳이 마음에 들지 않으면 즉시 도망하여 흩어집니다. 거취가 일정하지는 않지만, 바닷가에 머물면서 고기를 팔아 생활해 갈 수밖에 없습니다. 진실로 엄한 법으로 다스릴 수 없겠으나, 또한 법으로 다스리지 않을 수는 없습니다. _성종실록 16년(1485) 윤4월 19일

육지의 바닷가를 따라 제주도 해녀들이 활동하다가 그곳에서 결혼하여 정착한 사례를 지금도 종종 찾아볼 수 있다. 이렇게 제주에서 나온 사람들을 조선시대에는 두무악이라고도 불렀다. 이들은 배를 잘 다루어 군사적으로 이용할 가치가 있었지만, 때로는 해적으로 의심을 받기도 했다. 훈련원도정 변처녕이 성종에게 아뢴 말이다.

또 바닷가에는 두무악頭無岳이 매우 많습니다. 제주의 한라산을 두무악이라고도 부르기 때문에, 세속에서 제주 사람을 두무악이라고 부르기도 하고 두독야지頭禿也只라고 쓰기도 합니다. 국가에서는 해적이 이 무리의 소행이 아닌가 의심하여 지금 바야흐로 이들을 되돌려보내고 있습니다. 그러나 이 무리는 배를 잘 다루니, 만약 이들을 활용하면 왜적을 당해낼 수 있어 진실로 유익할 것입니다. _성종실록 23년(1492) 2월 8일

두무악이란 산봉우리가 평평하기 때문에 붙여진 이름이다. 제주도에는 뱀을 금기시하여 제사를 지내는 독특한 신앙도 있었다.

제주도 사람은 잿빛 뱀을 보면 금기시하여 죽이지 않고 차귀신遮歸神이라고 부른다. 충암이 지은 『풍토록』에 "풍속에 뱀을 몹시 꺼려서 신으로 받든다. 그것을 보면 주문을 외며 술을 주고 감히 몰아서 죽이지 않는다. 봄가을에 남녀가 술과 음식을 갖추어 차귀당에 모여 그 신에게 제사지낸다. 차귀는 사귀蛇鬼, 뱀귀신의 잘못이다. 뱀들이 집의 벽이나 들보, 주춧돌에 도사리고 있는데, 제사 때에 나타나지 않으면 상서로운 일로 친다"고 하였다. _『해동잡록』 김정金淨

앞서 언급한 김위민의 말에도 세종 때 제주도의 독특한 풍속이 언급되어 있으니, 두 가지를 들어보겠다.

중이 아내를 취하는 것은 율법으로 정한 죄가 있어 『육전六典』에서 금지하였습니다. 그런데 제주의 중들은 공공연하게 아내를 취하고 절을 자기 집으로 삼으며, 제자들을 부려서 자기 처자를 양육합니다. 관청의 부역은 거의 없이 앉아서 배부르고 따뜻하게 누리고 있으니, 육지의 중들이 모두 소문을 듣고 깊은 물에 고기떼 모이듯이 몰려들어 이를 따라 합니다. 관청에서는 예사로 보아 넘기며 금하지 않으니, 실로 폐해가 많은 풍속입니다. _세종실록 9년(1427) 6월 10일

계속해서 제주도의 독특한 성 풍속도 적었다.

제주의 풍속에 공사간의 계집종과 양갓집의 딸을 유녀遊女라고 부르며 장부에 이름을 적어놓고 관비官婢처럼 부립니다. 그 이유를 물으니 "이들이 장사치를 만나면 음란한 행동을 하며 이득을 취하여 짝짓기를 문란하게 하니, 이렇게 노역을 시켜 징계를 보여서 음란한 풍기를 금하는 것이다"고 합니다. 신이 생각하건대 이들이 더러운 이름을 입기 전에는 오히려 남이 알까 두려워서 혹 행실을 고칠 수 있지마는, 이름이 관청 명부에 실리게 되면 마음대로 행동하여 거리낌이 없게 될 것입니다.

또 친구들을 끌어들이기를 좋아하여서, 원한을 품거나 소문을 듣고 아무의 딸이 아무 사람과 간통하였다 하여 서로 끌어들여 입적시킵니다. 관청에서도 일 시키는 것을 달게 여겨서 진짜 가짜를 가려내지 않고 유녀로 입적시키니, 이것은 음란한 풍기를 금하는 것이 아니라 권장하는 것입니다. 이제부터는 유녀의 장부를 없애버리고 유녀로 일컫는 것을 금할 것이며, 그들의 범행에 따라 율법에 따라 벌을 줌으로써 징계를 보여야 할 것입니다. _세종실록 9년(1427) 6월 10일

함경도 하면 아오지 탄광이 생각나듯이 제주도만큼 먼 오지였다. 아오지 탄광은 북한에서 가장 나쁜 곳으로 추방되는 상징 장소가 되었는데, 두만강 하류에 위치한다. 훈춘에서 북한으로 건너가는 다리에서 가깝다. 이 부근에서는 북한 땅에 피라미드처럼 석탄을 쌓아놓은 것을 건너다볼 수 있다.그림 5

함길도 찰방 신인손은 남의 집에 불을 지르거나 무당을 숭상하여 소를 지나치게 도살하는 등 함경도 풍습에 폐단이 많다고 지적했다.

그림 5 북한의 석탄 더미(2001. 11)

함길도 백성이 술을 마시다가 작은 혐의를 가지거나 싸워서 서로 증오하거나 혼인을 하려다가 성사가 안 되거나 하면, 바람 부는 밤을 틈타서 남의 집을 고의로 태워서 집과 사람, 가축을 모두 재로 만듭니다. 1년 동안에 화를 입은 자가 백여 호가 넘는데, 그 간악하고 참혹함은 이루 다 말할 수 없습니다. 또 그 풍속에 무당을 숭상하여 반드시 소를 잡아 귀신에게 제사하고, 손님 대접이나 자신이 먹기 위해서 끊임없이 소를 잡는데, 1년 동안 잡은 소가 수천 마리가 넘습니다. 민간 풍속이 습관으로 되어 예사로 여겨서, 비록 법령이 있으나 아랑곳하지 않고 고칠 줄 모릅니다. 그러하니 감독관청으로 하여금 단속하는 방법을 엄중하게 세워서 이 두 가지 폐습을 고치도록 하기를 청합니다. _세종실록 7년(1425) 8월 30일

한편, 중앙과 지방을 잇는 것은 도로였다. 그러나 우리나라의 도로는 근대까지도 제대로 발달하지 못했다.

> 나는 조선의 도로가 형편없는 것에 몹시 놀랐다. … 경성에서 송도, 서흥, 봉산, 황주, 평양 등을 거쳐 압록강반의 의주까지는 도로 모양이 나쁘지 않아서, 대개 2열의 군대가 행군을 할 수 있다. 의주 가도街道는 사대의 결과로서, 중국 사신의 왕래 길이라 다른 길보다도 더 좋게 만들었던 것이다. _『조선잡기』 127쪽

2006년부터 2009년까지 대전시 상대동 원골 유적이 발굴되어 고려시대와 조선시대의 마을 모습이 처음으로 온전히 드러났다. 여기서는 많은 집자리와 함께 마을의 저수지, 도로도 발굴되었다. 고려와 조선의 집자리가 75기 정도 발굴되었는데, 온돌이 있는 집은 단 두 채였다. 작은 고개 너머에 있는 상대동 고려시대 마을 유적에서도 온돌은 딱 두 채만 조사되었다. 이 발굴을 통하여 조선시대까지도 온돌이 보편적으로 사용되지 않았고, 일반적으로는 화덕에 불을 때서 밥 해먹는 정도였던 사실을 확인할 수 있다. 두 번에 걸쳐서 개축된 연못은 마을 중심지에 자리잡고 있고, 공동 우물은 연못의 남서쪽과 서쪽 두 곳에서 확인되었다. 연못 남쪽에서는 마을 사람들이 기도했던 할미담이라고 하는 입석도 조사되었다.

마을에서는 고려시대와 조선시대의 도로가 발굴되었다.그림 6 고려시대 도로는 동서, 남북으로 나 있다. 남북 방향의 1호 도로는 3.6미터 너비로 자갈을 깔고 그 위에 사질토로 다져서 만들었는데, 길바닥에는 수

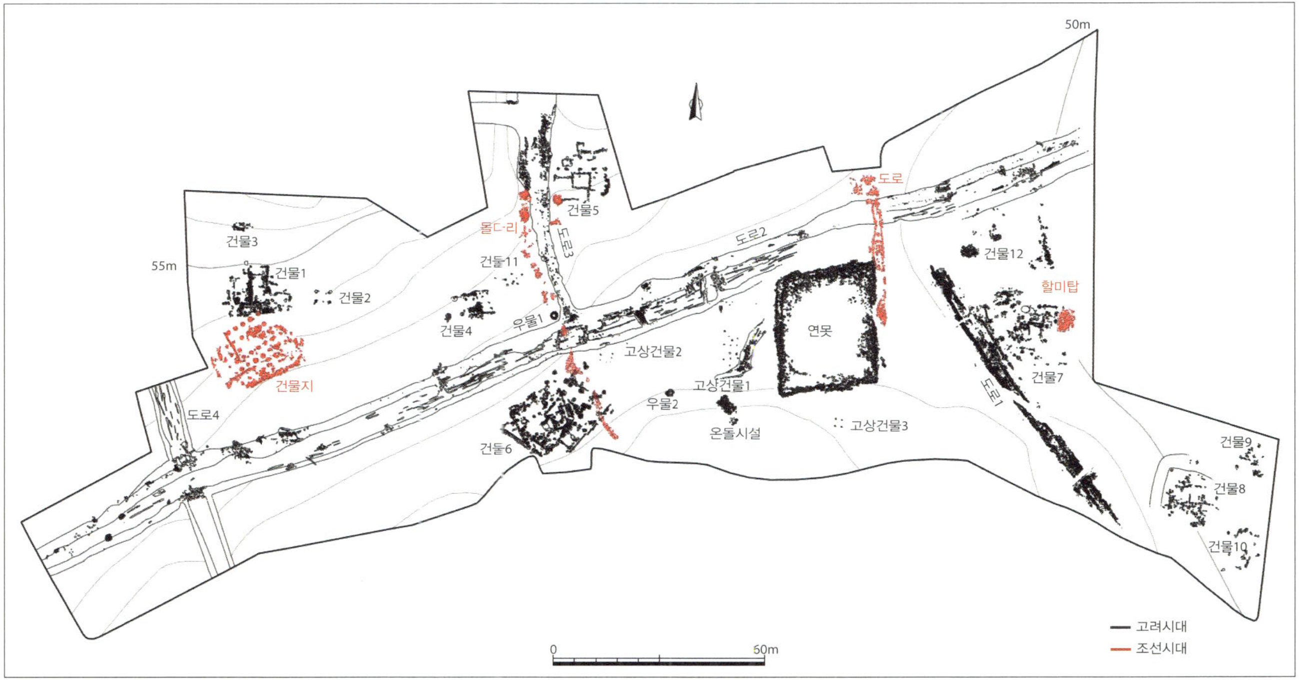

그림 6 원골 마을(IV지구)의 도로와 연못

그림 7 가로수 흔적(2008. 8)

레바퀴 자국이 잘 남아 있었다. 도로 양쪽으로는 도랑이 만들어져 있다. 동서 방향의 2호 도로는 3.9미터 너비로 사질토로만 다져 만들었는데, 도로 중간중간에 양쪽 도랑을 연결하는 암거형 배수로가 만들어져 있다. 또 도랑 바깥쪽으로 나무 그루터기가 1열로 나타나서 가로수가 심어져 있었던 사실도 확인되었다.그림 7 나무는 지름이 일정하지 않았고, 간격도 작은 나무들은 1.4미터에서 큰 나무들은 6.5미터까지 일정하지 않았다. 그러나 도로와 일정한 연계성을 보이며 심어져 있는 것으로 보아서 고려시대 도로의 가로수로 판단된다. 이에 비해서 조선시대 도로는 연못 옆으로 나 있었다.

이상의 자료로 마을 모습을 그려볼 수 있다. 지금은 어느 도로에서나 볼 수 있는 가로수가 과연 근대부터 시작된 것인지 궁금했는데, 고려까지 올라가는 실물 자료를 확인했다는 점에서도 의의가 있다. 이를 증빙해주는 기록으로는 의정부에서 단종에게 아뢴 조선시대의 기록이 있다.

주나라 제도에 나무를 열 지어 심어서 도로를 표시하였다는 글이 있습니다. 그러므로 지난번에 서울과 지방의 도로 옆에 잡목을 많이 심었습니다. 그런데 근래에는 나무를 계속 심지 않고 전에 심은 것도 잘라 내서 남은 것이 없으니, 옛날 제도에 어긋납니다. 청컨대 올봄부터 서울과 지방의 큰길 좌우에 토질에 따라서 소나무·잣나무·배나무·밤나무·느티나무·버드나무 등의 나무를 많이 심고서 벌목을 금지하소서. _단종실록 1년(1453) 5월 12일

여기서 주나라 제도를 운위했는데, 중국에서도 가로수가 조성되어 있었다. 박제가의 『북학의』에서는 심양과 북경 사이 1,500여 리에 걸쳐 가로수가 심어져 있어서 사람들이 녹음 아래로 지나다닐 수 있다고 적었다. 홍대용의 중국 견문에는 이렇게 전했다.

책문에 들어서부터 큰길에 좌우를 끼고 버들을 심었으나 끊어진 곳이 많더니, 요동서부터는 더욱 많이 심어 북경까지 끊어지지 않는다 하니, 법령이 성함을 볼 수 있다. 여름에 큰물이 져 들을 덮을 때 이 나무 사이로 표를 하여 길을 찾는다고 했다. _『을병연행록』 1765. 12. 7~8.

일본의 정탐자는 일본의 가로수와 비기면서 근대의 가로수 모습을 이렇게 적었다.

조선에서는 역驛의 길옆에 심은 것의 대부분은 수양버들이다. 우리나라일본에서는 대부분 소나무이다. 소나무가 우거져서, 하늘에 배알하는 용이나 뱀과 같다. 수양버들이 우거져서 아양을 떠는 부녀와 비슷하다. 이것도 조선과 우리의 풍습이 다른 것이다. _『조선잡기』 260쪽

가로수 길을 따라 행인들이 서울과 지방을 오르내렸을 것이다. 그런데 조선시대적 발상으로는 도로에 남녀가 섞여 오가는 것도 걱정거리였다. 다음은 광해군이 중국 사신을 차질 없이 맞이하라고 하면서 내린 지시다.

그리고 우리나라의 풍습에는 도로에 남녀가 섞여 다니므로 중국 사람의 눈을 놀라게 하기에 충분하니, 이를 엄금하여 출입하지 못하도록 도로 옆 각처에 신칙하라. _광해군일기 1년(1609) 1월 19일

아마 여성들이 드러내놓고 나다니지 못하도록 조치를 내렸을 것이다. 여성들은 가마를 타고 다녀야 했겠지만, 상류층이 아니고서는 어찌 가능한 일이었을 것인가? 먼 길을 떠나려면 말을 타야 했으나, 그러지 못하면 소라도 빌렸다.

행장을 차리는데 말 두 필을 얻지 못하여 바야흐로 걱정되던 차에 사포의 집소와 이익빈의 소를 빌려서 처자들과 함께 가게 되었으니 기쁘고 기쁘다. _『쇄미록』 1593. 6. 16.

숙박은 도중에 주막에서 하거나 남의 집에서 신세를 졌다. 주막에 들더라도 양식은 자기가 싸가지고 다녔다. 그러나 사 먹는 경우도 있었으니, 근대에 조선으로 신혼여행을 왔던 독일인의 여행기에는 이렇게 적고 있다.

한국의 주막에서 숙박비는 공짜라고 말한 적이 있을 것이다. 즉, 사람과 동물이 먹은 음식에만 값을 치른다. _루돌프 차벨 책, 316쪽

주막은 탄막이라고도 불렀는데, 술과 숯의 발음이 비슷하여 '주'가 '탄'으로 바뀌어버린 것이라고 한다『청장관전서』. 운 좋게도 아는 수령의 소개장을 들고 가면 해당 관청의 배려로 숙식을 쉽게 해결할 수도 있었다. 개인 집에 신세를 질 때에는 무엇보다도 주인의 호의가 중요했다. 오희문의 일기에도 상반된 대접을 받은 경험이 적혀 있다.

그러므로 멀리 갈 수 없어서 그 집에 묵게 되었는데, 집주인은 정병 박귀문이다. 그곳은 담양 북면 산막골이라고 한다. 저녁 식사 때 집주인이 무김치와 콩잎 자반을 내다주고 더운 방에서 자게 하니 인심이 후하다 할 것이다. _『쇄미록』 1593. 12. 22.

반대로 낭패를 볼 때도 있었다. 충청도 청양에서 한 집에 들었다가 갑자기 남편 사망 소식을 듣고 곡을 해서 어쩔 수 없이 다른 집으로 옮겼다가 겪은 일이다.

즉시 도로 나와서 딴 집으로 갔더니, 집주인이 없다고 해서 그 아내가 문을 닫고 들이지 않는다. 오랫동안 문 밖에 앉았노라니 슬프고 분함을 이길 수 없다. 저녁에 집주인이 들어온 후에야 문을 열고 받아주었고, 더운 방에서 자게 하니 기쁘다. _『쇄미록』 1592. 10. 12.

그림 8 해남 대흥사 장승(1984)

여행길의 동반자로서 장승이 있다. 장승은 마을의 수호신이면서 이정표였다. 요즘은 이정표 역할을 하는 것은 볼 수 없고, 마을이나 절 앞에 수호신으로 세워놓은 것들만 조금 남아 있다.그림 8 어렸을 때만 해도 장승이 나타나면 돌을 하나 주워 던지면서 여행길이 무사하길 빌었다. 이런 장승은 우리나라에서만 볼 수 있는 독특한 것이었기에, 근대 서양인의 여행기에 종종 등장한다.

마을 입구에는 새로 세운 놀랄 만큼 소름 끼치는 장승 두 개가 세워져 있었고, 일본의 '도리이' 같은 관문이 갑산도호부와 삼수현의 경계를 표시하며 서 있었다. 이 장승들은 그때까지 우리가 본 것 중에서 인간의 용모를 가장 추하게 표현하고 있어서 이 중 하나를 사진에 담았다. 장승에 새겨진 명문에 따르면 서울에서 이곳까지 1,330리였다. 우리가

그림 9 금강산 만물상(2005. 11)

지나온 길로는 1,617리였지만 북청과 함흥을 경유한 길로 치면 거리는 꽤 정확했다. _알프레드 에드워드 존 캐번디시 책, 199쪽

구경하기 위한 지방 여행의 최고 목적지는 금강산이었을 것이다.그림 9 금강산에는 1만 2천 봉우리가 있다고 전해지지만, 실은 담무갈보살이 1만 2천 보살과 함께 금강산에서 『반야경』을 설법했다는 『화엄경』의 말이 와전된 것이라 한다. 중국 사람들도 이곳을 보고 싶어 한다는 말이 있고, 실제로 중국에서 온 사신 가운데는 이곳을 방문하고 싶어 했다. 중국 사신에게 금강산 그림을 선물하기도 했다. 세조는 일본 국왕에게 금강산이란 명산을 설명한 글을 보낸 적이 있다. 태종과 하윤의 대화에서도 금강산을 화제로 삼았다.

> 임금이 "중국 사신이 온다면 반드시 금강산을 보려 할 것이니, 왜 그런가? 속담에 이르기를 중국인에게 '고려에 태어나 친히 금강산 보기를 원한다'는 말이 있다는데, 그러한가?" 하니, 하윤이 나아가 "금강산이 동국에 있다는 말이 『대장경』에 실려 있어서 그렇게 말하는 것입니다"고 하니, 임금이 "그렇구나" 하였다. _태종실록 4년(1404) 9월 21일

이전에도 많은 사람이 금강산을 여행했다. 일찍이 이색의 아버지 이곡1298~1351이 쓴 「동유기東遊記」가 금강산 기행문으로는 가장 오래된 것이다. 이곡은 고려말년인 1349년 8월 14일부터 9월 21일까지 관동지방의 명승지를 유람했는데, 금강산 유람은 13일간이었다. 그러나 금강산 유람기가 본격적으로 등장하는 것은 18세기에 와서라고 한다.

2

농사와 거래

농사와 곡물 | 농지와 소 | 밭농사와 논농사 | 시전과 장시
거래와 속임수 | 삼베와 쌀 | 동전과 은화, 지폐

농사와 곡물

전통시대에 백성은 사민四民, 즉 사농공상으로 분류되었으니, 선비가 되거나 농사를 짓거나 물건을 만들거나 장사를 해야 했다. 이 가운데서 먹고 사는 데 가장 기본이 되는 것이 농업이다. 근래에 외국과 FTA를 체결할 때도 농산물의 개방이 가장 뜨거운 이슈였다. 조선시대에는 백성 가운데 90퍼센트 이상이 농민이었다. 농악대에서 흔히 '농자는 천하지대본'이란 깃발을 앞세우듯이 농업은 전통적으로 본업本業이라 하여 중히 여겼고, 반대로 수공업과 상업은 말단적인 생업, 즉 말업末業이라 하여 낮추어 보았다.

이런 사회 분위기에 선비는 농부가 될지언정 수공업자나 상인이 될 수는 없었다. 그러나 선비가 농사를 짓는 것도 실은 명분뿐이었다. 이돈녕의 상소문에 이렇게 적었다.

조선의 양반은 한 번 공장工匠, 수공업자이나 상인이 되면 당장에 상놈이 되니 공장이나 상인이 될 수 없습니다. 살아갈 길은 단지 농사뿐인데, 만일 농부가 하는 것처럼 직접 밭을 갈고 아내가 들밥을 나르기라도 하면 한정閑丁, 국역을 지지 않는 장정이나 권농勸農, 농사를 장려하는 사람의 임명장이 즉시 나오니 이 짓은 죽어도 할 수 없는 일입니다. 공·상·농업은 모두 할 수 없어서, 겉으로는 관복을 입고 혼례와 상례에서 양반의 체면을 잃지 않으려 하니, 어떻게 가장 가난하지 않을 수 있겠습니까? _영조실록 26년(1750) 6월 22일

선비는 농사를 짓더라도 직접 몸을 쓸 수는 없었던 것이다. 그러니 농경은 농민 차지였다. 생산의 기본이 된다고 해서 농경을 중시했지만, 말업에 비해 이득은 적고 힘은 더 드는 것이기도 했다. 농민의 고통이 여기에 있는 것이다. 성종 때 강희맹1424~1483이 편찬한 『금양잡록』의 서문에는 이렇게 적었다.

대개 백성은 나라의 근본이요 먹는 것은 백성의 하늘이니, 임금이 된 사람은 마땅히 심고 거두는 어려움을 알아야 한다. … 그런데 사민 가운데 농민이 가장 고통스럽다. 농민은 추워도 갈고 더워도 김매어 몸에 땀을 흘리고 발에 흙을 묻히며, 일 년 내내 부지런히 움직여도 굶주림과 추위를 면하지 못하는데, 시장에서 이익을 좇는 자는 오히려 배 불리 먹는 즐거움을 얻는다. 이 때문에 본업에 힘쓰는 자는 날로 줄고 말업을 좇는 자는 날로 늘어나니, 어찌 백성이 곤궁해지지 않겠는가? _『금양잡록』 조위가 지은 서문

이때는 아직 상업이 성행하지는 않았으므로, 다소 과장된 면은 있다. 농업의 중요성을 일깨우기 위해서 궁궐에서 직접 시범을 보였다. 왕이 하는 친경親耕과 왕비가 하는 친잠親蠶이 그것이다. 왕은 선농단에 행차

그림 1 친경 행사 모형(2012. 7)

하여 농업신에게 제사를 지내고 적전籍田에 가서 농사를 지었다.그림 1 왕이 직접 농사를 짓는 땅을 적전이라 하는데, 개경에 서적전, 서울 동대문 밖에 동적전이 있었다. 이 행사가 그해 농사의 신호탄이었다. 이때 쇠고깃국을 끓여 노인들을 대접했던 것이 선농탕, 즉 설렁탕의 효시라는 설이 있다. 선농단은 지금 제기동에 있고, 동적전은 청량리 부근의 전농동에 있었다. 전농동은 적전을 관리하던 관청인 전농시에서 유래한 말이다.

동궐도를 보면 창경궁 춘당지 부근에 논이 그려져 있는데,그림 2 내농포內農圃라고 불리던 이곳도 왕이 직접 농사를 짓던 곳이다. 그러나 일제강점기에 연못으로 만들어버려 지금은 사라졌다. 조선시대의 이런 전통은 해방 후에도 이어졌으니, 권농일을 제정하고 대통령이 직접 모내

그림 2 창경궁 내농포

기에 참가하여 농민들과 막걸리를 나눈다.

이에 짝하여 왕비는 뽕 따는 시범을 보여 길쌈을 장려하였다. 조정에서는 지금의 성북동에 있던 선잠단先蠶壇에서 누에 농사가 풍년 되길 기원했다.

메뚜기 떼의 창궐은 농사에 치명적이다. 메뚜기 떼가 황해도에 치성할 때에 이를 잡아서 묻게 했는데, 밭 한 두둑에 몇 말씩이나 되었다고 한다현종개수실록 1660. 7. 5. 628년 당나라 장안에 가뭄이 들고 메뚜기가 크게 일어난 적이 있다. 이때 태종이 후원을 거닐다가 농사를 망치는 메뚜기를 보고 "백성은 곡식으로 생명을 부지하는데 너희가 갉아먹으니, 차라리 내 속을 파먹어라"고 하면서 삼켜버렸다고 한다. 이로부터 메뚜기

그림 3 농촌 풍경(전 김홍도)

재앙이 사라졌다는 고사는 흔히 임금의 모범으로 회자되었다.

시독관경연 담당관 이은상이 "당 태종이 메뚜기를 삼킨 일이 가식적인 듯 하지만, 그래도 '메뚜기가 재앙을 끼치지 않았다'고 하였으니, 감응의 효험을 볼 수 있습니다"고 아뢰었다. _효종실록 8년(1657) 8월 18일

농사일은 무척이나 다양하여 한 가지에만 전념할 수 없다. 평양 능라도의 농촌 풍경에는 소 몰고, 괭이질하고, 밭 갈고, 물 긷는 모습이 보인다.그림 3 조선후기 학자인 유수원1694~1755은 농업에도 전문성이 필요하다면서 농촌에서 하는 일을 17가지로 나열하였다.

그렇지만 우리나라 사람의 생계 수단은 처음부터 끝까지 부실하다. 겉으로만 보면, 농사를 짓고, 누에를 치고, 길쌈을 하고, 채소를 심고, 장을 담그고, 술을 빚고, 식초를 만들고, 누룩을 디디고, 닭을 치고, 돼지를 키우고, 오곡을 거둬 저장하고, 해어진 옷을 꿰매고, 집을 수리하고, 채소를 갈무리하고, 소나 말을 먹이고, 기물을 보수하고, 땔감을 장만하는데, 남녀가 힘을 합하여 밤낮으로 부지런히 일한다. 한 가지 일이

그림 4
새끼 꼬아 물건 삼기(김홍도)

라도 스스로 주관하지 않는 것이 없고, 한 가지 물건이라도 헛되이 돈 들여 사서 쓰지 않으니, 어찌 부지런하고 재간 있지 않으며 어찌 검소하고 절약하는 것이 아니겠는가? 그렇다면 당연히 집집마다 먹을 것이 넉넉해지고 집집마다 재물이 풍부해야 할 터인데, 빈곤이 더욱 심해지고 생활이 날로 궁색해지는 것은 무엇 때문인가? _『우서』 논한민論閑民

농사일이 여기 나열된 것에만 그치는 것은 물론 아니다. 하루해가 짧게 느껴질 정도로 온종일 이것저것 일을 해도 표가 나지 않는다. 낮에는 풀을 베어 꼴을 마련하고, 밤에는 새끼를 꼬아서 이엉, 짚신 등을 삼았다.그림 4 또 채소를 말리거나 도토리를 주워서 곡식이 떨어졌을 때를 대비해야 했다. 농사가 마무리된 뒤인 농한기라 해서 마냥 쉴 수는 없었다.

들이는 노동력에 비해 생산 효율성이 떨어지는 것이 농촌일이다. 통치자들이 농사와 길쌈의 어려움을 깨닫게 하기 위해서 경직도耕織圖를

그림 5 경직도의 한 부분

그렸는데, 우리나라에서도 사계절 농사일이 풍속화 병풍으로 만들어져 서민에게까지 널리 퍼졌다.그림 5

대체로 18세기 중엽 유럽에서는 밀을 한 알 뿌리면 여섯 알을 수확했는데, 쌀은 한 알을 뿌리면 평균 25알에서 30알을 수확하여 생산성이 높았다고 한다. 하지만 1년간 곡식 농사를 지어 얼마의 소출을 올렸는가는 지역과 비옥도, 기후에 따라 달랐다.

우리나라는 큰 산과 큰 내가 서로 얽혀서 험하고 막혀 있으니, 풍토가 고르지 않아 추위와 더위가 제각각이다. 그러므로 사방의 땅은 비옥도가 같지 않다. 가령 경상도와 전라도는 바닷가의 논에 볍씨 1, 2두를 뿌리면 소출은 10여 석에 이른다. 1결結의 소출은 많으면 5, 60석이 넘고 적어도 2, 30석 아래로 내려가지 않는다. 밭도 매우 기름지다. 그러나 경기도와 강원도의 산에 의지하는 고을에서는 1, 2석의 종자를 뿌려도 거두는 것은 5, 6석에 지나지 않으므로, 한가지로 논힐 수가 없다. _『임원경제지』 본리지, 변양辨壤, 동국토품東國土品

이것은 조선전기 하연1376~1453의 문장을 인용한 것이니 세종 때의 상황을 반영하고 있다. 한 섬을 15말로 계산해도 비옥한 곳에서는 100배 이상을 수확하지만, 척박한 곳에서는 대여섯 배밖에 수확하지 못한다고 한다. 팥을 타작한 오희문1539~1613의 일기에서도 이를 알 수 있다.

문안을 온 사람과 온 집안 사람을 시켜서 김광헌의 밭을 두드리게 했더니 평석平石으로 팥 2석 8두가 나왔으니, 이곳은 사흘갈이 밭이다. 팥씨 11두를 뿌려서 소출이 7, 8석 아래로 떨어지지 않을 것이라고 처음에 생각했는데, 수확한 것이 겨우 이것이니 한스럽지만 어찌하랴. 좋지 않은 밭인데다 꿩과 사슴이 몰려들어 절반이나 먹었다고 한다. _『쇄미록』 1597. 9. 20.

평석은 소곡小斛이라 하는 것으로 15두를 가리킨다. 사흘갈이 밭에 11두를 뿌려서 기대한 것이 적어도 7, 8석이니, 10배 정도의 소출을 바란 것이다. 그런데 정작 수확한 것은 38두로, 일 년간 고생해서 3.5배 정도로 불렸다. 정태화가 현종과 주고받은 대화에서도 고생한 만큼 소득을 올리기 어려운 저효율성이 잘 드러난다.

정태화가 "곡식이 비록 흔하다 해도 농가의 고생은 이루 말할 수 없습니다. 일 년 내내 고생해도 수확이라곤 고작 가포價布 몇 필 가치밖에 안 됩니다. 장사꾼이 점점 늘어나는 것도 이 때문입니다. 여인들이 베짜는 노고도 아주 가엾을 정도입니다. 면화로 무명을 짜보아야 겨우 지아비나 입히고, 자신은 추워도 앙상한 몸을 가릴 옷이 없습니다. 상께서야 이 사정을 어찌 모두 아시겠습니까?" 아뢰니, 상이 "농가에서 고생은 가장 많이 하면서 그 소득은 가장 적으니, 가련할 뿐이다" 하였다.

정태화가 "봄과 여름에 경작할 때면 백성 모두가 귀신 형상이었다가 가을에 이르러서야 비로소 생기가 도는데, 백성의 질고를 참으로 가엾게 여겨야 합니다"고 아뢰니, 상이 "경작할 때는 더위가 한창이어서 넓은 집에 홑옷을 입고 부채를 흔들며 앉았어도 괴로움을 견디지 못하는데, 농부들은 그 더위 속에서 밭 갈고 김매고 하니 그 노고야 이루 다 말할 수 있겠는가?"고 말했다. _현종실록 5년(1664) 4월 29일

가포는 역役을 대신하여 바치던 포목이다. 이 당시 가포로 내던 무명 한 필 값은 쌀 12말 정도였는데, 영남에서는 곡식이 흔해서 쌀 가치가 이 정도밖에 되지 않는다는 말끝에 위와 같은 대화가 나왔다.

그나마 자기 땅에 농사를 짓는 자영농은 사정이 나았겠지만, 남의 땅을 부쳐먹는 농민은 땅 주인에게 수확의 반을 바쳐야 했으니 생활이 더

그림 6 수확을 감독하는 지주 대리인(김홍도)

그림 7 대지주가 소작료를 받는 장면(김윤보)

욱 어려웠을 것이다.그림 6 병작竝作, 并作, 즉 배메기는 지주와 농민이 어울려 균등하게 경작하여 공평하게 분배한다는 뜻을 담고 있다. 지금 사용하는 소작이란 말은 일본에서 사용하던 용어가 들어온 것이니, 조선시대에는 소작인이 아니라 작인作人, 소작료가 아니라 도조賭租나 곡수穀數 등으로 불렀다. 김윤보의 그림에 '대지주가 소작료를 납입함'이란 글씨가 오른쪽 위에 있는 것으로 보아 일제강점기의 모습을 그린 것이라 할 수 있다.그림 7 오희문은 임진왜란을 피해서 충남 임천에 머물면서 관청의 땅과 다른 사람의 땅을 빌려서 경작했다.

여종 누른개와 품으로 산 사람 네 명을 시켜 둔답屯畓, 관청 논 세 마지기를 거두어들이게 해서 반으로 나누어 39속에서 평석으로 2석 12두가 났다. 감독관이 오지 않고 다만 사령을 보내 살펴보게 하니 즉시 실려보냈다.

_『쇄미록』 1595. 11. 7.

그루갈이 콩밭 두 군데를 갈게 했다. 최인복 밭에는 콩太 3두, 이통진 밭에는 콩 1두와 팥豆 3승, 복남 밭에는 녹두 4승을 심었는데, 모두 병작하는 것이다. _『쇄미록』 1596. 6. 9.

그루갈이根耕란 한 해에 같은 땅에서 두 번 농사를 짓는 것인데, 보통 보리를 베어내고 콩이나 조를 파종하는 것을 말한다. 오희문은 수확의 절반을 땅 주인에게 보냈으니, 이것이 반타작이다. 땅 주인에게 대가를 지급하는 방법에는 두 가지가 있다. 하나는 미리 정한 양만큼 내는 도조법賭租法과 수확을 한 뒤에 반으로 나누는 타조법打租法 또는 타작제가 그것이다. 도조법보다는 타조법이 일반적이었고, 위의 일기에서도 논과 밭 수확물 모두 반타작하고 있다.

도조나 타작의 절충 형태인 집조執租도 있었다. 수확이 임박한 시점에 지주가 현지 조사를 가서 작황을 살펴본 다음에 현장에서 지대량을 결정하는 방식이다. 수확 이전에 책정한다는 점에서 이른 봄에 결정하는 도지와 유사하고, 작황을 고려하여 책정한다는 점에서는 수확 이후에 반씩 나누는 타작과 유사하다. 집조를 하는 곳에서는 세금과 종자를 작인이 부담하였는데, 일제강점기 조사 자료에 따르면 전라남북도와 경상남북도 서부 지역에서 유행하였다.

병작은 말로만 공동 경작이었지 실제로는 작인에게 불리한 쪽으로 흘러갔다.

옛 풍습에 남의 땅을 경작하는 것을 병작이라고 한다. 대개 주인과 손님이 수확을 반으로 나누되 손님 혼자서 모두 경작하는 것이다. 그 반을 수확할 때에 세금과 종자는 주인이 내고 손님은 부담하지 않는 것도 옛 풍습이다. 근래에 들으니, 호서와 호남에서는 점차 손님이 부담하고 주인은 도리어 내지 않는데, 오히려 뇌물을 주어도 경작지를 구하지 못한다 하니, 그 딱한 사정이 이 정도에 이르렀다. _『성호사설』 인사문, 본정서本政書

이익1681~1763의 이 글에서는 지주와 작인을 주인과 손님으로 비유했다. 처음에는 주인이 국가에 내는 세금과 종자를 부담하던 것이 점차 작인에게 떠넘기는 추세가 엿보인다. 세금과 종자는 1두락에 각각 2, 3두, 1두가 되어 수확물의 10퍼센트 정도를 차지하였다고 한다. 이렇게 되면 농민의 수확은 50퍼센트에서 40퍼센트로 낮아지게 된다. 심지어 30퍼센트까지 떨어졌다는 견해도 있다. 다른 글에서는 세금과 종자만 부담시킨 것이 아니라 볏짚까지 빼앗고 뇌물까지 징수한다고 지적했다. 정약용1762~1836도 세금과 종자를 경기 지역에서는 땅 주인이 내지만 호남에서는 작인이 부담하여 호남의 농부가 다른 지역보다 가난하다고 지적한 뒤에, 자신의 유배지였던 호남의 토지 소유 실상을 이렇게 전했다.

지금 헤아려보면, 호남의 백성은 대략 100호 가운데 남에게 농토를 빌려주고서 조租를 거두는 자는 5호에 불과하고, 자기 농토를 스스로 경작하는 자는 25호이고, 남의 농토를 경작하고 조를 바치는 자는 70호입니다. 지금 호남에 내려오는 습속을 고쳐서 경기 지역에서처럼 한다면, 70호는 모두 뛰면서 손뼉 치고 춤출 것입니다. 또 25호는 즐거움과 괴로움에 관계되지 않겠지만, 인간의 도리가 가득 차는 것을 싫어하여 대개 부자를 미워하고 가난한 자를 동정할 것이니, 역시 즐거워하는 쪽에 속할 것입니다. 그러니 슬퍼하며 즐거워하지 않는 자는 5명에 불과할 뿐입니다. 5명이 슬퍼하는 것을 두려워하여 95명이 뛰면서 손뼉 치고 춤추는 정치를 하지 않는다면, 왕이 권력을 행사하여 교화를 잘했다고 누가 이르겠습니까? _『여유당전서』 시문집, 의엄금호남제읍전부수조지속차자擬嚴禁湖南諸邑佃夫輸租之俗箚子

18세기에 호남에서는 자영농이 25퍼센트, 병작농이 70퍼센트이고, 지주는 5퍼센트에 이르는 것으로 적었다. 비슷한 시기에 경기도에서도 별반 다르지 않았으니, 경기도 감사 유복명은 상소문에 "열 집 가운데 농토를 가진 자가 두세 집도 안 되고, 절반이 남의 땅을 부쳐 먹습니다"고 적었다영조실록 1750. 6. 5.

2012년 봄에 큰 가뭄이 들었다. 5, 6월 두 달 동안에 예년 평균의 6퍼센트 정도밖에 비가 내리지 않아서 물이 고갈되어 큰 고통을 받았다. 북한에서는 아사자도 속출했다 한다. 이처럼 농사는 인력으로 어찌할 수 없을 정도로 자연의 영향을 크게 받는다. 풍년과 흉년에도 종류가 있어서 명칭도 달랐다.

한 가지 곡식이 여물지 않으면 겸歉이라 하고, 두 가지 곡식이 여물지 않으면 기饑라 하고, 세 가지 곡식이 여물지 않으면 근饉이라 하고, 네 가지 곡식이 여물지 않으면 황荒이라 하고, 다섯 가지 곡식이 여물지 않으면 대침大侵이라 하며, 다섯 가지 곡식이 다 익으면 유有라 한다.

『이아爾雅』에서는 "곡식이 익지 않으면 기饑라 하고, 채소가 자라지 않으면 근饉이라 하고, 과일이 익지 않으면 황荒이라 한다" 하였고, 『광운

廣韻』에서는 "곡식이 없으면 기饑라 하고, 채소가 없으면 근饉이라 한다" 하였다. _『임하필기』 벽려신지薜荔新志

이처럼 풍흉에도 정도가 있어 겸년, 기년, 근년, 황년, 대침, 유년으로 나뉜다. 오곡은 곡식을 총칭하기도 하고, 구체적으로 주식으로 사용되는 다섯 가지 곡식을 이르기도 하는데, 다섯 가지는 식생활의 변화에 따라 달라졌다. 중국 고대 문헌에서는 쌀이 오곡에 들어가지 않는 것으로 보아서, 나중에 와서야 주식으로 취급되었던 것 같다. 조선시대에 와서는 대체로 쌀, 보리, 조, 콩, 기장이나 쌀, 보리, 피, 콩, 기장을 가리켰다. 식생활에서 오곡 다음으로 중요한 것이 채소이고, 그다음은 과일이다. 오곡이 모두 흉년이 들면 대침이라 하는데, 여기서 침侵은 상傷한다는 뜻이니 대기근이라 할 수 있다. 지금 우리는 기근이란 말을 많이 쓰고 있는데, 위의 두 책에 따르면 곡식과 채소 농사가 모두 흉년이 든 것을 말한다.

한 해 농사에서도 곡식마다 풍흉이 다르게 되니, 농민은 다음해에 어떤 곡식이 잘 될지 미리 시험해보기도 하였다.

동짓날에 시험 삼아 오곡 씨앗 한 되씩을 자루에 넣어서 북쪽 담장 그늘진 곳에 묻어두고 사람들이 밟지 않게 한 다음, 50일 후에 꺼내어 양을 재서 가장 많이 불어난 것이 이듬해 농사에 알맞은 곡식이 된다. 토양의 기운이 곳에 따라 다르므로, 마땅히 소재지에서 시험해야 효험을 얻을 수 있다. _『농가집성』 사시찬요초四時纂要抄, 11월

세계적으로 세 가지 주식문화권이 있다. 아시아의 벼, 유럽의 밀, 신대륙의 옥수수가 그것이다. 밀은 필수 아미노산이 부족하여 고기를 곁들여 먹어야 하고, 옥수수는 비타민 종류인 니아신이 결핍되어 펠라그라라는 병에 걸리기 쉽다. 이에 비해 쌀은 영양소가 고루 갖추어져 있다고 한다. 우리는 쌀을 주식으로 하고 있지만, 조선시대에는 그나마 논이 있는 남부에서 쌀을 먹을 수 있었고, 북쪽에서는 조, 수수 등이 주식이었다. 서양에서도 쌀을 먹는다. 그렇지만 동남아처럼 풀풀 나는 듯한 밥을 먹어서 차진 밥을 짓는 우리나 일본과 차이가 난다.

그런데 2012년 8월 기사에는 쌀의 수요가 줄어들면서 벼 재배농가도 11년간 30퍼센트 이상 급감했다고 한다. 벼 재배농가가 2000년 107만 8천 가구였던 것이 2011년 75만 가구로 준 것이다. 또 1년간 1인당 쌀 소비량은 1999년 94.8킬로그램에서 2001년 80킬로그램대, 2005년 70킬로그램대, 2011년 60킬로그램대로 하락했고, 10년 뒤에는 50킬로그램대로 떨어져 밥보다 과일을 많이 먹게 된다고 한다. 그렇게 먹고 싶어 하던 쌀이 점차 주식에서 밀려나고 있는 것이다.

쌀은 껍질을 까기 전의 나락, 즉 도稻와 도정한 후의 미米로 나뉜다. 쌀은 원래 남방 습한 곳에서 자라는 식물이다. 동남아에서 주로 키우는 길쭉한 쌀알은 인디카籼稻라 부르고, 이것이 북쪽으로 전파되어 북위 30도 이북 또는 고도 2천 미터 이상의 찬 기후에 알맞게 변형된 것이 우리가 먹는 짤막한 쌀알의 자포니카粳稻이다. 인디카는 안남현재의 베트남 지방에서 나는 것이라 하여 안남미라고도 부른다. 자포니카는 보통 밥을 해먹는 메벼멥쌀와 쫄깃하여 찹쌀떡을 만들어 먹는 찰벼찹쌀로 나뉜다. 멥쌀은 갱미粳米, 秔米라 하였고, 찹쌀은 나미稬米, 糯米라 하였다.

보리는 대맥大麥 또는 모맥牟麥이라 하고, 밀은 소맥이라 한다. 또 겉보리는 피모皮牟, 쌀보리는 미모米牟라고 한다. 맥은 보리와 밀을 가리키는 것으로서 이를 합쳐서 양맥兩麥이라 한다. 콩이나 베에 대해서는 우리만의 고유한 표현이 있다.

우리나라는 콩을 태太라 하고 면포를 목木이라 하는데, 공적이건 사적이건 모든 문서에 통용하여 고칠 수 없는 명칭이 되어 끝내 바꿀 수 없다. 면포는 목면화木綿花로 짜서 만드니 이를 목이라 부르는 것은 그래도 그럴싸하다. 그러나 콩을 태라 하는 것은 심히 의미가 없으니, 이는 마치 초나라 사람이 젖乳을 곡穀이라 하고, 호랑이를 오토於菟라 하며, 송나라 사람이 쥐를 박璞이라 하고, 강회江淮, 장강과 회하 사람들이 어미를 사社라 하는 것과 같다. 예로부터 방언과 속명에 이런 것이 아주 많았다. 곡과 박은 그래도 물건 이름으로 바꾸어 부른 것이지만, 태는 본래 물건 이름이 아닌 것으로 물건 이름을 삼았으니, 이는 더욱 이해할 수 없다.

_『임하필기』 문헌지장편文獻指掌編, 숙포지칭菽布之稱

콩은 원래 대두大豆로서 대와 태는 통하기에 태만 써서 대두를 가리키고, 두豆는 소두小豆, 즉 팥을 가리켰다. 목면의 목자만 따서 역시 무명을 가리켰으니, 때때로 나무와 혼동할 수도 있다. 우리말에 숙맥菽麥이란 말이 있다. 숙과 맥을 구분하지 못한다는 중국 고사에서 나온 말로서, 콩 작물과 보리 작물을 구분하지 못할 정도로 어리석은 사람을 의미한다. 그런데 지금은 도시에서 자란 사람이 많아서 숙맥이 무척 많다. 일본에서는 말과 사슴을 구별하지 못하는 바보라는 의미로 '바카야로馬鹿

野郎'란 말을 쓴다. 이와 비슷하지만 뜻이 다른 것으로서 지록위마指鹿爲馬가 있으니, 사슴을 가리켜 말이라 하며 윗사람을 농락하고 위세를 부린 고사에서 유래한 것이다.

땅이 다르면 농기구도 달랐다. 우리가 쓰는 삽은 끝이 뾰족하여 발로 밟아 사용하는데, 중국과 러시아에서 보니 가래처럼 삽의 끝이 일직선으로 넓적하여 주로 상체를 이용하여 옆으로 쳐서 사용한다. 생각건대 돌이 많은 땅과 그렇지 않은 땅의 차이 때문인 것 같다. 고대에 쇠로 만든 보습이 황토지대인 중원에서보다 한반도 일대에서 많이 발견되는 것도 지형적 차이에 기인하는 듯하다. 조선시대에 무자위라고도 불리는 수차水車를 사용하려고 했으나 결국 제대로 보급되지 못한 것도 중국과 우리의 자연 조건이 다르기 때문이었다. 중국과 다른 것으로는 디딜방아도 있다.

대碓는 찧는 기구이다. 중국에서는 외다리방아로 한 사람이 밟는데, 우리나라에서는 양다리방아로 두 사람이 밟는다. _『임원경제지』 본리지, 관개도보灌漑圖譜 하

18세기 후반에 서호수1736~1799가 편찬한 『해동농서』를 인용한 대목이다. 디딜방아는 동아시아와 동남아시아에 퍼져 있지만, 양다리는 우리나라에서만 보인다고 한다. 어렸을 때에 보았던 기억에 따르면 두 사람이 각각 줄을 잡고 얘기하거나 노래하며 방아를 밟고, 다른 한 사람은 박자에 맞추어 절구에서 곡식을 찧었다.

국립중앙박물관에 소장되어 있는 '태평성시도'란 그림은 중국적인

그림 8 태평성시도의 양다리방아(2014. 7)

모습을 강하게 띠고 있으면서도 조선의 생활 모습이 반영되어 있어 주목된다. 숟가락으로 음식을 먹는 장면, 지게를 멘 인물의 등장, 발로 밟는 작두의 사용과 함께 양다리방아그림 8의 등장을 그 증거로 든다. 이에 비해 고구려 안악3호분에는 두 사람이 마주 서서 방아를 찧고 있는 외다리방아가 묘사되어 대비된다.

작두도 중국에서는 손으로 눌러서 사용한다고 한다『계산기정』. 우리도 담배를 썰거나 약방에서 한약재를 썰 때는 손 작두를 사용한다. 이에 비해서 고구려 약수리 벽화에는 외양간에서 발로 밟으며 두 사람이 작두질 하는 장면이 보인다. 조선시대 조영석1681~1761의 그림도 이와 유사한데, 한 사람은 왼손으로 지붕에서 내려뜨린 줄을 잡아 균형을 잡고

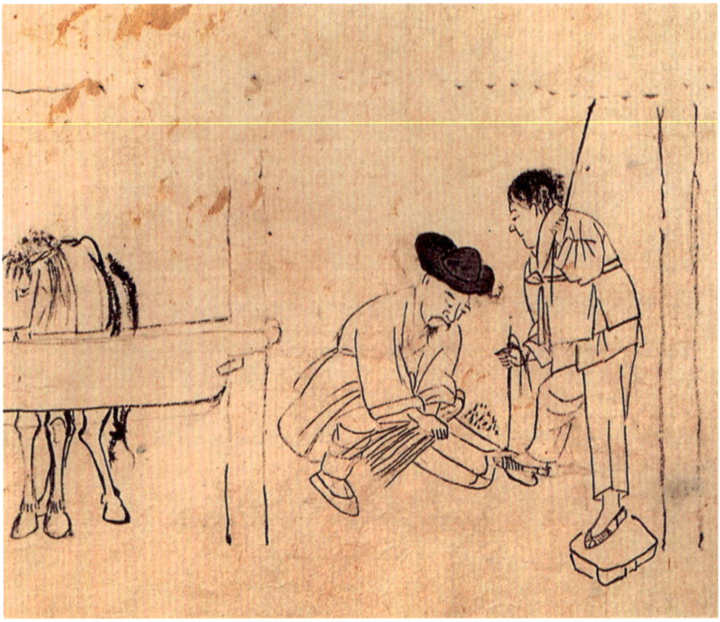

그림 9 작두질 하기(조영석)

오른손으로는 작두줄을 올렸다가 밟고 있고, 한 사람은 꼴을 먹이고 있다.[그림 9] 작두질은 두 사람이 하는 만큼 호흡이 제일 중요하다. 그러지 않으면 꼴을 먹이는 사람에게 불상사가 난다. 어렸을 때에 그런 사고를 당한 손을 본 기억이 있다.

농지와 소

농사짓는 사람은 언제나 풍작을 꿈꾼다. 추운 입춘날 벌거벗고 땅을 가는 나경 풍습도 그런 염원에서 비롯되었다. 중국 한나라 때 돌에 새긴 그림인 화상석畵像石에도 이런 바람을 표현한 것이 있다. 원숭이가 매달려 놀고 있는 나무 아래에서 남녀가 성교하고 있고, 그 뒤에는 이를 도와주는 남자와 또 다른 남자가 벌거벗고 있는 모습이 보인다.그림 1 나무 위에는 벗은 옷이 걸려 있다. 제사를 지내는 나무 아래에서 남녀가 음양의 결합을 통해 풍요를 빈 것이다. 우리나라에서도 밭에서 부부가 성행위를 함으로써 풍작을 기원하는 풍습이 있다. 그런가 하면 정월 대보름날 암줄과 수줄로 이루어진 줄다리기를 하거나 나뭇가지에 돌을 끼워 대추나무를 시집보내는 것도 그런 성행위를 상징한다.

한해 농사가 잘되어 대풍을 이루어야 하지만, 농민에게는 기본적으로 농지와 소가 부의 척도였다. 떠돌아다니는 유목민과 비교하면 땅에 집착하는 것은 농경민의 특성이기도 하다. 고대에는 물빠짐이 좋은 언덕 부근에서 농사를 지었으나, 점차 농업 기술이 발전하면서 강가나 바닷가의 진펄을 개간하여 농지를 확장해갔다. 고려시대의 농지에 대해서 이렇게 묘사되어 있다.

그림 1 중국 화상석의 성교 장면

그 나라 땅은 중국의 동쪽 바닷가에 있다. 큰 산과 깊은 계곡이 많아 지세가 험준하고 평지가 적다. 따라서 농지는 산간에 많이 있는데, 지형의 고저에 따라 만들었기에 갈거나 일구는 데 매우 힘이 든다. 멀리서 바라보면 사다리나 층층계처럼 보인다. _『고려도경』 종예種蓺

고려를 방문한 사신의 기록으로, 농지가 주로 산비탈에 펴져 있었던 것을 알 수 있다. 지금 북한에서는 거의 산마루까지 개간해서 다락밭을 만들어놓았는데, 그림 2 마치 이런 모습을 보는 느낌이었을 것이다. 개성의 고려 궁궐만 봐도 평지가 아니라 산기슭 구릉지에 자리잡고 있다. 조선후기까지도 산지에 화전을 일구어서 이런 모습의 농지가 펼쳐져 있었으니, 관동 지방의 사례에서 볼 수 있다.

그림 2 압록강변의 다락밭(2012. 6)

승지 조명신이 "관동 지방의 화전은 산등성이까지 경작하기에 이르렀습니다. 숲을 잇달아 태워서 인삼과 백출의 공납이 거의 끊어지게 되고, 못과 내가 무너지고 막혀서 뱃길이 통하기 어렵게 되었습니다. 마땅히 산허리 이상에 개간하는 것을 금지하소서"라고 말했는데, 이준혐이 "삼가 엄중히 신칙함이 마땅합니다"고 했다. _영조실록 13년(1737) 2월 3일

정부에서는 1968년에 '화전정리법'을 공포하여 화전을 금지하고 화전민 이주사업을 벌였다. 그 결과 훼손된 삼림이 복원되기 시작했다. 강원도 오대산 월정사에서 상원사로 올라가는 옛길인 선재길에는 화전을 금지할 때에 세워놓은 팻말이 숲 속에 하나 서 있어서 당시의 사정을 전한다.그림 3

한편, 지금 우리가 주로 생활하고 있는 평지는 사실 적극적으로 개간되기 전까지는 습지에 가까워 농지나 주거지로 사용하기 어려웠다. 과거의 주된 생활 근거지는 구릉지였고, 평지와 해안가 등의 저습지 개발은 조선시대에 와서 활발히 이루어졌다. 바닷가는 서해안 지역에서 간척이 활발히 이루어졌다.

그림 3 화전 금지 팻말(2014. 8)

훈련대장 유혁연이 "통영에도 줄 곡식이 부족합니다. 신은 일찍이 한 가지 계책을 생각했으니, 만약 여러 포구에 제방을 쌓아 밭을 만든 뒤에 토병土兵, 그 고장의 군사으로 하여금 들어가 경작하도록 하고, 그로부터 포布를 거두어 격군格軍, 노 젓는 군사에게 주면 가장 편리할 것입니다"고 대답하니, 민유중이 "영남은 조수가 멀리 올라가지 않기 때문에 제방을 쌓은 곳이 적습니다. 그러나 호남에서는 1, 2백 석 또는 3, 4백 석 규모의 개간지가 있는 것을 신이 직접 보았습니다. 승군僧軍 및 연군煙軍, 민가에서 징발한 부역꾼을 동원하여 제방을 쌓기도 하는데, 10년이 못 되어 모두 좋은 농지가 됩니다. 이와 같이 하면 군량이 넉넉하고 바다의 방비도 굳건해질 것입니다"고 아뢰었다. _현종실록 14년(1673) 12월 18일

강화도의 해안선이 지금 모습으로 된 것도 조선시대의 개간 때문이었으니, 우의정 김구의 말에서 엿볼 수 있다.

옛날에는 강화도의 사면이 진펄이었으므로 배를 댈 곳이 없었습니다. 이제는 옛날의 진펄이 단단한 땅으로 변했고, 뱃길이 사방으로 통하여 곳곳마다 정박할 수 있으니, 아마도 안쪽에 논을 만든 때문이라고 아니할 수 없습니다. _숙종실록 29년(1703) 9월 25일

주인이 없는 땅을 개간한 경우에는 땅 주인이 될 수 있는 법 규정도 개간 확산에 한몫했다. 이때 주인이 없는 땅인지를 주민들에게 확인하는 절차가 필요했으니, 이를 다짐侤音이라 한다. 다짐이란 원래 진술 내용이 틀림없다고 확인하는 문서를 이른다. 지금도 쓰는 '다짐을 받는다'는 말은 여기서 유래하였다. 경기도 개풍에서 백성의 농사 터전을 몰래 떼어 받은 사건이 벌어졌는데, 이때에도 근처 백성의 다짐을 받아서 제출하여 일을 벌였다.

권세가에게 잘 보이기 위하여 제언堤堰, 물막이 댐 부근의 백성들로부터 다짐【다짐이란 진술을 의미한다. 무릇 토지를 떼어 받는 사람들은 반드시 그 인근 주민에게 물어서 모두 진황지로 주인이 없는 땅이라고 한 진술을 받은 다음에 바야흐로 문서를 작성한다고 한다】을 근거로 받아서 감사에게 보고하고, 다시 임금에게 아뢰어 농지를 떼어 받게 했으니, 이는 실로 임금을 속인 것입니다. _명종실록 21년(1566) 6월 23일

농지 개간에는 선비들도 뛰어들었으니, 대사간 김첨경이 비판적으로 아뢴 말이다.

요즈음 선비들이 집에서 학문을 하는지의 여부는 신이 알지 못합니다만, "부유해진 뒤에야 선한 일을 할 수 있다"는 말이 성행하고 있습니다. 이리하여 동료 선비 다수가 바다나 저수지를 막아 농지 일구는 것을 능사로 삼고 있으니, 이런 폐단은 상께서 마땅히 금지해야 합니다.

_선조수정실록 13년(1580) 6월 1일

돈에 초연해야 할 선비들이 앞다퉈 농지 개간에 나선 분위기다. 이밖에도 매입이나 약탈 등도 토지를 불리는 수단이 되었다. 고려나 조선 모두 건국 후에 국가 재정의 기본이 되는 토지제도를 개혁하고, 자기 토지를 경작하는 농민을 증가시키려고 노력하였다. 그래야 국가 수입이 늘어나기 때문이다. 해방 후에도 남북한에서 각각 토지개혁이 이루어진 것도 같은 맥락이다. 그러나 세월이 흐르면서 권력자나 재력가의 수중으로 토지가 집적되고, 농민은 그들의 땅을 부쳐먹는 처지로 전락하였다. 수익은 이들에게로 귀속되니 국가의 경제적 기반도 흔들릴 수밖에 없다. 고려말기에 농민의 땅을 빼앗는 모습은 '수정목 공문'이란 말에서 적나라하게 드러난다.

신우우왕가 화원에서 말을 길들이다가 좌우를 돌아보며 "수정목 공문水精木公文을 가져와라. 내가 이 말을 길들여 놓겠다"고 말했다. 또 임치에게 희롱하여 "네 아비가 수정목 공문 쓰기를 좋아한다지?"라고 말했다. 당시 임견미, 이인임, 염흥방이 흉악한 종들을 풀어놓아 좋은 땅을 가진 사람들을 수정목으로 때려서 강탈했다. 비록 공문서를 가지고 있어도 감히 따지지 못했다. 당시에 사람들이 '수정목 공문'이라 일렀는데, 신우가 듣고 미워했기에 매번 언급한 것이다. _『고려사』 임견미 전기

임견미?~1388는 고려말의 무신으로 이인임, 염흥방 등과 전횡을 일삼다가 1388년에 최영, 이성계에게 살해되었다. 수정목은 물푸레나무로, 재질이 단단하여 농기구 자루나 도리깨, 회초리 등으로 사용되었다. 이런 단단한 나무로 매질하며 남의 땅을 빼앗았으니 배길 도리가 없었다.

또 공민왕 1년1352에 이색이 송사한 글에 따르면, 한 농경지에 지주가 한둘이 아니어서 농민은 여러 곳에서 수탈을 당하기도 했다.

조를 받으러 오는데, 땅 주인이 하나이면 다행이고, 혹 서너 집이거나 7, 8집에 이르기도 합니다. 그들은 힘으로 서로 노리는데 세력이 서로 엇비슷하여 누구도 양보하려 들지 않습니다. _『고려사』 이색 전기

조선시대에도 일부가 토지를 독차지하는 현상이 지속해서 일어났다. 정조 때에 재상들이 차지한 땅은 끝이 없었다고 한다. 부수찬 이석하의 상소문이다.

아, 지금 재상들 가운데 농장을 널리 차지하지 않은 집이 없습니다. 여주와 양주의 기름진 땅 및 호서와 호남의 바닷가 큰 제방은 군을 넘고 현을 독차지할 정도여서 한 번 바라보면 끝을 알 수 없습니다. 소출이

1천 석에 차지 않으면 스스로 가난한 집이라 하는데, 매년 한 농장에서 나오는 곡식을 환자곡꾸어주는 곡식으로 내주니 토지를 '누워서 산다'고 사람들이 말합니다. 이러니 백성이 어찌 빈곤해지지 않고, 나라 재정이 어찌 깎여나가지 않겠습니까? _정조실록 18년(1794) 7월 24일

'누워서 산다'는 것은 우리가 쓰는 '누워서 떡 먹기'와 비슷한 말로 들린다. 이 당시에 천석꾼도 가난하다고 할 정도로 농토가 권세가들에게 집중되었던 모양이다. 그러니 상대적으로 농민은 더욱 가난해질 수 밖에 없었다. 다만 최근의 연구에 따르면 조선후기에는 대지주층이 줄어들고 중간층이 늘어나는 추세여서, 이런 정황이 일반적이었던 것은 아니었다.

농가의 으뜸은 농지고, 그에 못지않은 것이 소다. 소가 없으면 농지를 갈기가 어려웠다. 고구려 벽화나 17세기 그림인 '북새선은도'에서 보듯이 소는 수레를 끌기도 하였으니, 도로가 발달되지 않은 때에는 빨리 달리는 말보다 느릿느릿 걷는 소가 제격이었다. 그런가 하면 소를 타는 것은 세상을 등지고 사는 은둔의 선비를 상징하여서, 말이나 나귀를 타는 속세의 선비와 대비되었다. 외국에서도 소는 재산이었고 재력의 상징이었으며, 때로는 화폐로도 취급되었다. 또 불교에서는 묵묵히 길을 가며 봉사하는 소의 과묵함과 쉼 없는 정진을 불자가 깨달음을 향해 나아가는 과정으로 묘사하고 있다. 절에 가면 소를 찾아 다니는 심우도尋牛圖 또는 십우도十牛圖라 불리는 일련의 벽화 그림을 종종 볼 수 있다. 다음 일화는 농민이 소를 얼마나 아끼고 심지어 경외까지 했는지를 보여준다.

익성공 황희는 고려말에 적성에서 훈도로 있었다. 적성에서 개경으로 가다가 길에서 한 노옹을 만났다. 그는 누렁소와 검정소 두 마리를 이끌고 밭을 갈다가 바야흐로 쟁기를 벗기고 숲 아래서 쉬던 참이었다. 공도 그 곁에서 말을 쉬게 하고 노옹과 서로 말하게 되었다.

공은 "노옹의 두 마리 소가 모두 살지고 크며 건실합니다. 밭 가는 힘에도 우열이 없습니까?" 물었다. 노옹은 얼른 다가와 귀에다 대고 낮은 소리로 "어떤 색 소가 낫고 어떤 색 소가 못하오"라고 말했다. 공이 "노옹은 어찌 소를 두려워하여 이같이 몰래 말합니까?" 물으니, 노옹은 "심하구나, 그대가 나이 젊어서 들은 것이 없구려. 짐승이 비록 사람과 말을 통하지 못하지만, 사람의 말이 좋고 나쁜 것은 모두 알아듣소. 만약 자기가 못나서 남만 못하다는 말을 듣는다면, 불편한 심기가 어찌 사람과 다르겠소? 심하구나, 그대가 나이가 젊어서 들은 것이 없구려" 했다.

공이 이 말을 듣고 놀라움을 금하지 못했다. 평생에 겸손하고 온후한 도량은 이 노옹의 한 마디에서 비롯된 것이다. 고려가 망하려 하자 숨어서 농사일하는 군자가 많았으니, 노옹도 그중 한 사람이었다. _『송와잡설』

이 글을 읽으면 몇년 전에 상영된 '워낭소리'가 생각난다. 소는 늙은 농부의 반려자요 한가족으로서 끈끈한 정을 느끼게 해주어 심금을 울렸던 다큐멘터리 영화이다. 천수를 다한 소는 농부의 집 옆에 묻혔다. 윗글에 두 가지 색깔의 소가 있는데, 우리나라의 전통 소는 누렁이가 대부분이다. 반면에 일본의 전통 소는 검은색인데, 덩치가 한우보다 크지만 힘은 떨어진다고 한다. 메이지 시대에 이 소를 개량해서 지금의 우수한 육질의 와규和牛를 만들어냈다.

조선시대에 소를 가진 농민은 흔하지 않았다. 세종 때에 민가에서는 열 집에 한 집꼴로 소 한 마리를 길렀을 정도이다. 명나라에서 소 1만 마리를 요구하자 세종이 사신에게 하소연한 말이다.

지금 듣건대 황제께서 본국에 명하여 소 1만 마리를 교환하라 하신다 하니, 마음이 실로 황공합니다. 본국은 민가에서 소가 있는 곳은 열 집에 한 집이며, 있다고 해도 한 마리에 불과합니다. 비록 온나라에서 찾아내더라도 어찌 1만 마리를 얻겠습니까? _세종실록 13년(1431) 12월 13일

물론 중국측 요구를 거절하기 위해서 과장한 말일 것이다. 그렇지만 소가 적었던 것은 사실이다. 세조수양대군가 단종에게 올린 글에서는 한 마을에 소를 가진 집이 두 집에 불과하다고 하였다.

또 말은 진실로 군사적으로 크게 소요되는 것이고, 소 역시 농사에 크게 쓰이는 것입니다. 무릇 한 마을에 농우를 가진 자가 한두 집에 지나지 않으니, 한 집의 소로 한 마을의 경작지 반 이상을 갑니다. 만약 소 한 마리를 잃으면, 한 마을 사람들이 모두 농사짓는 때를 맞추지 못하게 됩니다. 한 마리의 소가 있고 없음으로써 한 마을의 빈부가 결정되니, 소의 쓰임이 진실로 큽니다. _단종실록 1년(1453) 9월 25일

이에 비해서 통일신라 때의 민정문서에서는 한 마을에 소가 8~22마리, 말이 8~25마리 기록되어 있어서 조선시대보다 매우 많은 편이다. 고대로 올라갈수록 소와 말을 많이 키웠다고 볼 수 있을지, 아니면 이

곳 네 개 마을이 국가의 특수 관리 지역이었는지 모르겠다.

소는 사람 몇 배의 힘을 쓸 수 있기에 농업 생산에 필수적인 동반자였다.그림 4

그림 4 코뚜레 한 소로 밭갈기(김홍도)

논갈이는 너무 이르지 않게 3월 보름경에 비로소 흙을 갈아엎는다. 소가 없는 사람은 9명의 농부를 고용하여 쟁기를 끌게 하면 소 한 마리의 힘을 대신할 수 있어서, 하루 2, 30두의 씨를 파종할 수 있다. _『금양잡록』 농담農談 2

8도에 큰물이 져서 벼농사를 망치고 전염병이 치성하였다. 양계兩界, 함경도와 평안도에서 죽은 사람이 더욱 많았는데, 사람과 가축이 전염되어 죽은 것을 다 기록할 수 없었다. 소의 전염병이 더욱 심하여 농가에서는 사람이 소를 대신했는데, 아홉 사람의 힘이 소 두 마리에 해당하였다.

_선조수정실록 10년(1577) 7월 1일

지난해 갑오년에 흉년이 들어 소가 절멸했으니, 금년 봄 농사에 사람들이 스스로 쟁기를 끌며 밭을 가는데, 8명이 한패가 되어 곳곳마다 무리를 이루었다. _『난중잡록』 을미년(1595) 2월 15일

그림 5 쟁기 끄는 모습(2012. 6)

그림 6 부리망을 씌운 소로 옥수수밭에 북주기

소 대신에 쟁기를 끌려면 8, 9명이 있어야 했다. 지역에 따라 소 두 마리가 끄는 곳이 있는가 하면, 한 마리가 끄는 곳이 있다. 아무래도 땅이 척박하고 돌이 많은 곳에서는 두 마리가 끌 수밖에 없었을 것이다. 그런데 근자까지도 소를 부리기 어려운 급경사 밭이나 작은 텃밭에서는 사람이 쟁기를 끌었다.

중국 랴오닝성을 여행하다가 부부가 쟁기를 끄는 모습을 목격하였다.그림 5 힘을 쓰는 남편이 쟁기를 당기고 부인은 쟁기를 잡고 있다. 쟁기질은 아무나 하기 어렵다. 소를 부리는 것도 어려운 일이요, 쟁기날을 땅에 제대로 박는 일도 쉬운 일이 아니다. 자칫 깊게 박히면 앞으로 나아가지 못하고, 얕게 박히면 공중으로 불쑥 솟아오르기 때문이다. 그래서 소가 끄는 쟁기의 경우에 소는 보통 부인이나 아이가 부리고 쟁기는 노련한 농부가 잡는다. 밭을 갈 때는 소의 입에 부리망을 씌워 농작물을 뜯어먹지 못하게 한다.그림 6

소가 없는 집에서는 빌려다 쓸 수밖에 없다. 그러니 제때에 빌리지 못하면 자칫 농사를 망칠 수도 있었다.

조윤공, 신강유 두 집의 소를 빌려다가 한복, 덕노와 품으로 얻은 사람을 시켜서 둔답屯畓, 관청 논을 가는데, 늦게서 비가 내려 한낮이 되어도 그치지 않는다. 신강유의 소는 도로 빼앗아가서 종일토록 갈 수가 없었다. 겨우 다섯 두락을 갈았다.

어제는 사람 셋을 얻어가지고 아침밥만 먹이고 소를 얻지 못해서 갈지 못했다. 오늘은 소를 얻었지만 비가 내려서 또 갈지 못하고 헛되이 양식만 허비하였다. 일이 많이 어그러지고 하늘도 돕지 않으니 탄식한들 무엇하랴? _『쇄미록』 1596. 3. 13.

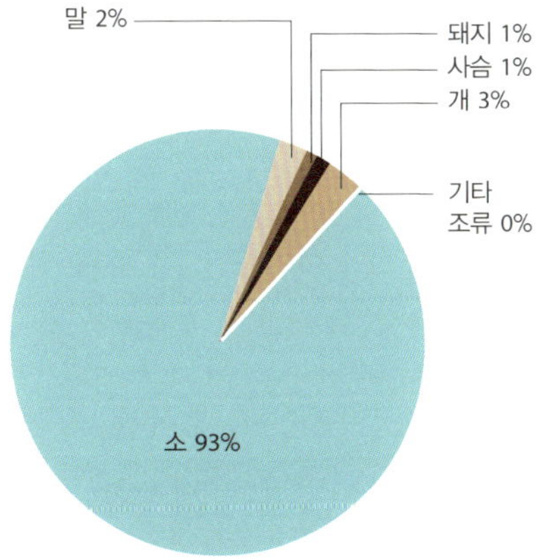

그림 7 어영청지 동물 뼈 분석표

조정립은 한 마을에 소 한 마리만 있으면 마을 전체가 농사를 지을 수 있다고 아뢰었다선조실록 1596. 3. 20. 여기서 소의 위력을 알 수 있다. 그러기에 조선에서는 소의 도살을 엄격히 금지했다. 소나무 베는 것, 술 빚는 것과 더불어 조선시대 3대 금지령에 속했다. 태종 때에는 소 도살을 고발하는 자에게 범인의 재산을 상으로 내렸고, 인조 때에는 소를 도살하는 것을 살인하는 것과 같은 죄로 다스렸다.

그럼에도 소는 가장 인기 있는 고기였다. 서울 청진동을 발굴했을 때에 먹고 버린 동물 뼈가 많이 나왔다. 어영청이 있던 곳에서 수습된 것을 분석해보니, 소가 93, 개 3, 말 2, 돼지 1, 사슴 1퍼센트였다.그림 7 당시 사람들이 돼지고기나 개고기보다 쇠고기를 얼마나 좋아했는지 짐작할 수 있다. 고기라 하면 일반적으로 쇠고기를 의미할 정도로, 쇠고기는 고기의 대명사였다.

이것은 돼지고기를 제일로 치는 중국과 크게 대비된다. 2014년 중국의 돼지 소비량은 전세계의 절반을 넘고, 이 때문에 돼지 사료인 콩값이 세계 시장에서 폭등할 정도이다. 청나라 때에도 돼지 소비가 제일 많고 양, 노새, 닭, 오리가 그다음이었지만, 이에 비해 쇠고기를 먹는 사람은 적은 편이다. 전쟁이나 농사 등에 필수적인 마소 고기를 먹지 못하게 하는 금지령도 한 원인이 되었겠지만, 역시 금지령이 있는 조선과 너무나 대조적이다. 일본에서도 근대 이전에는 쇠고기를 잘 먹지 않았다. 농사짓는 데 필수적인 데다가 불교와 신도神道를 믿기 때문이라고 한다『일동기유』. 그래서 고기 먹는 데에 익숙하지 않은 국민들을 위해서 메이지 유신 이후에 개발한 것이 돈가스, 고로케였다.

조선에서 도살금지령에도 불구하고 기근이 크게 들어 먹을 것이 없으면 소를 잡아먹지 않을 수 없었다. 때로는 소가 병에 걸렸다거나 다리를 전다고 핑계를 대고 도살하였다. 고기를 먹기 위해서 도살했을 뿐 아니라, 때로는 뼛가루를 얻기 위해서 또는 무기를 만드는 데 쓰는 가죽과 힘줄을 얻기 위해서도 도살했다. 그 밖에도 도둑이 잡아먹거나, 초상이 나서 어쩔 수 없이 소를 잡아야 하는 등 소가 사라지는 원인은 다양했다.

한 마을 100호 가운데 가축을 가진 자는 겨우 10여 호이다. 집에 소가 있더라도 한두 마리에 불과한데, 그나마 암소와 송아지를 제외하면 부릴 수 있는 것은 고작 몇 마리다. 100호의 밭을 몇 마리 소가 가는 것은 도저히 감당하기 어려운 일이다.

하물며 근자에 도둑 무리가 소를 잡아먹으려 든다. 또 재해가 없고 소가 있는 마을이라도 한 달에 8, 9회 초상이 나니, 남아 있는 소가 거의 없게 된다. 그리하여 사람을 시켜서 쟁기를 끌게 하는데, 아홉 사람의 힘이 소 한 마리에 미치지 못한다. 그러니 내가 어찌 깊이 갈 수 있겠는가? _『금양잡록』 농담 2

물산이 없는 고을에서는 수령이 손님 접대를 위해서 부득이 소를 잡지 않을 수 없었다. 돌림병으로 수많은 소가 죽어나가기도 했으니, 몇 년 전의 구제역 파동을 보면 이해가 간다.

경상도에 우역牛疫이 크게 일어났다. 선산·영천 등 30여 고을에서 전후하여 죽은 소가 6,400여 마리였다. _현종실록 6년(1665) 11월 5일

인조 때에는 돌림병으로 소가 많이 죽자 몽골에서 181두를 수입해 와서 나누어준 적도 있다. 대사간 이정영이 올린 글이다.

정축년인조 15, 1637 난리 후에 우역이 매우 치성하여 농우가 모두 죽었으므로, 조정에서는 청나라를 통하여 몽골에서 소를 사다가 경기 백성에게 나누어주어 농사를 지을 수 있게 했습니다. 처음에는 백성을 위한 걱정이 매우 절실하여 그렇게 했습니다만, 그 뒤에 소가 너무 번식되어서는 도리어 백성에게 큰 폐단이 되고 있습니다. _현종개수실록 1년(1660) 8월 17일

정축년 난리란 전 해에 일어난 청나라의 침입 즉 병자호란을 의미한

다. 조선전기에는 물소도 기르게 했다. 중종 때 유순정이 아뢴 말에 따르면 물소는 힘이 좋아서 보통 소의 몇 배 정도로 밭을 잘 갈았다고 한다중종실록 1510. 9. 27. 하지만 추위에 약한데다가 부리기가 쉽지 않아서 결국은 도태되고 말았다.

승정원에 "내가 듣건대 물소가 날로 번식하지만 늙어서 소용이 없게 된다고 한다. 민간에 주어 밭을 가는 데 쓰게 하려는데 어떻겠는가?"고 전교하니, 승지들이 "이 소는 본래 성질이 조급하여 밭을 가는 데 적당하지 않습니다. 마른 땅에서는 빨리 달려서 농부가 따라가지 못하고, 습한 땅에서는 버티고 나아가질 않습니다. 이극배가 일찍이 하사받아서 수레에 매어 물건을 운반했는데, 얼마 안 되어 병들어 죽었습니다. 재상집에서도 오히려 기르지 못하는데, 하물며 민간에서이겠습니까? 관청에서 기르는 것이 마땅합니다"고 아뢰었다. _성종실록 24년(1493) 10월 4일

물소는 버팔로라고 하는 것으로 남방에서 자라는 소이다. 여행할 때에 보니 물속에 들어가 있는 것을 좋아하였다.그림 8

소를 부리기 위해서는 코뚜레를 한다. 그런데 중국의 소는 코뚜레를 하지 않았던 모양이다. 1712년에 사신을 따라갔던 김창업이 중국의 소에 대해서 이렇게 묘사했다.

소는 몸이 작고 긴 뿔이 앞으로 휘어져 그 모양이 우리나라 소와 같지 않다. 또 코뚜레를 하지 않고 다만 노끈으로 두 뿔을 묶어서 다룬다.

_『연행일기』

그림 8 베트남의 물소(2004. 7)

박지원의 기행에도 나온다.

우리나라 소는 난 지 7, 8개월이 되면 벌써 코를 꿴다. … 책문에 들어와 열하에 이르기까지, 한 집에서 기르는 소가 7, 8두 이하가 없고, 많으면 3, 40두에 달했다. 밭을 가나 수레를 끄나 모두 뿔에 줄을 매서 부리고, 코를 꿴 것은 하나도 없었다. 소는 모두 유달리 컸다. 집집마다 방목하는데, 작은 아이 하나가 수십 마리를 몰 수 있다. 그런데 코를 꿰지 않았을 뿐 아니라 뿔도 얽어매지 않았으니, 중국 사람들이 소를 부리는 기술은 우리가 미칠 바가 아니다. 다만 코를 꿰지 않는 것은 역시 고금에 차이가 있는 것이로다. _『열하일기』 피서록避暑錄

그림 9 뿔에 줄을 맨 소(2012. 6)

책문柵門은 중국 랴오닝성 펑청시鳳城市에 설치되었던 변경의 문으로, 이곳에서 압록강까지는 완충지대였다. 책문을 통과하면서 비로소 청나라 땅으로 들어갔다. 이 책문 밖에서 조선과 청나라의 장사꾼이 무역을 하던 것을 책문후시柵門後市라고 한다. 중국에서는 소를 사역할 때에 뿔에 굴레를 씌웠고, 방목할 때에는 이마저 하지 않았던 것 같다.

이 일기가 생각이 나서 고구려 유적을 답사하면서 유심히 살펴보았더니, 코뚜레를 한 소도 있고 박지원의 지적처럼 뿔에 줄을 맨 소도 있었다.그림 9 밭갈이 등 힘을 쓰는 소는 코뚜레를 하지만, 그렇지 않은 소는 이런 식으로 부리는 것 같았다. 조선시대에 우리나라 소는 모두 코뚜레를 해서 쟁기를 끌게 했으니, 박지원의 눈에는 코뚜레 하지 않은 소가 신기하게 보였던 듯하다.

윤근수1537~1616의 글에서 중국에는 코를 꿴 소가 없다고 하였고『월정만필』, 김창업1658~1721의 연행 기록에서도 코뚜레를 하지 않고 노끈으로 두 뿔을 묶어서 소를 다룬다고 하였으니, 코뚜레 여부도 중국과 조선의 차이를 보여주는 것이다.

밭농사와 논농사

그림 1 나주 복암리 5호 목간

농지에는 논과 밭이 있다. 우리는 밭과 논을 전답田畓이라 하는데, 중국과 일본은 이와 다르다. 중국의 한자사전에서 전답이란 단어는 찾을 수 없으니, 논은 수전水田, 밭은 백전白田 또는 한전旱田이라 한다. 전남 나주 복암리에서 출토된 백제시대 목간에도 수전과 백전이 함께 나온다. '목간5'의 전면에 '경수전이형득칠십이석涇水田二形得七十二石', 후면에 '백전일형득육십이석白田一形得六十二石'이란 부분이 보인다.그림 1

그런데 우리나라에서는 수전이란 두 글자를 합쳐서 답畓이란 글자를 만들어냈다. 이미 통일신라 민정문서에 이 글자가 보이므로 그 역사는 무척 오래되었다. 이와 달리 일본에서는 오히려 백전이란 두 글자를 합쳐서 전畠, 화전이란 두 글자를 합쳐서 전畑이란 글자를 만들었다. 이들은 지금 일본에서 모두 밭을 가리키는 용어로 사용되고 있다.

왜국에서는 밭을 전畠이라 하고, 논을 전田이라 하며, 화전을 전畑이라고 하니, 우리나라에서 수전을 답이라 하는 것과 같다. 그런 까닭에 벼슬 이름에 전산전畠山殿이 있고, 지명에 전도畑島가 있다고 한다. _『지봉유설』 지리부, 전田

그런데 복암리 목간에서 '백전白田'을 '전畠'으로 읽어서 일본 고유의 글자가 백제에서 유래되었다고 해석하기도 한다. 한문은 세로로 쓰니 한 글자인지 두 글자인지 분명하지 않은 경우가 많아서 이런 의견 차이가 발생할 수 있다.

중국 동북지방, 즉 만주 지역을 여행하다 보면 옥수수밭이 흔히 보이고 이따금 벼를 심은 논을 볼 수 있다. 논이 많은 동네라면 조선족 마을일 가능성이 높고, 옥수수밭 일색이라면 다른 민족이 사는 마을일 터이니, 이렇게 논밭에서도 민족성이 드러난다. 과거에 한인들이 만주에 건너가 추운 곳에서도 벼농사를 시작했기 때문이다. 지금은 조선족들이 내몽골까지 들어가서 벼농사를 짓고 있는 것을 2000년 여행 때에 확인할 수 있었다. 그런데 19세기 후반부터 이주한 조선족뿐 아니라 훨씬 이전인 병자호란 때에 끌려간 조선인들도 만주 땅에서 벼농사를 일구어냈다.

고려보高麗堡에 이르니, 집들이 모두 띠로 지붕을 이어서 몹시 쓸쓸하고 검소해 보였는데, 묻지 않아도 고려보임을 알겠다. 앞서 정축년1637, 병자호란 다음해에 잡혀온 사람들이 저절로 한 마을을 이루었다. 관동 1천여 리에 논이 없는데 이곳에서만 논벼를 심고, 떡이나 엿 같은 물건에도 본국의 풍습이 많이 들어 있다. 옛날에는 사신이 오면 하인들이 사 먹는 술과 음식의 값을 받지 않는 일도 있었고, 여인들도 내외하지 않았다.

말이 고국 이야기에 미칠 때에는 눈물을 흘리는 이도 많았다. _『열하일기』 관내정사關內程史, 7월 28일

그런데 발해 때에도 지금의 연변 지역에서 벼가 특산물로 재배되었다. 조선족이 19세기에 이곳에 이주하기 1천 년 전에 벼가 생산된 것이다. 다만 이 벼가 지금처럼 논에서 재배한 것인지 아니면 밭에서 재배한 것인지는 알 수 없다. 일본 기록에 발해에는 논이 없다고 한 것으로 보아서 밭에서 재배한 벼일 가능성이 높다. 조선시대에도 함경도에는 논이 없었다고 한다.

밭과 논의 크기를 재는 단위에는 결結이 있다. 결부법이라고 해서 한 줌의 짚을 생산하는 면적인 파把에서 출발해서 10파는 1속束, 10속은 1부負 또는 1복卜, 100부를 1결이라 하여, 생산량을 기준으로 면적을 정했다. 조선후기에는 대개 벼 800두가 생산되는 땅을 1결로 삼았다고 한다. 자연히 지금과는 달리 1결이라 해도 지역에 따라 시대에 따라 비옥도에 따라 면적이 일정하지 않아 경제사 연구에 애를 먹게 한다. 적게는 2천 평, 많게는 1만 2천 평에 이르는 면적이 모두 1결로 계산되었기 때문이다. 오랜 역사를 지닌 결부법은 일제강점기에 들어 3천 평을 기준으로 하는 정보제町步制가 시행되면서 폐지되었다.

그런데 결부법에 앞서서 백제에서는 형形이란 단위를 사용했던 사실이 목간의 발굴로 최근에 새롭게 밝혀졌다. 나주 복암리에서 발굴된 백제 목간에서는 논 2형에서 72석, 밭 1형에서 62석이 소출되었다고 하는데, 조선후기에 논 1결에 벼 800두, 즉 53석, 밭 1결에 대략 밭곡식 80석 정도가 생산되었으므로, 백제 때에는 1결보다 다소 작은 독특한

면적 단위를 사용한 것을 알 수 있다.

파종량을 기준으로 한 단위인 마지기斗落, 섬지기, 그리고 경작지를 가는 데 소요되는 날짜를 기준으로 한 단위인 하루갈이日耕 등도 있다. 마지기는 한 말, 섬지기는 한 섬의 씨앗이 소요되는 면적을 가리킨다. 하루갈이는 소 한 마리가 하루에 갈 만한 면적으로서, 대체로 10마지기 정도가 된다고 한다. 조선시대에 하루갈이, 이틀갈이 등의 단위는 밭에 사용하였고, 마지기나 섬지기는 논에 많이 사용하였다. 다만, 갈이 단위는 논에 사용하지 않았지만, 지기는 밭에도 사용하였다.

이렇게 수확량이나 파종량, 노동량을 기준으로 경작지 크기를 정하고, 절대 면적을 재는 단위가 사용되지 않은 것은 땅 자체에 대한 관심보다는 거기서 나는 곡물 소출을 자산으로 생각했던 사고방식에서 유래한 것은 아닐까 생각한다. 부동산 투기에 열중하는 근대적 사고와는 크게 다른 것이다.

임진왜란 때에 명나라 포정사가 한 말을 이덕형이 선조 임금에게 보고한 말에서 밭과 논의 단위를 볼 수 있다.

이어서 경상도와 충청도의 둔전에 파종한 섬수石數를 계산한 단자를 내보이면서 "경상도는 논에 파종한 것이 다만 400여 섬이고 밭은 231일갈이이며, 충청도는 논에 파종한 것이 300여 섬이고 밭은 219일갈이이다. 이처럼 적은데 소득이 얼마나 되겠는가? 모름지기 대대적으로 100만 섬은 거두어들여야 군량을 이어갈 수 있을 것이다"고 하였습니다.

_선조실록 31년(1598) 2월 6일

2012년 6월에 강원도 고성 문암리에서 처음으로 신석기시대 밭이 발굴되었다고 크게 보도되었다. 사진을 보니 신석기시대 집 옆에 조성된 밭이었다.그림 2 밭은 상하 두 개의 층으로 나뉘어 있는데, 하층 밭은 연대가 신석기시대 중기, 즉 기원전 3천 년대에 속한다고 한다.

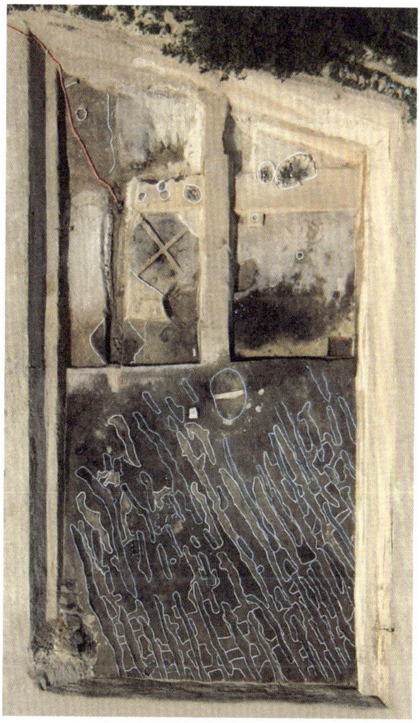

그림 2 신석기시대 집과 밭

농경은 신석기시대에 시작되었다. 채집 단계에서 재배 단계로 들어간 이 사실을 들어서 농업혁명이라 부른다. 그런데 그동안 청동기시대 농경지는 많이 발굴되었지만 신석기시대의 밭은 알려지지 않았다. 신석기시대에는 씨를 흩뿌려서 재배했고, 그렇게 되면 밭 유적을 찾기 어렵기 때문이다.

이번에 조사한 것은 고랑과 이랑두둑이 갖추어져 있어서, 지금까지 이런 밭은 청동기시대부터 나타난다는 통설을 바꾸게 되었다. 물론 중국이나 일본에서도 발굴되지 않은 동아시아 최초의 밭이기도 하다. 여기서는 조, 기장 곡물도 확인되었다.

우리나라 밭 유적은 1992년에 하남 미사리 유적에서 처음 드러났다.그림 3 발굴 당시에 현장에서는 밭 유적의 출현에 대해서 그리 심각하게 생각하지 않고 있었다. 필자가 현장을 방문하여 그 중요성을 깨닫고 백제사 연구자와 함께 신문 보도와 보존 성명을 냈던 기억이 있다. 그

그림 3 미사리 밭 유적(1992. 10)

런 여론에 힘입어서 이 유적은 사라질 위기에서 구출되었다.

그후로 전국에서 청동기시대 이후 밭과 논 유적이 속속 발굴되었다. 진주 평거동에서는 청동기시대, 삼국시대, 고려시대, 조선시대의 밭이 층위를 달리하며 나타났고, 이와 함께 수레바퀴 흔적, 사람 발자국, 소 발자국 등도 드러났다. 청동기시대 경작지는 하천 좌우에 만들어졌는데, 시간이 흐르면서 밭의 분포 범위가 점차 확대되어갔다.

밭을 갈면 두둑과 골이 교대로 생기는데 두둑을 이랑, 골을 고랑이라 한다. 옛날 지도를 보면 바다를 마치 고랑과 이랑이 펼쳐진 것처럼 표현해놓았다. 일렁이는 물결에서 밭의 모습을 연상한 것이다. 그래서 넓고 넓은 바다를 '만경창파萬頃蒼波'라 했으니, '만 이랑의 푸른 물결'이란 뜻을 담고 있다. 흥미로운 것은 청동기시대에 강을 향하여 고랑과 이랑을 내다가, 삼국시대가 되면 강줄기와 평행하게 만드는 경향이 보인다. 앞 시대에는 이랑이 빗물에 쉽게 무너지지 않게 배수 방향으로 냈고, 뒷시대에는 축력을 이용해 깊게 갈아 물의 힘을 이길 수 있어서 배수 방향을 고려하지 않고 낸 것이다.

작물은 고랑에 심는 방법이 있고 이랑에 심는 방법이 있다. 비가 많이 오는 여름철을 거치는 작물은 침수 염려가 적은 이랑에 심고, 건조하고 추운 겨울철을 나야 하는 작물은 고랑에 심는다. 17세기 무렵부터 고랑에 파종하는 방법이 확대되는 경향을 보인다고 한다. 작물이 어느 정도 자라면 잡초를 제거하고 뿌리 주변에 흙을 덮어주는 북주기를 했다. 그러지 않으면 비가 많이 왔을 때에 드러난 뿌리가 썩기 때문이다. '북'은 뿌리를 싸고 있는 흙을 가리키니, 이를 돋우어 잘 자라게 하듯이 남을 격려하는 것을 '북돋는다'고 한다. 한여름 뙤약볕에 호미로 콩밭을 매는 일은 쉽지 않았다. 흙에서 올라오는 습기로 푹푹 쪄서 땀이 비 오듯 하는 중노동이었다.

밭작물로서 가장 긴요한 것은 보리와 밀이다. 가을에 수확했던 곡식이 떨어질 때쯤 해서 이들이 여물기 때문이다. 보릿고개란 말은 묵은 곡식이 떨어지고 보리는 아직 여물지 않아서 식량 사정이 가장 어려운 봄철을 가리키는 것으로 춘궁기라고도 한다. 너무 힘든 시기라서 태산보다 높은 보릿고개라 했다. 오희문의 일기에는 보리나 밀을 훔치는 도둑이 횡행하던 전북지역의 정황이 적혀 있다.

또 오면서 보니 임피현 군산 이하는 보리와 밀농사가 좋지 않았다. 미처 익기도 전에 오가는 굶주린 사람들이 몰래 따서 먹었고, 밤중에는 베어 훔쳐가는 자가 몹시 많았다. 사람들이 모두 활과 화살을 가지고 지키다가 때로는 쏘아 죽이기도 하였다. 그래도 금할 수가 없는데, 곳곳마다 모두 그렇다고 하니 탄식할 일이다.

_『쇄미록』 1594. 5. 2.

그림 4 보리혼식 포스터(2010. 6)

알이 껍데기에서 잘 떨어지는 것은 쌀보리米麥라 하고, 잘 떨어지지 않는 것은 겉보리皮麥라 한다. 그래서 겉보리 밥은 누렇지만 쌀보리 밥은 이밥처럼 하얗다. 전라도에서는 쌀보리, 경상도에서는 겉보리를 많이 심었다. 예전에는 보리혼식을 장려했다.그림 4 장려했다기보다는 강제했다. 학교에서는 도시락에 보리가 섞여 있는지를 검사했을 정도이다. 건강식이라 해서 일부러 보리밥을 찾아 먹고, 보리가 쌀보다 더 비싼 지금과는 정반대의 상황이었다. 꽁보리밥은 과거에 가난의 상징이었지만, 지금은 청보리 축제를 열 정도로 보리의 이미지가 크게 바뀌었다. 청보리는 익어서 누레지기 전의 보리를 가리킨다.

보리밭 하면 우리 앞 세대에게는 가난이 떠오를 것이고, 우리 세대에겐 낭만이 떠오른다. 하지만 지금 젊은이에게는 떠오르는 것이 별로 없을 것이다. 우선 고등학교 시절 많이 불렀던 "보리밭 사잇길로 걸어가면, 뉘 부르는 소리 있어"로 시작하는 노래가 있고, 보리밭을 그리는 화가도 있다. 이른 봄에는 보리밭에 학생들이 동원되어 겨울에 들뜨게 된 뿌리를 밟아주는 보리밟기를 했다. 다른 작물과 달리 사람이 밟아주어야 잘 자라는 게 보리다. 그런가 하면 보리밭이나 밀밭은 남의 눈에 띄지 않는 연애의 무대였다. 깜부기의 추억도 있다. 배가 고프면 보리 이삭을 따서 구운 다음 비벼서 알맹이만 먹었고, 때로는 보리밭에 띄엄띄엄 섞여 있는 깜부기를 먹어서 입이 시꺼메지기도 했다. 필자는 이를 먹은 기억이 없지만, 시꺼먼 가루가 묻어나는 깜부기로 얼굴에 칠하거나 옷에 문지르는 장난은 했었다. 이제 와서 알게 되었지만 깜부기는 보리 이삭에 곰팡이병이 든 것이라 한다.

지금 보리는 겨울이 따뜻한 남부지방에서 많이 재배한다. 1980년대 초반 강원도 춘천의 대학생들과 전남 답사를 갔을 때에 한 학생이 보리밭을 보고 웬 잔디를 많이 심었냐고 물었던 기억이 있다. 강원도에서는 보리밭이나 대나무를 보기 어렵다. 대나무 하면 강릉 오죽헌에 있는 작은 대나무만 떠올렸다. 심지어 외국인은 보리밭을 보고 골프장이 왜 이리 많냐고 묻기도 한다.

보리와 비교하면 밀의 생산은 그리 많지 않았다. 고려시대의 기록만 봐도 그렇다.

나라 안에는 밀이 적어 상인들이 경동도京東道, 송나라 산동·하남 지방에서 모두 사온다. 따라서 밀가룻값이 아주 비싸서 큰 잔치가 아니면 쓰지 않는다. _『고려도경』 향음鄕飮

조선시대에도 밀은 귀한 음식이라 특별할 때만 쓰였다. 6·25전쟁 후에 밀가루가 구호식품으로 대량 들어오면서 비로소 국수나 수제비 등으로 만들어 주식 대용으로 사용하게 되었다. 지금도 라면, 빵 등을 만드는 밀가루는 거의 수입에 의존하고 있다.

보리와 밀의 재배 역사는 선사시대까지 올라갈 정도로 오래되었지만, 조선후기에 도입되어 재배 역사가 짧은 것으로는 고구마와 감자가 있다. 이들은 모두 서양의 대항해시대에 아메리카에서 들여온 것이니, 지구를 거의 한 바퀴 돌아서 뒤늦게 한반도까지 전해온 것이다.

고구마는 일본을 통해서 들어왔는데, 고구마란 말도 일본어에서 유래한 것이다. 일본어의 다른 표기인 효행우孝行芋의 쓰시마 방언이 '고코이모', '고코모'이고, 쓰시마 북부의 방언은 '고구마'인데, 이것이 들어온 것이다. 효행우란 말은 기근을 면하게 해주어 부모에게 효행할 수 있는 식품이란 뜻을 담고 있다고 한다. 그만큼 이점이 많은 작물이었다.

만력 연간1573~1620에 한 줄기를 외국에서 들여왔는데, 하나를 심어 만 개를 수확하니 백성에 미치는 이로움이 아주 많았다. 백여 년 이래 중국인은 고구마 농사에 힘을 쏟고 있다. 청나라 사람의 글에 "어느 흉년에 고구마를 심어서 기근을 구제했더니 쌀값이 뛰어오르지 않았다"고 하였다.

하물며 요사이 통신사 일행이 쓰시마의 사스우라佐須浦, 현 이즈하라를 지날 때 푸른 밭이 끝없이 바라다보이는데 바로 고구마밭이었다. 일본 뱃사공은 고구마 하나를 먹어서 조석의 끼니로 삼는다. 일본 역시 새로이 종자를 구했으나, 아직 전국에 보급되지 않았다. 섬에서 최초로 그 종자를 구해온 사람이 있었는데, 집마다 5문文씩 돈을 모아 해마다 이 사람에게 주어 그 공에 보답한다고 한다. 이로 보건대 이 종자는 백성의 생활과 밀접하게 관계하니 이처럼 귀하게 여길 만하다.

오직 우리나라에서는 한 사람도 이 종자를 구해온 사람이 없으니, 탄식할 만하다. _『증보산림경제』 감저종식법甘藷種植法

1766년에 집필된 이 책에서 아직 고구마가 없다고 적었지만, 거의 같은 시기에 비로소 고구마가 들어오게 된다. 이 책에서 감柿은 일곱 가지 뛰어난 점이 있고, 순무蔓菁는 여섯 가지 이로움이 있는데, 고구마는 열세 가지 좋은 점이 있다고 지적했다.

감자 역시 고구마보다 조금 늦은 시기인 지금부터 200여 년 전에 들어왔다. 이것도 흉년에 목숨을 부지시켜주는 고마운 작물이었다. 감자는 감저甘藷에서 나왔을 터인데, 감저는 원래 고구마를 가리키고 감자는 북감저北甘藷라고 하였다. 북쪽에서 들어온 감저라는 의미를 담고 있을 것이다. 고구마는 따뜻한 기후에 알맞은 데 비해서 감자는 서늘한 기후에서 자란다. 따라서 북쪽에서는 감자, 남쪽에서는 고구마를 많이 재배했다. 감자의 주산지인 강원도를 '감자바위'라고 놀렸다. 이 말은 유래가 오래되었는지, 100여 년 전 미국의 선교사가 지은 글에도 "감자가 산에서도 잘 자라고 산간 지방 사람들이 많이 먹기에 종종 이 지역강원도 사람들을 '감자바위'라고 부른다"고 적었다. 보리를 가장 많이 심었던 경상도에서 '보리 문둥이'란 말이 나온 것과 같다.

일본은 우리보다 기후 조건이 좋아서 논과 밭으로 번갈아 사용하면서 1년에 세 번이나 경작했다고 한다. 다음은 1420년 일본에 사신으로 갔던 송희경이 적은 기록이다.

일본 농가에서는 가을에 보리와 밀을 심어 다음해 여름에 베고, 즉시 벼를 심어 초가을에 벤다. 다시 메밀을 심어 초겨울에 벤다. 이렇게 해서 논 하나에 1년에 세 번 심는다. 냇물을 막아서 물을 저장하여 논을 만들고, 냇물을 터서 물을 빼낸 다음에 밭을 만들기 때문이다. _『일본행록』 1420. 6. 27.

수리 시설이 발달한 지금은 곳곳에서 논을 볼 수 있지만 전통적으로는 밭농사가 위주였고 벼농사는 매우 적은 편이었다.

논에서의 곡식 생산은 노력이 많이 들면서도 농부가 먹고사는 데는 크게 도움이 되지 않는다. 밭에는 1년에 두 번 적절하게 곡식을 심으면 두 배의 수확을 얻는다. 그러므로 농가에서는 밭에 힘을 쏟는 것이 옳다. _『증보산림경제』 치농治農, 농가요무農家要務

경작지에서 1년에 두 번 농사를 짓는 것을 양근兩根이라 하고, 1년에 한 번 농사를 짓는 것을 열근熱根이라 했다. 농가에서는 논이나 밭 하나만 경작하는 일은 거의 없었고, 두 가지 농사를 함께했다. 아침에 논에서 피를 뽑고 오후에는 밭을 매는 식이었다. 대개 집안에서 필요한 것을 자급하는 형식이었기에 한 농가에서 1년간 재배하는 작물은 매우 많았다. 예천 맛질 박득녕1808~1886이 재배한 작물은 벼, 보리를 비롯하여 고추, 마늘, 참외 등 40여 가지에 달했다. 조선의 농사는 다품종을 소량으로 생산하는 체제였다. 그의 일기에 적힌 농사기록에는 벼 37, 밭곡식 29, 상품작물 23, 채소 11퍼센트를 차지한다.

15세기에는 밭과 논의 비율이 8대 2였다가 19세기 말에 와서는 7대

3으로 논이 증가하였다는 견해가 있다. 그러나 조선시대에는 소출량을 기준으로 하였기 때문에 절대면적을 알 수 없어 논밭의 비율을 제대로 확인하기는 어렵다. 참고로 1918년에는 밭이 64.5퍼센트, 논이 35.5퍼센트였다. 물론 지역마다 비율은 달랐으니, 충청도, 전라도, 경상도의 하삼도下三道는 함경도와 평안도의 양계兩界에 비해 상대적으로 논이 많았다. 다음은 문종이 승지 등에게 한 말이다.

농사는 논을 위주로 한다. 우리나라의 하삼도에는 논이 많고 밭이 적지만, 양계에는 밭이 많고 논이 적다. 그런 까닭에 홍수와 가뭄을 만날 때마다 하삼도는 피해를 심하게 받지 않지만, 양계는 매번 기근으로 타격을 입게 된다. 또 양계의 백성은 밭을 경작하는 것이 습관화되어 논에서 농사짓는 노고를 꺼린다. 양계에 어찌 만들 만한 땅이 없어서 논을 만들지 않고 기근에 이르는 것인가? 자못 애석하다. _문종실록 1년(1451) 11월 11일

1918년 통계에서는 전라도와 경상도는 논이 50퍼센트가 넘어 밭보다 넓었다. 북쪽 지방에서도 개간 여부에 따라 지역마다 논의 비율이 달랐다.

박문수가 "북쪽 지방에는 밭이 많고 논이 적은데, 삼수三水, 함경남도 삼수에 논이 가장 많습니다. 그 이유를 물어보았더니 김우태가 귀양 가 있을 때에 개간한 것이라 합니다. 지금 김우태는 신임 관찰사의 편비編裨, 부하 군관가 되어 있는데, 마땅히 그로 하여금 각 고을 백성의 농지가 아닌 진펄을 찾아서 논으로 만들게 하면, 온 도道에 크게 도움되는 바가 있을

그림 5 북한의 논 분포(동아일보)

것이라 합니다"고 아뢰니, 임금이 관찰사로 하여금 거행하게 했다. _영조실록 17년(1741) 8월 1일

황해도 연백평야의 중심지인 연안도 논의 비율이 무척 높았다. 이곳을 위무하러 보낸 어사 홍대협의 보고에 논이 5천 결, 밭이 1천 결이었다고 한다.

신이 연안부에 도착하여 두루 다니며 살펴보았더니, 대체로 밭과 논을 합하여 6천여 결結로서, 논이 5, 밭이 1이었습니다. 밭농사는 다행히 겸년歉年, 흉년을 면했지만, 논은 한눈에 봐도 누렇게 말라서 낫을 댈 곳이 거의 없었습니다. _정조실록 17년(1793) 9월 26일

2010년을 기준으로 할 때에 남한과 북한의 논 면적은 각각 9,840제곱킬로미터, 5,747제곱킬로미터이고, 북한에서는 황해남도와 평안남북도 등 서부지역에 밀집해 있다.그림 5 이것은 농촌진흥청이 인공위성 자료를 근거로 측정해서 공개한 자료이다. 비옥도도 지역에 따라 달랐다.

전국의 토질은 세 등급으로 나뉜다. 경상·전라·충청 3도는 상등급이

고, 경기·강원·황해 3도는 중등급이고, 함경·평안 2도는 하등급이다.

호서·호남·영남의 논에는 비옥한 땅이 많고 척박한 땅이 적으며, 경기·해서의 논에는 비옥한 땅과 척박한 땅이 반반이며, 관동·관서·관북의 논에는 척박한 땅이 많다. _『임원경제지』 본리지, 변양辨壤, 동국토품東國土品

위의 글은 실록을 인용한 것이고세종실록 1437. 7. 9, 아래의 글은 토지 측량에 관한 책인 『준수책遵守冊』을 인용한 것이다. 우리 땅은 중국보다 척박했기에 중국의 소출과도 크게 차이가 났다.

다음은 임진왜란 때에 명나라 사신인 포정사 양조령과 선조가 나눈 대화의 한 대목이다.

양 포정이 충주에 가서 양 경리를 만나고 서울로 돌아오는 날에 임금이 한강 가에 나아가 맞이하였다. 포정이 "봄갈이는 어느 달에 시작합니까?" 하니, 임금이 "벼는 2, 3월에 씨를 뿌립니다" 하였다.

포정이 "절후가 중국과 같군요. 벼는 하루갈이 넓이에 얼마나 수확합니까?" 하니, 임금이 "하루갈이의 수확은 불과 30여 석입니다" 하였다. 포정이 "수확에서는 중국과 현격하게 차이가 나는군요. 남방의 논에서는 하루갈이에 수확량이 거의 6, 70석에 이릅니다" 하니, 임금이 "우리나라는 땅이 척박하여 수확이 많지 않습니다" 하였다. _선조실록 31년(1598) 2월 4일

중국 남방의 반 정도밖에 수확하지 못하는 것이다. 논농사에서 중요한 것은 물의 관리다. 벼는 뿌리가 촘촘하게 나 있어서 많은 양의 산소

가 필요한데, 고인 물은 산소를 차단하므로 물의 움직임을 정지시켰다가 다시 움직이게 하는 기술이 필요하다고 한다. 물을 가두고 대고 빼는 수리시설을 만들어야 하는 것이다.

물을 막는 시설을 중국에서는 통칭하여 제언堤堰이라 했는데, 우리나라에서는 특별히 바다를 막은 둑을 언堰이라 했다. 이 때문에 강 하구에 바닷물 유입을 막은 둑을 하구언이라 하여 낙동강 하구언, 영산강 하구언, 금강 하구언 등으로 불렀는데, 지금은 하굿둑으로 바꾸어 부르고 있다. 이에 비해 내륙에서 개천을 막아 만든 저수지는 벽골제, 수산제처럼 제堤로 불렀다. 논에 물을 대기 위해 냇물을 막는 것은 보洑라 하는데, 보는 보통 물이 흘러넘치게 되어 있다. 서울 한강에 수중보를 설치하여 배가 다니도록 했고, 근래에 4대강 개발을 하면서도 보를 설치하였다. 이 보가 터지게 되면 물밀듯이 쏟아져 내리므로, 이를 '봇물 터지듯' 한다고 말한다. 논에 물이 드나드는 작은 통로를 물꼬라고 하니, 막았던 물꼬를 터서 물이 흘러들게 하듯이 '남북 교류의 물꼬를 트다'처럼 어떤 일을 시작하는 것을 의미한다. 저수지 가운데 작은 것은 지소池沼라 하고 큰 것은 호택湖澤이라 불렀다. 이밖에도 이런 용어들이 있었다.

내가 살피건대, 저瀦는 안에 물을 가두어 밖으로 새지 못하게 하는 것이고, 방防은 밖의 물을 막아서 안으로 침입하지 못하게 하는 것이다. 도랑溝은 거渠이니, '저'와 '방'은 모두 반드시 도랑을 통하여 물이 흐르게 한다. 열列은 열㽞로도 쓰는데, 논에서 오목하게 들어간 곳이다.【우리나라 말로 '배미裵味'이다】_『목민심서』 공전工典, 천택川澤

그림 6 저전리 저수지 유적

배미란 위에서는 오목하게 들어간 곳이라 했으니, 논두렁으로 둘러싼인 구역을 의미한다. 이를 논배미라고도 부른다. 안동 저전리에서는 계곡물을 막았던 청동기시대 저수지 실물이 발굴되었고,그림 6 나무 절굿공이를 비롯한 각종 목제품도 출토되었다. 여기서 발견된 절굿공이는 한국과 일본에서 가장 오래된 것이다. 이보다 앞서 무안 양장리에서는 삼국시대 수리시설이 발굴되었고, 논산 마전리에서도 언덕에서 흘러내리는 물을 웅덩이에 받았다가 수로를 통해 내보내던 시설이 논과 함께 발굴된 적이 있다.

논도 여러 곳에서 발굴되었는데, 특히 울산 무거동 옥현 유적이 주목된다. 여기서는 청동기시대에서 조선시대에 이르는 생활유적이 발굴되었다. 평탄한 구릉에는 집터, 그 아래의 저습지에는 논이 마련되어 있었다. 논은 맨 아래층으로부터 청동기시대, 삼국시대, 조선시대, 현대의 것이 발굴되었고,그림 7 논에 찍힌 사람과 소의 발자국도 확인되었다. 주목되는 것은 청동기시대 논이다. 경사지에 물을 가두어야 하므로 논의

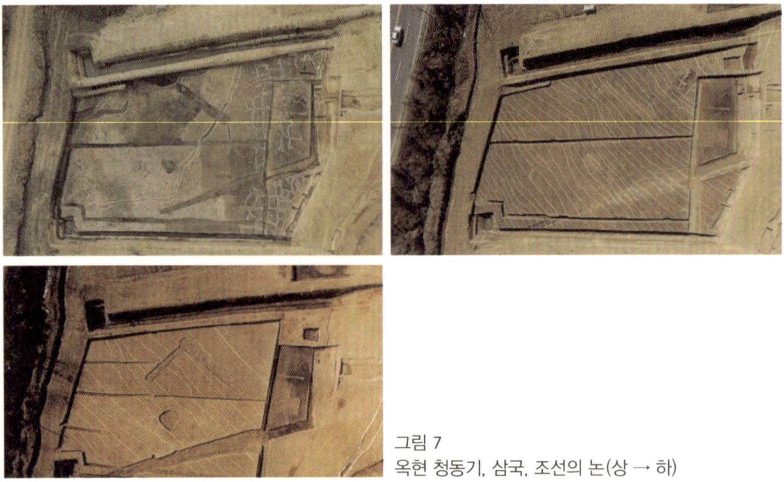

그림 7
옥현 청동기, 삼국, 조선의 논(상 → 하)

구획이 1~3평 규모로 후대와 비교하면 매우 작고 방형 또는 장방형 형태로 불규칙하다. 삼국시대 말기가 되면 골짜기의 경사를 따라 계단상으로 조성되는데, 조선시대 논보다 폭이 매우 좁고 면적은 30~40평 정도이다. 조선시대 논도 계단상으로 단을 이루지만 삼국시대 것보다 폭이 넓어지고, 골짜기 전체에 걸쳐 조성되었다. 단위 면적은 50~100평 정도로 커진다. 이처럼 시대의 흐름에 따라 논은 소구획에서 세장방형으로 바뀌고, 논의 단위 면적과 조성 지역도 점차 확대되어갔다.

논농사는 가뭄에 취약하고 물을 제대로 이용하지 않으면 농사를 망칠 수밖에 없다. 이 때문에 물싸움이 벌어지기도 한다. 다음은 황해도에서 벌어진 싸움으로 송시열과 관련된 조선시대의 대표적인 사건이다.

이에 앞서 안악·신천 두 고을 사이에 있는 마명산 아래에는 위아래에 들판이 있고, 그 사이로 냇물이 흐르고 있었다. 윗들은 해마다 비가 오면 냇물이 넘쳐 벼농사에 피해를 주었다. 궁가宮家, 왕실 일가에서 그 들판의 농부들과 약속하고 둑을 쌓고 배수로 통을 설치하여 수해를 막아주고, 그 대신에 백성들 농지를 절반으로 나누어 가졌다. 그런데 아랫들은 둑을 쌓은 뒤부터 오히려 끌어댈 물이 부족한 걱정만 생기고 혜택을 입는 일은 없게 되었다. 궁가에서는 위아래 들판 모두 똑같이 둑의 혜택을 입었다고 하면서 윗들은 이미 반분하였으니 아랫들도 다르게 할 수 없다고 하며, 토지 대장을 살펴 나누려고 했다. 이에 아랫들의 백성 10여 명이 소장과 지도를 안고 서울로 와서 좌참찬 송시열에게 그 억울함을 호소했다. _현종실록 즉위년(1659) 7월 27일

이렇게 서울에 올라와 하소연했으나 궁가의 주장대로 처리되자 야밤에 테러를 하는 사건이 벌어졌다.

높은 지대나 수온이 낮은 곳에서는 밭벼메벼를 심기도 했지만, 논에 심는 벼가 대부분이었다. 벼농사는 초봄에 못자리를 만들면서 시작된다. 못자리는 모내기할 모를 기르는 곳으로, 요즘은 추위에 이길 수 있도록 비닐 온실을 만들어준다. 여기서 자란 모를 뽑아 옮겨심기를 하는데, 이를 모찌기라 한다. 또 본논에 옮겨심는 것을 모내기라 하는데, 지금은 기계로 하여 줄이 잘 맞추어져 있다. 과거에는 논 양쪽에서 줄을 잡아서 그 줄에 따라 모내기를 하였으니, 이런 방식은 일제강점기에 들어온 것이라 한다. 조선시대에는 줄을 맞추지 않고 편한대로 모를 심었는데,그림 8 이것은 제초하는 데에 불편하였다. 그런데 고구려 유적을 답사하면서 보니, 만주 지방에서는 줄을 맞춘 논이 있는가 하면 무작위로 심은 논도 있었다. 지금은 제초제를 사용하기 때문에 두 방법 모두 생

그림 8 조선시대 모내기

산에는 차이가 없다고 한다.

모내기하는 재배법을 이앙법이라 한다. 이앙법은 조선전기까지는 일부 지역에서 실시되다가 임진왜란 이후에 전국적으로 확산되었다. 이에 비해 논에 바로 씨를 뿌려 재배하는 것을 직파법이라 한다.그림 9 이앙법은 모내기한 후부터 풀을 뽑아서 수고를 크게 줄일 수 있다. 더구나 모내기할 때에 풀이 난 땅을 한 번 갈아엎기 때문에 제초는 줄어들고 오히려 영양을 풍부하게 할 수 있어서 생산량도 늘어난다고 한다. 제초만 해도 직파를 하면 네댓 차례 해주어야 하던 것이 이앙을 하면 두세 차례로 줄어든다. 모가 가지런히 나기 때문에 한 번 제초할 때 들어가는 일손도 줄어든다. 이에 따라 이앙법은 직파법보다 제초노동력

그림 9 이앙법(왼쪽)과 직파법(오른쪽)(2012. 7)

을 6, 7할 정도나 줄일 수 있었다고 한다. 더구나 보리가 익는 동안에 모를 다른 곳에서 키우기 때문에 논에 보리와 쌀을 이모작으로 재배할 수 있었다. 이런 도맥이모작은 18세기에 들어서 시작되었다고 한다. 또 이앙법으로 노동력이 크게 절감되자, 농부들은 밭농사에 더욱 힘을 쏟을 수 있게 되었다. 면화, 담배 등과 같이 일손이 많이 드는 상품작물도 길러서 소득을 증대시키는 경향이 나타났다.

다만 이앙법은 가뭄에 약하여 수리시설이 발달하지 않으면 안 되는 한계가 있었다. 이앙법의 장단점에 대해서는 다음 글에 잘 나타나 있다.

상이 "이앙의 폐단은 내가 다스리던 중간 무렵부터 심해졌는데, 전에는 바로 파종하던 곳에서도 지금은 모두 이앙을 하고 있어서 갑자기 금지하기가 어렵다. 이른바 이앙은 제때에 비가 오지 않으면 농사를 전부 포기할 수밖에 없다. 올해의 일로써 보더라도, 당초에 바로 파종한 곳은 아주 나았다고 하니, 삼남의 흉작은 분명히 이앙에서 비롯된 것이다. 이를 금지할 방도가 없겠는가?"고 일렀다.

우의정 이유가 "예전부터 조정에서도 금지령이 없었던 것은 아닙니다. 대체로 이앙을 하는 곳에서는 유불리 조건이 같지 않은 점이 있습니다. 관개하는 곳에서는 봄부터 경작을 시작하여 때맞추어 이앙하면 제초하는 수고가 줄어드는데다가 노동력이 크게 절약되므로 매우 편리하고 좋습니다. 하지만 봉천답奉天畓에 이르러서는 가뭄이라도 드는 해를 당하면 끝내 이앙을 할 수가 없어서 전체가 흉작이 되는 것을 면하지 못하니, 이는 실로 금하지 않을 수 없습니다. 이제부터 규정을 고쳐서, 관개하는 곳을 제외하고는 이앙을 하지 못하게 하라고 각별히 신칙하는 것이 좋겠습니다"고 아뢰니, 상이 "각별히 신칙하는 게 옳겠다" 하였다. _『승정원일기』 숙종 30년(1704) 8월 26일

여기에 봉천답이 나오는데, 우리말로 천둥지기 또는 하늘바라기라고 하여 물을 관개하지 못하고 하늘에서 비가 오기만을 기다리는 논을 가리킨다. 지금은 그런 논을 천수답이라 부른다. 그 반대가 수리안전답인데, 조선후기에 이런 논의 비율은 30퍼센트 전후였다고 한다. 그러니 혹시라도 가뭄이 들면 천수답은 모내기를 포기하고 묵혀야만 했다. 물가까이에 논을 만들다 보니 점차 저수지나 냇가를 개간하여 갉아먹어 오히려 농사에 피해를 주기도 했다. 이런 사정 때문에 15세기에 조정에서는 이앙의 확산을 금지했고, 특별한 경우에 허가를 내주었다.

경상도 고성에 사는 전 보령현감 정치 등이 상언하였다. "저희 고을은 토질이 차지고 단단하여, 갈고 심은 뒤에 가뭄을 만나면 나중에 비가 오더라도 흙덩어리가 굳고 단단해져 벼 싹이 자라지 못하고 잡초만 더

욱 무성해집니다. 그러니 물이 있는 곳을 골라서 미리 묘종苗種【묘종이라는 것은 논 하나에 종자를 뿌려서 그 싹이 자라는 것을 기다린 다음에 나누어 심는 것이니, 호미로 제초하는 데 힘이 적게 들게 하려는 것이다】을 기르고 4월을 기다려서 옮겨 심는 것이 그 유래가 이미 오래되었는데, 묘종을 금한 뒤부터 전부 농사에 실패하고 있습니다. 비옵건대, 백성의 원에 따라 묘종을 다시 기르게 하옵소서."

호조에 명하여 의정부 및 여러 조曹와 함께 의논하게 하니, 모두 "경상도와 강원도의 인민에게 묘종을 금하는 법이 『육전六典』에 실려 있으니, 가볍게 고치는 것이 온당하지 않습니다. 그러나 갈고 심는 것의 어려움과 쉬움, 소출의 많음과 적음, 원칙과 실제의 허와 실, 사람들의 좋아하고 싫어하는 정황을 그 도의 감사로 하여금 방문하여 물어서 아뢰게 한 뒤에 다시 의논하게 하소서" 하였다.

곧 그 도의 감사로 하여금 방문하여 물어보게 했더니, 각 고을의 인민들이 과연 모두 묘종이 편하다고 하였다. 모두 "원하는 바에 따라서 물이 나는 곳에서는 묘종을 하도록 허가하소서"라고 의론하니, 그대로 따랐다. _세종실록 17년(1435) 4월 16일

묘종은 이앙을 하기 위해서 못자리에 모를 키우는 것을 가리킨다. 때로는 기근 때문에 논을 다시 밭으로 환원시키자는 논의도 나왔다.

지금은 수리시설이 발달하여 전부 모내기를 한다고 해도 과언이 아니다. 그런데 몇 년 전에 부여 발굴현장에 갔다가 직파법이 다시 부활한 논을 볼 수 있었다. 조선시대에는 물 때문에 직파법을 장려하였는데, 지금은 노동력 부족으로 직파법을 실시하기도 한다. 논에 물을 빼

고 난 다음에 씨를 뿌려서 싹이 자라면 그때 다시 물을 대서 벼가 자라게 한다고 한다. 이때 새가 날아와 볍씨를 찍어먹지 못하게 해야 한다. 직파법으로 하면 모내기하는 수고를 덜게 된다. 이런 직파법이 가능해진 것은 직접 제초를 하지 않고 제초제를 사용하기 때문이란다.

시전과 장시

2000년대 들어와 종로 일대가 재개발되면서 조선시대의 유적이 속속 드러났다. 특히 종로 1가 청진동 일대, 탑골 공원 옆, 종묘 광장 부근에서 조선시대의 대표적인 상점들인 시전市廛의 행랑과 그 뒷골목인 피맛골이 발굴되어 주목을 받았다.

제일 먼저 발굴된 청진6지구 시전 건물지를 보면, 그동안 알려지지 않았던 상점 구조를 파악할 수 있다. 사진에는 두 개의 시전이 드러나 있는데,그림 1 동쪽 시전을 예로 들면 정면 2칸, 측면 1.5칸으로 동서 너비 7.76미터, 남북 길이 5.16미터 정도이고, 약 12.1평 크기다. 2칸 공간은 각각 반씩 나누어 온돌방과 마루, 온돌방과 창고를 만들었다. 주인은 온돌방에 기거하면서 마루에 진열한 물건을 팔았고, 나머지 물건은 창고에 쌓아 두었을 것이다. 피맛골 쪽으로 나와 있는 반 칸 공간은 부엌 등으로 사용하였다.

갓 전차가 다닐 무렵의 사진에서 종로 거리에 시전이 늘어선 모습을 찾을 수 있다. 종루 부근의 사진인데, 가운데의 종로 거리 오른편에 줄지어 서 있는 건물이 시전이고, 그 뒤의 좁은 골목이 피맛골이다.그림 2 기와집 한 채가 바로 시전의 한 단위를 이룬다.

그림 1 시전 건물지

그림 2 종로 거리의 시전

과거에는 건물 자리에 흙을 덮고 다시 그 위에 집을 지었기 때문에 여기서도 층층이 유적이 발굴되었다. 맨 아래 조선 건국기에 형성된 제6층에서 시작하여 일제강점기에 형성된 맨 위 제1층까지 있는데, 위의 유적은 제5층으로 임진왜란이 일어나기 전에 사용된 조선전기 건물지에 해당한다. 탑골 공원 옆인 종로 2가 40번지에서 발굴된 시전 유적은 그대로 살려서 그 위에 건물을 지었다. 그 유적에 만든 육의전박물관이 2012년에 개관하여 도심지 유적 보존의 한 선례가 되었다.

시전은 수도를 중심으로 개설된 상설시장이다. 이미 신라 때인 6, 7세기에 동시, 서시, 남시를 설치했다고 하지만, 시전이란 명칭은 고려 때부터 등장한다. 희종 4년1208 개성에 개축된 큰 시장은 남대문이 있는 네거리, 즉 십자가에서 북쪽으로 광화문에 이르기까지 길 좌우에 기다란 행랑으로 되어 있었다.

조선 건국 후에 도시 설계의 기본인 좌묘우사左廟右社의 원칙에 따라 왼쪽에 종묘, 오른쪽에 사직단을 만들었고, 전조후시前朝後市의 원칙에 따라 앞에 조정, 뒤에 시장을 건설하려 하였다. 그러나 경복궁 북쪽이 협소하여 시장을 앞에 내세우게 되었다. 중국은 평지라서 전조후시가 가능하지만, 산자락에 궁궐을 앉히는 우리로서는 궁궐 뒤에 시장이 들어갈 공간은 애초부터 확보하기 어려웠다.

조선초기에는 운종가종로에서 사람들이 서로 뒤섞여 장사하다가 급기야 개경처럼 일정한 구역을 정했다. 태종 13년1413 5월에 완성된 장행랑은 종루를 중심으로 동서로 경복궁에서 종묘 앞까지, 남쪽으로 남대문까지 뻗어 있었다. 군인이나 승려 등 2,641명을 동원하여 지은 1,360칸에 달하는 기다란 행랑이었다. 이듬해에는 동대문까지 확장했다. 조선

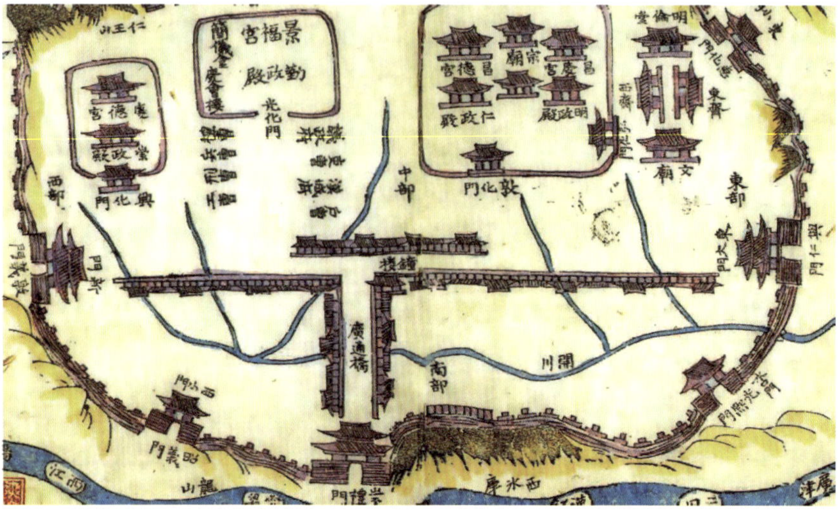

그림 3 운종가의 시전 행랑(한양도, 1770)

시대 지도를 보면그림 3 간선도로 양쪽으로 T자형을 이루며 기와집들이 늘어서 있는데, 이런 식으로 시전들이 자리잡고 있었다. 국가에서 이런 행랑을 지어 상인들에게 점포를 임대하고 세금을 받는 관설시장이 바로 시전이었다.

종로의 시전은 세종 때만 해도 땅바닥에 물건을 늘어놓고 파는 수준이었고, 간판도 제대로 달려 있지 않았다. 일본에 통신사로 다녀온 박서생의 건의에서 이를 짐작할 수 있다.

일본 상가의 제도는 이러합니다. 시장 상인들이 각기 처마 아래에다 널빤지로 층층의 진열대를 만들어 물건들을 그 위에 두니, 먼지가 묻지 않을 뿐만 아니라 사람들이 쉽게 보고 살 수 있었습니다. 또 시장의 음식물을 귀천의 구별 없이 모두 사먹고 있었습니다. 우리나라의 시장은 물고기나 고기 등의 음식물을 습하건 마르건 간에 모두 흙바닥에 두고는 그 위에 앉거나 밟기도 합니다. 비옵건대 운종가 좌우의 행랑으로부터 동쪽의 누문樓門, 동대문에 이르기까지, 종루 남쪽으로부터 광통교에 이르기까지, 모두 처마를 덧달아 내서 그 아래에 층층의 진열대를 만들고, 어느 집은 무슨 물건을 파는 곳이라고 죽 간판을 달아 놓아서 쉽게 알아볼 수 있게 하소서. _세종실록 11년(1429) 12월 3일

그림 4 저포전 깃발

1624년 일본에 갔던 사신은 상점마다 파는 물건을 매달아 알아보기 쉽게 하였다고 적었다. 유럽에서는 글자를 모르는 사람도 쉽게 알아보도록 그림으로 된 간판을 내걸었다. 우리나라에서는 언제부터 깃발을 걸었는지 알 수 없지만, 근대에 사용했던 실물이 전해진다. 저포전에 걸렸던 깃발인데, 위에는 걸 수 있도록 끈 다섯 개가 달려 있다.그림 4 1927년 유길준 등에 의해서 국외로 나간 것이라 한다.

시전은 서울 주민의 일상용품도 공급하였지만, 관청이나 궁궐, 지배층이 필요로 하는 물품을 조달하는 책임을 지고 있었다. 그 숫자는 17세기 전반에 30여 개이던 것이 18세기 말이 되면 120여 개로 늘어났다. 이에 따라 물건 하나에 가게 하나가 원칙이었던 것이 흐트러져 여러 가

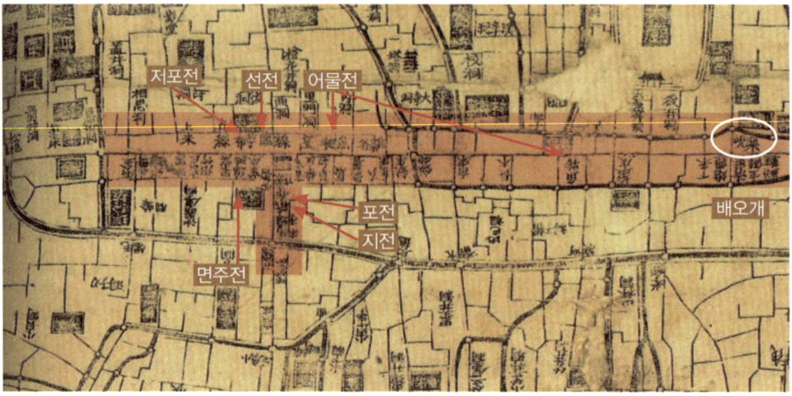

그림 5 종로에 늘어선 시전들(수선총도)

게에서 같은 물건을 파는 일물다전一物多廛으로 변하게 된다. 또 초기에는 서로 비슷한 규모였던 것이 세월이 흐르면서 우열이 생겨서 관청에 물품을 조달하는 의무를 지는 큰 상점과 그런 의무를 지지 않는 영세 상점으로 분화되었다.

그런 큰 상점을 대표하는 것이 조선후기에 등장하는 육주비전, 즉 육의전六矣廛이다. 중국 비단을 파는 선전線廛, 무명을 파는 면포전綿布廛, 국내 비단을 파는 면주전綿紬廛, 종이를 파는 지전紙廛, 모시와 삼베를 파는 저포전紵布廛, 어물을 파는 어물전魚物廛이 그것이다.그림 5 하지만 꼭 여섯 개는 아니었고 시기에 따라 늘어나기도 하였다.

시전이 국가에 등록된 어용상점이라 한다면, 그 경계 밖에서 활동하는 무허가 상인들이 있었다. 법을 어지럽힌 상점이라 하여 난전亂廛이라 한다. 지금도 풍물시장 같은 곳에 몰려든 상인들을 난전이라 부른다. 종로에 모여들던 난전의 모습은 한성부의 건의에서 볼 수 있다.

근래에 국가 기강이 해이해져서 사람들이 법을 많이 어기고 있습니다. 시장의 전廛, 점포은 이미 정해진 곳이 있어서 어지럽혀서는 안 됩니다. 그런데도 무뢰배들이 모여 무리를 이루면서 종루의 옛터에 둘러서 있는 자가 무려 100여 명이나 됩니다. 담비가죽, 비단, 명주 및 각종 물품을 궤짝에 넣어서 행랑이나 집에 숨겨두고, 무명은 공공연히 주춧돌 위에 진열해 두고서, 좌우를 둘러보다가 갑자기 달려들어 억지로 사게 합니다. 또 재상이나 고위 관리가 지나가더라도 서서 흘겨보며 조금도 피하려는 뜻이 없으니, 어찌 한심스럽지 않습니까?

근래에 국가의 경비가 부족하여 불시에 쓸 일이 생기면 모두 시전 사람들에게서 거두어 마련하고 있으니, 시전 사람들의 고생이 지금 같은 때가 없습니다. 그런데도 이 자들은 시전 사람으로서 감당해야 할 의무는 피하려 들면서 이익은 모조리 차지하고 있으니, 참으로 이른바 법을 어지럽히는 백성입니다. 어둠을 틈타 맘대로 돌아다니면서 사람들을 가로막고 재물을 빼앗는 자들이 아마도 이들일 것입니다. 비록 우리 부에서 여러 차례 금지했으나 예사롭게 매나 때리는 형벌만 내렸으니, 어찌 완악한 백성을 징계할 수 있겠습니까?

지금부터는 그들의 우두머리 몇 명을 적발하여 법을 어지럽힌 죄로 논하여 중한 쪽으로 벌을 주소서. 그리고 평시서平市署의 관리 역시 이전처럼 그들을 방임하여 금지하지 못하면 모두 파직하소서. _광해군일기 9년(1617) 4월 3일

임진왜란 직후라서 종루도 터로 남아 있었던 모양이다. 전쟁 중인 선조 26년1593 11월에는 시전도 거의 황폐해져 종루 한곳에 모여 술, 떡,

생선, 채소를 파는 정도라고 지적했다.

평시서는 조선시대에 시장을 감독하던 관청으로, 여기서도 난전을 금하였다. 이를 기화로 평시서의 이속吏屬, 즉 구실아치들도 이 권한을 남용하였으니, 의정부에서 연산군에게 아뢴 말이다.

또 평시서에서 난전을 금하는 구실아치를 내보내는데, 많이 잡아 바치는 사람에게 상을 주므로 난전을 금하는 구실아치들이 모두 많이 잡는 것을 일로 삼고 있습니다. 가령 무명을 주단 가게보다 많이 가진 사람이 있으면 구실아치들이 금지법을 어겼다고 잡아 바치고, 평시서 관원들도 일체 형장을 치겠다고 공갈하며 위협합니다. 그 사람이 매 맞을까 겁내어 무명 2, 3필을 속바치기를 자청한 뒤에야 풀려나오니, 지극히 원통하고 억울한 일입니다. 이제부터 법을 범한 사람은 담당자가 사실을 조사하여 죄를 정하게 하소서. _연산군일기 6년(1500) 3월 1일

시전은 국가에 물품을 대는 부담 즉 국역國役을 졌다. 갑자기 필요한 물품이 있으면 해당 관청에서는 호조에 이를 요청하고, 호조는 시전에 조달시켰으니, 이를 공무公貿라 한다. 시전은 이런 의무의 대가로 17세기 무렵부터 난전을 단속하고 물품까지 압수할 수 있는 특권을 부여받았다. 난전을 금하는 권한 즉 금난전권禁亂廛權이다. 하지만 시간이 흐르면서 이 권한을 남용하게 된다.

이보다 앞서 서울에서는 시장 사람들을 위해 난전을 금하는 법을 세우고 물건을 몰수하는 법규도 시행하고 있었으므로, 시골 장사꾼들이 물

건을 싣고 서울을 거치는 경우에 한성부 종들이 이를 빙자하여 빼앗았다. 이때에 이르러 우윤 조명익이 이 사실을 아뢰니, 임금이 "난전을 벌이다 적발되었을 때에는 마땅히 징치하는 데에 그쳐야 하니, 물건을 몰수하지 말게 하라" 하였다. _영조실록 12년(1736) 12월 7일

강가의 거래에서도 시전의 횡포가 보인다. 한성부가 아뢴 말이다.

어선이나 상선이 경강京江에 와서 정박하면 내어물전과 외어물전 사람들이 염가로 강제로 사고, 조금이라도 가격을 논하면 난전하려는 것이라 하면서 협박합니다. _영조실록 5년(1729) 9월 19일

여기서 경강은 서울 부근의 한강 변으로서 조선후기에 상업 활동이 활발한 곳이다. 여기서 활동하던 상인을 경강상인이라 한다.

단속에도 불구하고 난전은 점차 증가하였다. 이들은 시전을 피해서 남대문 밖에 칠패시장그림 6을 이루고, 동쪽으로는 시전 지역으로 들어가 동대문 가까이 배오개 즉 이현梨峴시장을 이루어, 종루의 시전과 함께 3대 시장이 되었다. 다음은 조선후기 문인인 이옥1760~1815의 글이다.

한성에 큰 시장 셋이 있으니, 동쪽에 배오개, 서쪽에 소의문, 중앙에 운종가다. 모두 좌우 양편으로 상점이 하늘의 별처럼 벌여 있다. 온갖 장인이며 장사치들이 저마다 가진 물건을 내놓으니, 사방에서 화물이 구름처럼 몰리고 물처럼 흘러든다. 백성은 관대冠帶와 옷, 신, 음식물을 여기서 얻는다. _『이옥전집』 시간기市奸記

그림 6 남대문 밖 칠패시장(1900년 초)

칠패는 어영청의 일곱 번째 순찰구역을 의미하는데, 남대문에서 염천교를 지나 서소문소의문에 이르는 곳으로 여기에 난전이 모여든 것이다. 이 시장은 근대에 남대문 부근으로 옮겨서 남대문시장이 되었다. 배오개는 종로 4가 부근에 있던 고개로서, 그 일대에 형성되었던 배오개시장은 1905년 최초의 사설 상설시장인 동대문시장이 되었다가 1960년대에는 두 개로 나뉘어 지금 광장시장, 동대문시장이 되었다. 광장은 원래 광교와 장교 사이를 덮개를 씌워 만들려고 해서 그 첫머리를 따서 지은 이름이라 한다. 남대문시장과 동대문시장이 전통 시장에 기반을 두어 지금도 서민들이 즐겨 찾는 곳이라면, 백화점 등이 들어서 있는 명동 일대는 과거 일본인 상가가 밀집해 있던 곳이었다.

주단이나 종이, 삼베 등을 파는 큰 점포는 종로에 있어 궁궐, 관청,

그림 7 남대문로의 가게들(1880)

사대부들이 주로 이용하였기에 낮에 거래한 반면에, 칠패시장과 배오개시장은 서민들이 주로 새벽에 이용하였다. 또 칠패시장은 어물이 많이 유통되었고, 배오개시장은 근교에서 재배된 채소들이 거래되었다.

이렇게 난전이 확산되고 시전은 단속권을 빙자하여 횡포를 부리자, 결국 정조 15년1791에 와서 일부 시전을 제외하고는 그 권한을 폐지해 버렸다.

내가 어렸을 때는 물건 파는 곳을 점방, 전방이라 불렀다. 처음에 언급한 것처럼 물건을 늘어놓고 방에 앉아 팔았기 때문일 것이다. 전방은 시전과 점방을 합쳐 만든 말이다. 가게라고도 했으니, 이는 임시 건물을 의미하는 '가가假家'에서 나온 말이다. 1880년에 찍은 남대문로를 보면그림 7 길 양쪽으로 기와집 앞에 초가 건물이 늘어서 있는 것을 볼 수 있다. 이것이 장사를 하기 위해서 임시로 지어놓은 건물이다. 가가의 폐단에 대해서 실학자 박제가1750~1805는 이렇게 지적했다.

또 여염의 백성이 점포를 열어 장사하면서 '가가'라고 부른다. 처음에는 처마 밑에 달아낸 갈대집에 불과하여 집 안으로 옮겨 들일 수 있었다. 그러나 점차 흙을 바르고 축대를 쌓아 드디어는 길을 차지하고 문 앞에 나무를 심기까지 한다. 이리하여 말 탄 사람이 서로 마주치면 길이 좁아 통행할 수 없는 경우가 왕왕 발생한다. 대개 큰 길이건 작은 길이건 모두 너비가 몇 걸음인가 하는 규격이 있고, 형률에도 도로를 점유하여 가옥을 짓는 것을 벌하는 조문이 있으니, 마땅히 이 법으로 타일러서 단속해야 할 것이다. _『북학의』 내편, 도로

이런 임시건물은 왕이 행차하는 등의 국가 행사가 있게 되면 철거했다가 다시 설치하곤 했다.

나침반의 네 방위로 이어지는 주요 도로는 꽤 넓지만 노점과 주막이 도로 공간을 많이 잠식함으로써 도로 폭은 현저하게 줄어들었다. 그러나 임금이 궐 밖으로 행차할 때면 소유주들은 그 구조물을 치워야 한다. _캐번디시 책, 79~80쪽

그렇지만 박제가도 지적했듯이 상인들은 임시건물에 구들을 놓는 등 영구 건물로 만들어 길을 점령하는 일이 잦았다.

영돈녕 김이소가 "가옥이 빽빽이 들어선 것도 요즘과 같은 적이 없었습니다. 그래서 길이 협소하여 말을 타고 지나가지 못하는 곳까지 있습니다"고 아뢰니, 상이 "이는 경들의 책임이다. 집을 지으면서 길을 침범하는 경우에 그때마다 해당 부서로 하여금 철거하게 했다면 어찌 이런 폐단이 있겠는가?"고 일렀다.

채제공이 "백성이 속임수를 일삼고 있습니다. 처음에는 가가 자리로 시들였다가 시일이 조금 지나면 내부에 구들을 놓아 떡하니 집을 만들어 놓습니다. 이는 가가가 금령 안에 들어 있지 않기 때문입니다"고 아뢰고, 윤시동이 "신이 일전에 대궐로 오다가 보니 길에 갑자기 두세 채 새집이 들어서 있었습니다. 가가터라고 말하면서 집을 지어 놓았기에 부서의 하인을 불러서 모두 철거하게 했습니다. 이는 즉시 발각되었기 때문에 철거할 수 있었지만, 만약 몇 년이 지나 서로 전매한 후였다면 조치를 취할 수 없었을 것입니다"고 아뢰자, 상이 "이 또한 기강에 관한 일이다. 사치하는 풍조가 날로 심해져 분수를 지키지 못하니, 천한 무리까지도 기어코 자기 집을 넓게 하려고 하여 그리된 것이다"고 일렀다. _정조실록 20년(1796) 9월 29일

한편, 박제가는 상업이 발달했다고 하는 서울이지만 실은 중국의 지방만도 못하다고 비판했다.

연경燕京, 북경에는 아홉 개의 문 안팎으로 수십 리에 걸쳐서, 관청 건물 앞이나 아주 작은 골목을 제외하고는, 길 양편이 모두 시전을 이룬다. 시골 상점도 그러하여 마치 옷 가장자리에 띠를 두른 듯 늘어서 있다.

그림 8 고소번화도의 한 부분

상점마다 상호나 상품을 적어놓은 간판이 가로로 걸리고 세로로 세워 놓아 금빛 글자들이 빛을 발한다. …

지금 종각 네거리에는 죽 이어진 시전 행랑이 1리도 되지 않는다. 중국에서는 내가 지나간 시골의 상점도 모두 몇 리를 뒤덮었다. 또 수송되는 화물의 번성함과 파는 품목의 다양함은 우리나라 전역을 합쳐도 미치지 못한다. _『북학의』 내편, 시정市井

18세기 청나라 남방의 도시인 소주蘇州의 번화한 거리를 그린 '고소번화도姑蘇繁華圖'에서는 간판이 달린 상점이 즐비하게 늘어선 모습을 볼 수 있다.그림 8 그림 오른쪽의 건물 옆 벽에는 야간 통행금지, 불조심 등이 쓰인 벽보도 보인다. 이에 비하면 조선의 상업은 번화하지 못했다.

서울이 이러한데 지방은 사정이 더 열악하였다. 중국과 일본에서는 대도시가 출현하여 농촌의 지주도 이곳에 머물렀으니, 이들에게 농촌 생산물을 조달하는 시장이 발달하였다. 하지만 우리나라에서는 도시가 발달하지 않고 농민이나 지주 모두 농촌에서 생활하며 자급자족하는 체제였다. 이러한 사정은 실학자 유수원1694~1755의 글에서도 잘 나타나 있다.

우리나라 상인들은 장사한다고 하지만 실제로는 장사하는 이치를 모른다. 무릇 장사하는 도리는 앉아서 파는 상인의 점포가 있은 뒤에야 돌아다니는 행상도 이익을 얻을 수 있는 것인데, 우리나라 지방에는 점포가 전혀 없으니, 장사가 어찌 번창할 수 있겠는가? _『우서』 총론사민總論四民

선조 때의 문신인 윤국형尹國馨, 1543~1611이 전하는 임진왜란 때의 지방 사정도 크게 다르지 않다.

중국에는 방방곡곡에 모두 점포가 있어 술과 음식, 수레와 말 등의 물품이 완비되어 있다. 비록 천리 먼 길을 가는 사람이라도 은자銀子, 은돈 한 주머니만 차고 있으면 자신에게 필요한 것을 구하지 못할 것이 없으니, 그 제도가 매우 편리하다. 우리나라 백성은 모두 가난하여, 시장의 상인이나 행상 이외에는 사고파는 것이 무슨 일인지도 모르고, 오직 농사 지어 살아갈 뿐이다. 호남과 영남의 대로에 주점이 있기는 하지만, 행인에게 도움을 주는 것은 술과 꼴, 땔나무에 불과하다. 그러므로 길 떠나는 사람은 반드시 여행 물품을 실어가는데, 멀리 가는 사람은 말

그림 9 평양의 시장

두서너 필에 실어가고, 가까워도 두 필 아래로 되지 않아서, 우리나라 사람들이 병통으로 여겨온 지가 오래되었다.

양경리楊經理, 임진왜란 때 온 명나라 장수인 양호楊鎬가 우리나라에 와서는 중국을 모방하여 길가에 모두 점포를 설치하고 그 지역 주민으로 하여금 물건을 조달하도록 했으니, 그 뜻이 매우 훌륭했다. 하지만 습속이란 고치기 어렵고 재력도 미치지 못하여 사람들이 그대로 따르려 하지 않았다. 수령들이 처벌을 면하기 위하여 중국 장수가 지나갈 때면 관청에서 물건을 준비하여 길 왼편에 늘어놓고 거래하는 시늉을 하다가 지나간 다음에는 거두어버리니, 도리어 아이들 장난만도 못하여 중국 사람들에게 비웃음만 샀으니, 한탄스런 일이다. _『갑진만록』

18세기 중반 이후에 지방에도 상설시장이 일부 열렸지만, 지방 시장은 뭐니뭐니 해도 장시場市가 대표적이다.그림 9 장시는 시전과 같은 상설

시장이 아니라 일정한 기간마다 여는 정기시장이었다. 이런 정기시장은 성종 1년1470 흉년이 들었을 때에 전라도의 백성이 모여 시장을 열고 이를 장문場門이라 한 데서 처음 보인다. 이때 조정에서는 전에 없던 일인데다 백성이 본업을 버리고 이익만을 좇는다고 하여 금지했다. 전라도 관찰사는 이렇게 보고했다.

도내 여러 고을의 백성이 자기 고을 길거리에서 '장문'이라 일컬으면서 매월 두 차례씩 모여듭니다. 비록 있는 것으로 없는 것과 바꾼다고 하지만, 이것은 본업을 버리고 말업을 따르는 것입니다. 또 물가가 올라 이익은 적고 해가 많습니다. 이리하여 이미 모든 고을로 하여금 금지했습니다. _성종실록 3년(1472) 7월 27일

이보다 앞서 세종 때에 지방에도 시장을 열자는 논의가 있었으나, 후속 조치는 없었던 것 같다.

신상이 아뢰었다. "신이 일찍이 중국에 들어가서 풍유豊閏·옥전玉田 두 고을을 둘러보니, 작은 고을이지만 모두 시사市肆가 있었습니다. 사방의 인민들이 숲처럼 모여서 가진 것으로 없는 것을 바꾸니, 행인으로 길이 막혀서 다니기가 어려울 정도였습니다. 이로써 본다면 중국은 작은 고을일지라도 시장이 있는데, 지금 우리나라는 서울에만 시장이 있고 각도의 고을에는 모두 시장이 없습니다. 비록 돈이 있어도 거래할 곳이 없으니, 도리어 돈을 무용지물로 생각하고 백성이 홍겨이 사용하지 않습니다. 중국의 제도를 따라서 외방의 고을에 모두 시장을 열면, 돈 사

용이 저절로 일어날 것입니다."

상이 일렀다. "만약 외방에 시장을 열면, 놀고먹는 사람이 많아질까 두렵다. 그러나 우리나라는 백성이 많고 농지가 적어서 경작할 만한 땅이 부족하니, 이로써 말하면 시장을 열더라도 아무런 해가 없을 듯하다." _세종실록 15년(1433) 1월 18일

풍윤현과 옥전현은 현재 허베이성 탕산시唐山市에 속한 고을이다. 중종 때가 되면 전국 방방곡곡에 시장 아닌 곳이 없어서 물가가 치솟는다는 지적이 여러 번 나오는 것으로 보아서 금지령을 무색하게 한다. 명종 때에는 삼정승의 공동 건의를 받아들여 장시 개설을 허가했는데, 이 때는 시장 개설 날짜를 정하여 일시에 장이 서게 하는 조치를 내렸다.

장시는 전라도, 경상도, 충청도에서 오래전부터 시도되었습니다. 먹을 것이 없는 빈민으로 의복을 팔아 연명하는 자가 자못 많습니다. 다만 시장을 여는 날짜가 다른 경우가 있어서 서로 옮겨다니며 팔게 되니, 이 때문에 도적이 성행합니다. 만일 한 달에 두 번 또는 세 번씩 서는 것을 영원한 규칙으로 삼아 일시에 열게 한다면 그런 폐단이 없을 것입니다. _명종실록 1년(1546) 2월 23일

임진왜란이 일어난 뒤에는 장시가 더욱 성행하여 사헌부가 이렇게 건의하였다.

난리 이후에 백성들이 정처 없이 장사로 생업을 삼는 것이 마침내 풍속

을 이루어, 본업인 농사에 힘쓰는 사람은 적고 말업인 장사에 종사하는 사람이 많으니, 식자들이 한심하게 여긴 지 오래됩니다. 흉년에는 으레 도적이 많으니 이 폐단 또한 미리 유념하지 않아서는 안 됩니다.

고을마다 장시가 서는 곳이 적어도 서너 곳 이상입니다. 오늘은 이곳에 서고 내일은 이웃 고을에 서고 그 다음 날에는 다른 고을에 서니, 한 달 30일 동안 장이 서지 않는 날이 없습니다. 이 때문에 간사함이 성행하고 부정한 이익을 꾀하는 것이 날로 심해지니, 아주 염려스럽습니다. 해당 관청이 규정을 마련해 내려보내서 큰 고을은 두 곳, 작은 고을은 한 곳에서 한 달에 세 번 모두 같은 날 시장을 여는 것 이외에는 일절 금지하여 민심을 안정시키소서. _선조실록 40년(1607) 6월 24일

18세기 말이 되면 장시가 전국에 1천 곳에 이를 정도로 확산되었다. 또 장은 교통의 요지에 하루걸이인 3, 40리의 거리를 두고 섰으며, 윗글에서 보듯이 처음에 10일이나 15일에 한 번씩 열리다가 17세기를 지나면서 점차 5일장으로 정착되었다. 2일과 7일마다 서는 2·7장을 중심지로 삼고, 그 주변에 1·6장, 3·8장, 4·9장, 5·10장이 포진하는 형식이니, 실제로는 일정한 권역 안에 상설시장이 있었던 셈이다. 이 가운데는 대구의 약령시, 안성의 유기시처럼 점차 특정 품목을 거래하며 전국적인 유통망을 형성하는 전문 시장으로 발전해갔다.

장시는 우리나라에만 있었던 것은 아니다. 어느곳에나 상설시장이나 정기시장이 있게 마련이다. 16~17세기 영국의 경우를 보면 시장을 보유하고 있는 대여섯 곳의 예외적인 시골 마을을 제외하고는 잉글랜드에 760곳, 웨일스에 50곳으로 모두 800여 곳에서 정기시장이 열렸다고

한다. 이 중 300개 정도는 전문 시장에 해당하였다. 또 인구로 따지면 6, 7천 명에 시장 하나가 있었다고 한다. 18세기 말 바이에른에서도 7,300명에 시장 하나꼴이었다고 한다. 장이 설 때에는 한참 떠들썩하다가도 파장 후 다음 장까지는 '잠자는 숲속의 미녀'가 사는 침묵의 궁전이 되어버렸다. 정기시장은 소음, 소란, 노랫소리, 민중의 오락은 물론 뒤집힌 세상, 무질서, 때로는 대소동을 의미했다. 우리도 장마당 하면 떠들썩한 모습이 떠오른다. 지금도 시골 장터에 가면 사람을 만나 떠드는 재미를 느낄 수 있다. 또 뻥튀기 장수나 가위질 소리 요란한 엿장수, 만병통치약을 파는 약장수와 뱀장수가 있어야 제맛이 나는 곳이다.

장시의 주인은 농민이었다. 농민은 논과 밭에서 거둔 것을 들고나가 팔았고, 그것으로 필요한 물품을 사왔다. 읍내에 '가는 날이 장날'이란 속담처럼 우연히 맞아떨어지는 때도 있지만, '남이 장 간다고 거름 지고 나선다', '남이 장에 가니 저도 덩달아 장에 간다', '남이 장에 간다니까 씨오쟁이 떼어지고 간다' 등의 속담처럼 덩달아 가는 곳이기도 하다. 씨오쟁이는 씨앗을 담아두는 바구니이니, 가져갈 것이 아닌 것을 들고 나선다는 뜻이다. 그곳에서 할 일을 다 하면 '볼 장 다 보다'가 된다. 내가 어렸을 적에 보니 큰집 마을 여인들은 돈이 되는 것이면 오이, 가지, 참외, 하다못해 호박잎이나 고구마 줄거리라도 따서 머리에 이고 대전 시장에 나가 팔았다. 그러기에 집에서 살림이나 하는 속 편한 처지를 빗대어 '여자는 제 고을 장날을 몰라야 팔자가 좋다'는 말도 생겨났다.

농민 외에도 장시를 떠돌아다니며 장사하는 행상도 있었다. 장을 돌아다닌다고 해서 장돌뱅이라 하였다. 물론 집집마다 고을마다 돌아다니며 파는 방물장수도 있었다. 상설시장이 발달하면 행상은 자연히 사라지게 마련이지만, 지금도 시골에는 트럭을 몰고 정기적으로 돌아다니는 장사가 그 틈을 메우고 있다. 유럽에서 정기시장을 돌아다니며 활동한 행상colporteur은 '뒷목에 얹어 운반하는' 상인이란 뜻이 있는데, 이들은 경제적으로 낙후한 지역에서 교환을 담당하였다. 비록 비천한 상인에 불과했지만 한편으로 시장을 개척하는 선구자이기도 하였고, 시골 지역에 민중문학이나 책력 등을 보급하는 역할도 담당하였다.

우리나라에서도 행상의 역사는 고대로까지 올라간다. 고구려 미천왕300~331 재위은 왕위에 오르기 전에 압록강에서 소금 장사를 하며 돌아다녔던 사실이 전한다. 을불이 그의 이름이다.

그는 동촌 사람 재모와 함께 소금을 팔았다. 배를 타고 압록에 이르러 소금을 내린 다음에 강 동쪽 사수촌 사람의 집에 머물렀다. 그 집 노파가 소금을 청하므로 한 말쯤 주었고 다시 청하자 이제는 주지 않았더니, 그 노파는 원망하고 화를 내며 소금 속에 신을 몰래 넣어두었다. 을불은 알지 못하고 소금을 지고 길을 떠났는데, 노파가 쫓아와 신을 찾아낸 다음 신을 숨겼다고 꾸며 압록재鴨淥宰, 관리에게 고소하였다. 압록재는 신값으로 소금을 빼앗아 노파에게 주고 매를 때린 다음 놓아주었다. _『삼국사기』 고구려 미천왕

중국에서는 소금과 철 등을 국가에서 독점하여 국가 재정의 기반으로 삼았지만, 특이하게도 우리나라는 소금을 국가에서 전매한 적이 없다. 필자가 어렸을 적에만 해도 소금 장수가 집집마다 돌아다니며 됫박

으로 팔았던 기억이 있다. 백제 때에 지어져 고려시대에 변용된 것으로 전해지는 「정읍사」에 행상을 나가 오랫동안 돌아오지 않는 남편의 무사를 달에게 비는 간절함이 배어 있다. 다음은 후렴을 빼고 뜻이 있는 부분만 현대어로 번역한 것이다.

달아 높이 높이 돋으시어
멀리멀리 비치게 하시라

시장에 가 계신가요
진 곳을 디딜세라
어느 것에다 놓고 계시는가
나의 가는 곳에 저물세라

행상에는 말짐장수馬販子도 있고 등짐장수背負商도 있고 봇짐장수褓商도 있었다. 점차 행상이 모여서 조직을 형성하기도 했으니, 조선후기에 등장한 보부상 또는 부보상이 그것이다. 남자들은 주로 지게에 무거운 짐을 지고 다니며 팔았으니 이를 부상이라 하고,[그림 10] 여성은 주로 머리에 봇짐을 이고 다니며 팔았으니 이를 보상이라 한다. 이들은 원래 각각 다른 조직이었지만 19세기 말에 하나로 합쳐져 보부상이 되었다. 이들 조직은 결속력이 대단하였고, 규율도 엄하기로 유명하였다. 잘못을 저지른 조직원은 멍석말이 등으로 직접 처벌하였다. 그러다 보니 자연히 폐단도 일어났다. 다음은 고종에게 올린 지석영의 상소문이다.

옛날의 부상은 전적으로 이익을 얻기 위한 것이었으나, 오늘날의 부상은 전적으로 패거리를 세우기 위한 것입니다. 고을의 교활한 부류와 마을의 큰 괴수들이 장長이니 원員이니 하면서, 그 고을의 수령은 안중에 두지 않고 그들이 스스로 송사를 처리하고 그들이 스스로 맹주가 됩니다. 외롭고 힘없는 사람들은 보기만 해도 고개를 움츠리고, 나그네와 행인들은 만나면 반드시 다리를 떱니다. 결국에 가서는 제어하기 어렵게 될 것이니, 그리하면 일이 크게 벌어져 처리하기 곤란해질 우려가 있습니다. _고종실록 24년(1887) 3월 29일

그림 10 행상 부부(김준근)

이들은 임진왜란이나 병자호란 등 위기에 처했을 때에 나라를 위해 활약했지만, 근대화 시기에 정치적으로 이용당하기도 했다. 동학 농민 전쟁에서는 농민군 토벌에 동원되었다. 그러다가 일제강점기에 들어와 말살 정책에 따라 소멸하였으니, 지금은 충남 예산의 보부상 유품 전시관이나 홍성의 홍주성 역사관 등에서 그 잔영을 엿볼 수 있을 따름이다.

거래와 속임수

물건을 거래하는 사람을 상인商人이라 하고, 그 직업을 상업商業이라 한다. 이 말은 원래 중국 상나라 사람을 가리키는 말이다. 주나라가 상나라를 멸망시킨 후에 그 유민을 엄격히 통제하면서도 물건을 사고 파는 활동은 허락하였으니, 주나라 사람들은 이들을 '상인'이라 경멸하며 자기들과 구별하였다. 그리고 세월이 흐르면서 천한 백성이란 뜻은 사라지고 매매하는 사람이란 뜻만 남게 되었다.그림 1

1902~1903년 서울에 머물렀던 까를로 로제티는 종로 보석상에서의

그림 1 시장에 가는 일행(전 이형록)

거래 모습을 이렇게 적었다.

길에서 약 2미터 높은 곳에 길 쪽을 향하여 수백여 개의 조그만 상점들이 줄지어 있는데 내부 공간은 매우 협소해서 가까스로 장인과 그의 화덕이 들어설 수 있을 정도이다. 가게 밖의 길에 진열된 몇 안 되는 물건들을 보고 있는 동안에도 거북이 문양으로 테두리 장식을 한 안경을 코에 걸친 늙은 예술가는 전혀 동요하지 않고 침착하고 능숙하게 자신의 작업을 계속한다. 만약에 당신이 어떤 물건의 값을 물으면 그 노인은 물건을 오랫동안 찬찬히 살펴본 다음 그것을 이리저리 돌려보며 그 작품의 가격을 생각하다가 모든 한국의 상인들이 반드시 갖추고 있는 주판을 잡는다. 그리고 능숙하게 움직이는 두 손가락으로 이리저리 주판알을 튕겨보고는 마침내 그때까지 굳게 다물었던 입을 열어 물건 가격을 말한다. 그러나 그 가격은 적어도 그 물건의 진짜 가치의 열 배는 족히 되는 엄청난 것이다. 합당한 수치를 제시하며 가격을 낮추려 하면 그 노인은 더는 말을 하지 않고 물건을 집어 진열장 안에 넣고는 하던 일로 다시 돌아간다. 그러나 당신이 그 자리를 떠나면 상황은 바뀌게 된다. 주변에서 빈둥거리던 사람들 중 하나가 그 노인의 가게로 달려가 물건을 다시 집어들고 당신에게 달려와서 물건 가치의 5배쯤에 해당하는 더 낮은 가격을 제시한다.

당신이 계속 제시한 가격을 고집하면 상대방은 조금 더 가격을 낮출 것이다. 그리고 당신이 마음을 돌리지 않을 것이라는 단호함을 보이면 끝내는 그 값에 물건을 사게 될 것이다. 이러한 광경은 물건을 구입할 때마다 항상 반복된다. 처음에는 이러한 야단법석이 재미있어 보일 수도 있으나 계속되다 보면 도저히 참을 수 없게 되는데, 만약 당신에게 믿을만한 하인이 있다면 그에게 물건 구매를 맡기는 것이 최선의 방법이다. _까를로 로제티 책, 60~61쪽

여기에 주판을 놓아 계산하는 모습이 나온다. 내 초등학교 시절만 해도 학교에서 주산을 배웠으나, 전자계산기가 나오고 컴퓨터가 보급되면서 이제는 사라져버렸다. 주판은 전통시대의 계산기였다. 그런데 고려 때만 해도 주판을 사용하지 않았던 모양이다.

고려의 풍속에 주산이 없다. 관리가 돈이나 비단을 출납할 때에 칼로 나뭇조각에 그어 기록한다. 한 물건을 기록할 때마다 한 자국을 긋고, 일이 끝나면 내버리고 쓰지 않으니, 다시 이를 보관했다가 상고하는 자료로 삼지 않는다. 그 행정이 매우 간단하니 옛날 끈이나 새끼로 매듭을 지어 기록하던 유풍일 것이다. _『고려도경』 각기刻記

다시 로제티의 글로 돌아가면, 외국인이라 그런지 엄청나게 높게 불러놓고 흥정이 시작된다.

이렇게 원래 받을 것보다 더 많이 부른 값을 에누리라 한다. 자연히 흥정을 해서 값을 깎게 되니, 지금은 값을 깎는 것을 '에누리하다'고 한다. 에누리는 시장통 용어로 전락했고, 백화점에서는 바겐세일이란 외래어로 대체되었다. 중국의 시장에 가면 비싼 값에서 시작해서 점차 깎아나가는 체험을 지금도 할 수 있으니, 로제티의 묘사는 우리가 익히 짐작할 수 있다. 여기서도 중간에 다리를 놓는 사람이 등장하는데, 조

그림 2 서울의 시전(1904)

선시대 시전그림 2에서 활동하던 여리꾼列立軍이란 거간꾼도 이러했을 것이다.

여리꾼은 시전 상인의 이익에 덧붙인 여리餘利를 먹는 사람이다. 이들은 손님이 알 수 없는 암호를 사용하였다. 이처럼 시장에는 파는 사람과 사는 사람 외에도 거간하는 사람이 있어서 특정 상점에 소속되지는 않은 채 호객을 했다. 지금은 시장통에서 주인이 나와서 호객을 하고, 다만 유흥주점 앞에서는 일본말에서 유래한 삐끼가 호객을 하며 바가지를 씌울 궁리를 한다. '바가지 쓴다'는 말은 비싸게 속아서 산다는 뜻으로, 개화기에 중국에서 들어온 야바위의 일종인 십인계란 노름에서 유래된 것이라고 한다.

에누리처럼 외상外上이란 말도 우리말에서 유래하여 한자 사전에는 나오지 않는다. 시전이 국가에서 필요한 물품을 조달하는 의무를 지는 것을 기화로 하여 왕족이나 권력자들은 외상으로 물건을 받고 갚지 않는 횡포를 부렸는데, 영조가 이를 알고 모두 갚으라는 지시를 내렸다.

이 무렵에 임금이 시장 백성들을 불러서 폐단을 물을 때마다 외상이라고 대답하곤 했는데, 외상이란 속된 말로서 '값을 주지 않고 미리 빌려 쓴 것'을 일컫는다. 임금이 이를 엄히 조사하게 해보니 모두 임금의 외척이나 처족이었으므로, 이들을 가두어 두고 갚은 뒤에 풀어주도록 명했다. 지금에 이르러 다시 물어보니 "죄다 갚았습니다"고 모두 답했다. 임금이 "그런가?" 했으나 믿지 못하는 뜻이 있었으니, 대개 권세가들이 속이는 것이 아닌가 염려한 때문이었다. _영조실록 45년(1769) 3월 14일

그해 2월 임금이 시전 사람을 불러 외상값을 물어보니 낙창군 이탱이 1,200냥, 청성위 심능건이 1,100냥, 홍자가 2,500냥, 송낙휴가 1,500냥이라고 대답하였다.

난전 가운데는 자본을 축적하여 '허가받지 않고 사사로이 도거리로 거래하는 상인'인 사상도고私商都賈의 대상인으로까지 발전하여 시전 상인을 대신했는데, 좌의정 채제공이 아뢴 말에서 이들의 도고都賈, 都庫 장사 실태를 엿볼 수 있다.

서울 백성의 고통으로 말하면 도고 장사가 제일 심합니다. 우리나라에서 난전금지법은 전적으로 육의전이 위로 국역에 응하는 대신에 그들로 하여금 이익을 독차지하게 하려는 것입니다. 요즈음 빈둥거리는 무

뢰배들이 삼삼오오 짝을 지어 스스로 가게 이름을 붙여놓고, 사람들의 일상 물품을 제각기 멋대로 주관하지 않는 게 없습니다. 크게는 말이나 배에 실은 산물부터 작게는 머리에 이고 손에 든 물건까지, 주요 길목에서 기다렸다가 싼값으로 억지로 삽니다. 만약 물건 주인이 듣지를 않으면, 곧 난전이라 부르면서 결박하여 때리고 형조와 한성부에 잡아넣습니다. 이 때문에 물건을 가진 사람들이 간혹 본전도 되지 않는 값에 어쩔 수 없이 눈물을 흘리며 팔아버립니다.

그런 다음 각각 가게에 벌여놓고 배나 되는 값을 받습니다. 평민들은 사지 않으면 그만이지만, 꼭 사들여야만 하는 사람은 그 가게를 버리고서는 다른 곳에서 살 수가 없습니다. 이 때문에 그 값이 나날이 올라 물건값이 비싸기가 신이 젊었을 때에 비해 세 배에서 다섯 배나 됩니다. 근일에는 심지어 채소나 옹기 파는 곳까지도 상호가 있어서, 사사로이 서로 물건을 사고 팔 수 없습니다. 이리하여 백성들이 소금 없이 음식을 만들고, 가난한 선비가 제사를 지내지 못하는 일까지 종종 있습니다. _정조실록 15년(1791) 1월 25일

도고는 도거리로 장사하는 것이다. 1990년 중국 연변을 처음 방문했을 때에 버스 앞에 쓰인 안내판이 눈에 띄었다. 지금 우리는 쓰지 않는 '도거리로 세낸 차'란 글자가 있었기 때문이다. 전세 버스란 뜻을 그렇게 표현했다. 도거리는 나누지 않고 덩어리로 파는 도매를 일컫는다.

도고 상인은 서울에 물건이 들어오는 주요 길목을 거점으로 삼았다. 함경도나 강원도 등지에서 들어오는 길목인 다락원의정부이나 삼남지방에서 들어오는 길목인 송파서울, 한강으로 들어오는 길목인 마포,그림 3

그림 3 마포나루(1940년대)

그림 4 송파 산대놀이

용산, 두모포 등이 그런 곳이었다. 특히 송파에 열린 장시는 시전의 이익을 크게 해쳤기에 조정에서도 폐지하자는 논의가 일었다. 이들은 이런 길목에서 물건을 미리 장악하여 서울 중심지에 앉아서 장사하는 시전 상인을 압박하였다. 또한 이곳에 손님을 끌기 위해서 놀이패를 동원하여 즐거움을 선사하였으니, 양주 별산대놀이나 송파 산대놀이그림 4는 이렇게 해서 발달하게 되었다.

채제공이 싼값에 강제로 샀다가 비싼 값에 독점적으로 판매한다고 비판했는데, 이렇게 매점매석 즉 사재기하는 장면은 「허생전」에서도 보인다. 삼남에서 올라오는 대추, 밤, 감 등의 과일을 도거리로 사버리자 온나라가 잔치를 벌이거나 제사를 지내지 못할 정도로 값이 폭등했고, 제주도에 가서 말총을 역시 도거리로 사버리자 망건 값이 폭등했다. 이렇게 사재서 돈을 버는 얘기는 조선후기의 야화에 많이 등장하는데, 이런 상행위가 많이 늘어난 것을 반영할 것이다. 여생이란 사람에 관한 이야기도 그중 하나이다.

여생은 하동과 곤양 사이, 영호남의 물산이 모이는 곳으로 내려갔다. 드디어 장시를 왕래하면서 시세보다 가격을 올려 사들이니, 장시의 물건들이 죄다 그의 수중으로 들어왔다. 내일도 그렇게 하고 모레도 그렇게 하여 9천 꿰미의 돈을 모두 쓰기에 이르렀다. 그러자 영호남에 축적된 물건들이 이미 바닥이 나서 더는 장시에 내지 못했다. 이에 사들인 물건을 팔아서 몇 곱절의 이득을 보았다. 여생의 장사는 별다른 방법이 있지 않고 헐할 때 사들였다가 귀할 때 파는 것일 뿐이다. 돈이 불어날수록 그 용도도 더욱 무궁하여 몇 년 사이에 번 돈이 이루 헤아릴 수 없었다. _『이조한문단편집』 상, 여생呂生

채제공의 우려는 1833년 3월에 한양에서 일어난 쌀 폭동에서 현실로 나타났다. 전해에 전국적으로 흉년이 들어 민심이 동요하자, 조정에서는 쌀값을 진정시키는 조치를 내렸다. 이렇게 되자 상인들은 서울에 도입되는 쌀을 막고 풀지 않아 쌀값을 급등시켰다.

경강京江 강가에 곡식을 모아둔 것이 올해처럼 많은 적이 없었습니다. 이리하여 2월 10일부터 15일 사이에 쌀값이 조금 헐해져서 이에 힘입어 민심이 안정되었습니다. 그러자 경강상인들은 비축한 곡식값이 뛰어오르지 않을까 염려하여 여객旅客, 중간상인 객주들을 지휘하여 곡식을 감추게 하고, 시장 사람들과 호응하여 값을 올리게 되었습니다. 2월 스무날, 그믐날 이래로는 한 바리, 한 짐의 곡식도 도성에 들어오지 못하였습니다. 또 10여 명의 여객 가운데 한 사람만 매매를 하고 나머지는 모두 가게를 닫아버렸습니다. 이런 짓을 서로 돌려가면서 한 까닭에 사

그림 5 경강상인들이 활동했던 한강변 모습

려는 사람들이 한곳에 어지럽게 몰려드니 쌀값이 뛰어오르지 않을 수 없었습니다. 3월 6일, 7일 사이에 갑자기 곱절로 뛰어올랐고, 8일에 이르러서는 서울의 싸전을 닫아버리는 극단에 이르렀습니다. _순조실록 33년 (1833) 3월 12일

이렇게 되자 구매자들이 흥분하여 싸전을 공격하여 폭동을 일으켰다. 이 사건으로 폭동의 주모자 7명은 효수형에 처했지만, 정작 경강상인들에 대한 처벌은 미봉책에 그치고 말았다. 권력과 유착 관계에 있던 이들을 처벌하기 어려웠던 것이다. 이 무렵에 한강변을 중심으로 상업이 크게 발달하자 경강상인들이 이런 담합을 벌이기까지 하였다. 이 지도는 그러한 경강상인들이 활동했던 한강변 무대를 잘 보여준다.그림 5

상거래에는 바가지나 속임수와 같은 각종 협잡도 뒤따르게 마련이

다. 대동강 물을 팔아먹었다는 봉이 김선달은 그 상징적 인물이다. 다음은 칠패시장에서 벌어지던 모습이다.

서울의 서문에는 큰 시장이 있는데, 가짜 물건을 파는 자들의 소굴이다. 가짜로 말하면 백동白銅을 가리켜 은銀이라 주장하고, 염소 뿔을 대모玳瑁, 바다거북 껍데기라 우기고, 개가죽을 담비 가죽으로 꾸민다. 부자·형제간에 서로 물건을 거래하는 척하면서 값의 고하를 다투며 왁자지껄한다. 시골 사람이 흘깃 보고 진짜인가 싶어서 부르는 값을 주고 사면, 판 놈은 꾀가 들어맞아서 일거에 열 배, 백 배 이익을 본다.

소매치기도 그 사이에 끼어 있어서, 남의 자루에 무엇이 든 것 같으면 예리한 칼로 째어 빼간다. 알아채고 쫓아가면 좁고 구불구불한 젓갈 골목으로 요리조리 달아난다. 거의 따라가면 바자笆子를 짊어진 놈이 불쑥 "바자 사려" 하고 나타나 길을 막아버려 더 쫓지 못하고 만다. 이 때문에 시장에 들어서는 사람은 전쟁터에서 진을 지키듯 돈을 간수해야 하고, 시집가는 여자 조심하듯 물건을 지켜야 하지만, 그래도 곧잘 속임수에 걸려든다. 『이옥전집』 2, 이홍전李泓傳

지금 중국에서는 생수뿐 아니라 심지어 달걀까지 가짜를 만들어 판다고 하여 우리나라에서도 화제가 된 적이 있다. 2012년 1월에 중국 구이린桂林을 여행하면서 상점에서 간식을 샀는데, 포장에 무슨 말인지 언뜻 알 수 없는 한글이 씌어 있었다.그림 6 가끔 이런 속임수 물건을 만나면 그저 웃게 된다.

박지원의 여행기를 보면 유리창에서도 가짜 물건을 많이 팔았던 모양

그림 6 한글이 쓰인 간식(2012. 1)

이다. 심양에서 만난 중국인 전사가田仕可는 자기가 보여주는 골동품에 대해서 이렇게 설명했다.

골동품에 새긴 글자는 고증할 것 없습니다. 이들은 모두 요새 금릉, 하남 등지에서 새로 꽃무늬를 새긴 것입니다. 새긴 글자가 비록 옛 방식을 본떴지만, 형태가 이미 바르지 못하고 색깔도 순수하지 못합니다. 만일 이것들을 진짜 청동기 사이에 놓는다면 그 졸렬함이 드러날 것입니다. 내 비록 몸은 시장 점포에 있지만 마음은 늘 배움터에 있었는데, 이제 선생을 뵈오니 마치 100명의 벗을 얻은 듯 싶습니다. 어찌 조금이라도 서로 속여서 한평생을 께름칙하게 하겠습니까? _『열하일기』 속재필담

그는 가짜를 만드는 교묘한 방법을 자세히 설명해주면서 북경 유리창에 가서 가짜와 진짜를 잘 구별하여 웃음거리가 되지 말라고 충고하였다. 우리나라에서는 지금 명품 가방을 모방한 짝퉁이 유행하고 있다. 짜가퉁이란 속어를 줄인 짝퉁이란 말은 근래에 쓰이기 시작한 신조어이다.

상인은 어쩔 수 없이 사람을 속여야 한다는 뜻으로 '순임금 독 장사'란 말이 있다. 순임금이 세상 물정을 알아보려고 깨진 독을 지고 장사치로 변장했는데, "깨진 독 사려" 하고 외치니 아무도 사는 사람이 없었고, 다시 "성한 독 사려" 하고 외치니 사람들이 사갔다고 한다. 장사

꾼이 밑지고 팔았다는 말은 누구도 믿지 않는 거짓말이다.

시장에서의 속임수는 그야말로 다양했다. 우선 불량품을 파는 일이다. 사헌부에서 세종에게 아뢴 말이다.

시전에서 장인이나 상인이 판매하는 물건이 거의 모두 가짜입니다. 자루에 모래를 넣어 쌀로 덮기도 하고, 나무껍질이나 해어진 깔개 조각을 신발 속에 몰래 넣기도 합니다. 이런 일은 일일이 들기가 어려울 정도입니다. 어리석은 백성이 매양 속아서 사는 즉시 결딴나니 헛되게 돈만 버립니다. 사기가 날로 늘어나 금하지 않을 수 없습니다. _세종실록 27년(1445) 11월 14일

쌀을 팔 때는 물에 적셔서 불리거나 가는 모래를 섞어서 사람을 속였다고 한다. 되나 말을 속이는 일은 비일비재했으니, 내 어렸을 적만 해도 이런 속임수가 제법 있었다. 시전을 감독하던 경시서령京市署令 이몽이 아뢴 말이다.

저자 점포에서 교활한 무리가 크고 작은 되와 말을 스스로 만들어놓고, 팔 때는 작은 것을 쓰고 살 때는 큰 것을 써서 대낮에 사람들을 속이고 있습니다. 청컨대 중한 법으로 다스리게 하소서. _세조실록 3년(1457) 12월 3일

대사간 김수손 등이 성종에게 상소한 데서는 다른 상품에서 벌어진 속임수들이 나열되어 있다.

신 등이 삼가 듣건대, 오늘날 시장 가운데서 교묘하게 속이는 것이 습관이 되어 도덕이 퇴폐해지고 인정이 박해지는 풍습이 날마다 불어나고 달마다 커진다고 합니다. 우선 한두 가지를 들어서 말하겠습니다. 대개 35척이 되어야 면포 한 필이 되는데, 지금은 30여 척으로 한 필을 삼습니다. 심할 경우에 서너 동강이를 모아 붙여서 한 필을 만듭니다. 이렇게 하여 운집한 군중 가운데서 속이며 그 이득을 취합니다.

종이는 문서로 만들어 오래 보관하는 것이므로 그 쓰임새가 넓습니다. 그런데 지금 상지常紙라고 부르는 것은 그 길이가 한 자도 되지 않고 그 너비는 대여섯 치에 지나지 아니하며 그 얇기도 역시 그러합니다.

축거杻炬, 홰라는 것은 밤에 다닐 때 필요한 것으로, 예전에는 싸리나무 100개를 묶어서 만들었습니다. 그런데 지금은 싸리나무를 겉에만 장식하고 빈속은 짚으로 채워서 묶으니, 크기가 넓적다리만큼도 안 됩니다. 물건들이 모두 그러하겠지만 이 세 가지가 더욱 심합니다. _성종실록 18년(1487) 1월 23일

진상하는 인삼에도 가짜를 만들었다. 약방 부제조 유집일이 숙종에게 아뢴 말이다.

영동과 영남에서 진상하는 인삼에는 간혹 아교로 붙여서 만든 것이 있고, 서북에서 진상하는 인삼에는 간혹 너무 삶아 문드러져서 이를 깎아내고 도라지 따위 약재를 입힌 것이 있습니다. 따라서 이들을 잘못 먹고 낭패를 보는 자가 많습니다. 사사로이 은전銀錢을 주조해도 일죄一罪, 가장 무거운 죄로 다스리는데, 더구나 인삼은 매우 비싸고 사람 목숨에 관계되

니 인삼을 변조한 자는 일죄로 논해야 하겠습니다. _숙종실록 37년(1711) 8월 3일

집에서 기른 인삼의 꼭지를 따내고 거기에 산삼 꼭지를 붙여 가짜 산삼을 만들기도 했다. 이리하여 헌종 9년1843 10월에는 이런 일이 드러나면 사형에 처하자는 논의가 있었다. 하지만 이런 위조는 지금도 인삼 시장에서 자행되고 있다. 오희문은 종을 장시에 내보냈다가 속임수를 당하고 돌아와 분한 마음을 이기지 못했다.

또 종 막정이 쌀 열 말을 지고 대흥 장시에 가서 포목을 사오게 했는데, 지시한 것과 많이 다르고 산 것도 많이 부실하다. 스스로 도둑질한 것은 아니지만 분명히 속은 것이리라. 밉고 또 밉다. _『쇄미록』 1593. 4. 21.

이처럼 상거래에는 장사치의 농간이 있게 마련이다. 연산군은 시중의 물가를 조작하지 못하도록 사헌부에 지시하였다.

시중의 상인들이 이익을 독점하려고 사사로이 서로 약속을 하고는 남이 파는 물건은 값이 비싼 것이라도 헐한 값으로 깎아버리고, 자기가 파는 물건은 값이 싼 것이라도 비싼 값으로 올린다. 또 한번 값을 정한 뒤에는 그 값을 다시는 올리고 내릴 수 없게 하여, 어리석은 백성들이 그 값을 덜 받게 하고, 심지어는 어리석은 백성들이 파는 물건을 공공연히 빼앗는 자도 있다.

소·말을 거래하는 시장 사람들도 스스로 짜고 서로 아보牙保, 흥정꾼라 일컫고는 마음대로 값을 결정하여 다른 사람은 손을 대지 못하게 한다.

이리하여 이익은 자기만 차지하고 손해는 백성에게 미치게 하는 일이 심히 지나치니, 이들의 죄를 다스리는 조목을 마련하여 아뢰라. _연산군일기 8년(1502) 5월 20일

이익을 위해서는 중국 사신과도 협잡하였다.

지난 겨울에 사신이 왔을 때에 대통관大通官, 통역관 등이 금천군金川郡, 황해도에 누런 족제비 가죽 100여 벌을 요구하기에 그 군에서 사다가 주었습니다. 그런데 송도松都의 부유한 상인이 통관에게 몰래 부탁하여 일부러 퇴짜를 놓게 하고는 자기의 물건으로 대납했고, 그 값으로 쌀 60석을 그 군에 독촉하여 징수했습니다. _현종개수실록 7년(1666) 3월 17일

이렇게 이익의 독점에서 상도의를 기대하기 어렵다. 그러기에 조선의 사대부들은 상업을 좋게 바라볼 리 없었다. 상업을 부정적으로 보는 배경의 하나이다. 다음 글들은 사대부의 상업에 대한 부정적 관념을 엿볼 수 있다.

옛날에 대부大夫의 집에서는 소와 양을 기르지 않고, 심지어 채소밭에서 아욱을 뽑아내고 베짜는 부녀자를 없앴으니, 대개 백성들과 이익을 다투려 하지 않았기 때문입니다. _성종실록 4년(1473) 7월 30일

천하 사람들이 가득 모여 이익이 오고 가는데, 세상이 이익을 숭상한 것이 오래되었다. 그러나 이익을 위하여 사는 사람은 반드시 이익 때문

에 죽는다. 그래서 군자는 이익을 말하지 않고, 소인은 이익을 위하여 죽기까지 한다.

서울은 장인과 상인이 모이는 곳이다. 무릇 거래할 수 있는 물품들이 상점마다 별처럼 벌여 있고 바둑판처럼 펼쳐져 있다. 또 손과 손가락으로 남에게 품 파는 사람이 있고, 어깨와 등을 파는 사람도 있고, 뒷간 치는 사람도 있고, 칼날을 두드리며 소 잡는 사람도 있고, 얼굴을 꾸며 몸을 파는 사람도 있다. 천하에서 사고파는 것이 이처럼 극도에 달하고 있다. _『이옥전집』 2, 유광억전柳光億傳

서울에서는 상인들이 주로 남부에 살았다고 하는데, 이들에 대한 평도 좋지 않았다.

서울의 민속은 남과 북이 다르다. 종로 이남에서 남산 아래까지 남부인데, 상인과 부자들이 많이 산다. 이들은 이익을 좋아하고 인색하며, 말 안장과 저택의 사치스러움으로 서로 다툰다. _『이조한문단편집』 중, 임준원林俊元

고려는 조선과 달리 상업을 중시했다. 왕건 자신이 중국과 무역하면서 세력을 키웠고, 그런 전통에서 개성상인은 조선시대에서도 전국의 상권을 장악하였다. 하지만 조선 사대부의 눈에는 그런 개성 사람들이 탐탁하지 않았다. 사관의 글에서도 이를 엿볼 수 있다.

송도에서는 선비라는 자들이 대부분 장사꾼의 자식이기 때문에, 일을 결정하는 과정에 모두 금전이 오간다는 말이 있다. _현종개수실록 1년(1660) 11월 19일

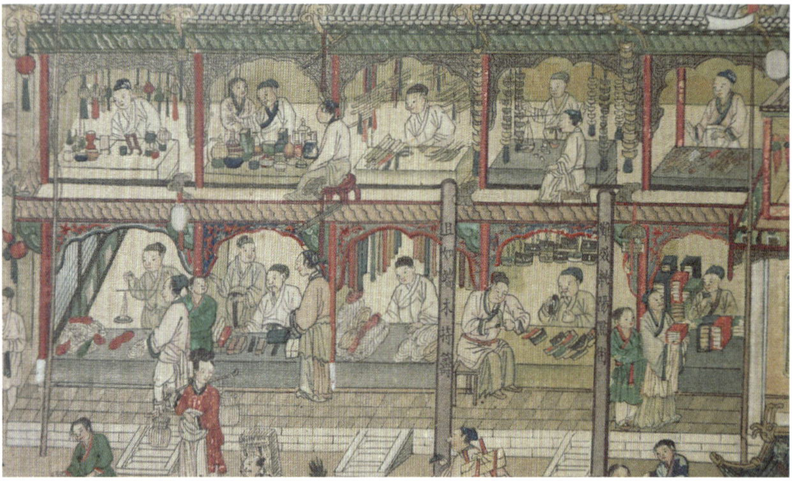

그림 7 상가가 있던 송도의 중심가 (위)
그림 8 태평성시도의 상점 모습(2014. 7) (아래)

조선후기 강세황의 '송도전경'에도 남대문 뒤쪽으로 상가가 맨 앞줄에 양쪽으로 죽 늘어서 있는 모습이 그려져 있다.[그림 7] 하지만 조선시대 풍속화에 상점이나 거래 모습이 그려진 것을 거의 찾아볼 수 없는 것은 상업에 대한 부정적 인식 때문일 것이다. 다만 18세기 후반에 그려진 '태평성시도'에서 그 모습을 찾을 수 있으나, 그림 8 중국 성시도城市圖의 영향을 받아 중국적인 모습으로 표현되어 있어 다소 추상적인 현실을 보여주고 있다. 이런 조선시대의 상업관은 당시 중국과는 크게 상반된 것이다.

중국 사람은 가난하면 장사를 하는데 진실로 현명한 일이니, 그러면서도 자신의 풍류와 명망, 절개를 지킬 수 있다. 따라서 유생이 직접 서점에 출입하고, 재상이 직접 융복사隆福寺로 가서 골동품을 사곤 한다. 내가 융복사에서 지체 높은 사람을 만난 적이 있는데, 사람들이 모두 비웃겠지만 그럴 일이 아니다. 이것은 청나라 풍습이 아니라 명나라나 송나라 때도 이미 그러했다.

우리나라 풍속에는 헛된 글만 숭상하며 되돌아보고 꺼리는 것이 많다. 사대부는 놀고먹을지언정 하는 일이 없고, 들에 나가서 농사지어도 알아주는 사람이 없다. 혹시 짧은 잠방이에 대나무 껍질 갓을 쓰고 물건을 사라고 외치며 시장을 다니거나, 줄과 먹이나 칼과 끌을 가지고 다니면서 남의 집에 품팔이하며 먹고사는 일이 있으면, 부끄러운 짓을 한다고 비웃으며 혼인길마저 끊을 것이니, 그러지 않는 자가 거의 없을 것이다. 그러므로 집안에 동전 한푼 없어도 모두가 옷에 장식을 달고 높은 갓에 넓은 소매를 하고서 나라 안을 돌아다니며 헛된 말만 쏟아낸다. _『북학의』 내편, 상고商賈

참고로 골동骨董이란 말은 오래되었거나 희귀한 옛날 물건이란 의미가 있는가 하면, 여러 가지 자질구레한 것이 한데 섞인 것이란 의미가 있다. 물론 골동품은 전자에 해당하지만, 우리 역사에서는 뒤의 의미도 사용되었다. 바로 비빔밥을 골동반, 비빔국수를 골동면, 잡탕국을 골동갱이라 했다. 이 의미를 살려서 골동반이란 상점 간판도 생겨난 것을 보았다. 비빔밥을 혼돈반混沌飯이라 한 기록도 보인다. 우리나라에서는 전주비빔밥과 진주비빔밥이 대표적인데, 전주에서는 뜨거운 밥에 찬 콩나물국을 사용하는 데 비해 진주에서는 차가운 밥에 뜨거운 탕국을 사용하여 차이가 난다. 특히 전주가 진주를 제치고 대표 지역으로 된 것은 1980년대에 전주비빔밥이 향토음식 바람을 타고 서울에 먼저 상륙했기 때문이라 한다.

조선의 상업관은 근대에 와서 완전히 바뀌었다. 통리교섭통상사무아문에서 고종에게 아뢴 말이다.

해관海關의 세칙稅則이 지금 막 시행되었는데, 나라를 넉넉하게 하는 정사는 상업을 권장하는 일만한 것이 없고, 상업을 권장하는 방도는 상업을 보호하는 일만한 것이 없습니다. _고종실록 20년(1883) 6월 23일

이제는 관리를 지낸 사람도 벼슬을 그만둔 뒤에는 상업에 종사할 수 있도록 하자는 의안을 올리자 고종이 윤허하였다.

모든 관리는 비록 높은 지위에 있었더라도 벼슬을 그만둔 후에는 마음대로 상업에 종사할 수 있게 할 것입니다. _고종실록 31년(1894) 7월 2일

그렇다고 해서 조선시대에 사대부가 장사를 전혀 하지 않았던 것은 아니다. 오히려 남의 눈이 두려워 편법을 쓰기도 했다.

안변도호부사 김맹성 등이 "지금 사대부의 집에서 노복을 시켜 장사하기에 힘쓰고 있어서, 염치의 도리가 사라지고 선비의 기풍이 날로 쇠퇴해갑니다. 바라건대 사헌부 관원을 보내어 적발해서 엄중히 징계하여 선비의 습속을 바로잡게 하소서" 하였는데, 여러 사람이 논의하여 "조정 벼슬아치의 노복으로서 장사하는 자는 관찰사에 명하여 엄히 징계하라"고 하였다. _세종실록 2년(1420) 11월 5일

또한 오희문은 물건을 바꾸어 값이 오를 때를 기다리는 이재 행위를 했다.

전날에 올 때 오승목五升木 무명 두 필을 가지고 왔는데, 오늘 장시에 함열현감 신응구의 종 언수를 시켜 팔아서 거친 쌀 31두로 바꾸어 양산 집에 두게 하였다. 추후에 실어다가 내년 봄에 쌀값이 비싸질 때 다시 무명으로 바꾸어 쓸 작정이다. _『쇄미록』 1595. 12. 13.

삼베와 쌀

'구슬이 서 말이라도 꿰어야 보배'라든가 '눈이 보배'라고 하듯이 보배는 매우 소중한 물건을 말한다. 보배는 보패寶貝란 말에서 나왔다. 인도양 등 남방에서 나는 것으로 영어로 카우리cowry라고 하는 작은 조개가 있는데, 이것이 선사시대 이래로 아프리카, 인도, 아메리카, 중국 등에서 화폐로 사용되었다.그림 1 중국에서는 돌, 뼈, 금, 은, 옥, 구리 등으로 이 조개를 모방한 화폐도 보충적으로 사용되었다.

중국 산둥성 펑라이蓬萊 앞바다에 있는 한 섬에서 발굴된 춘추전국시대의 무덤에서 나온 나무 상자 안에는 보배조개 420매가 들어 있었다. 당시에 사용되던 실물화폐를 무덤 속에 넣은 것이다. 하지만 이런 조개

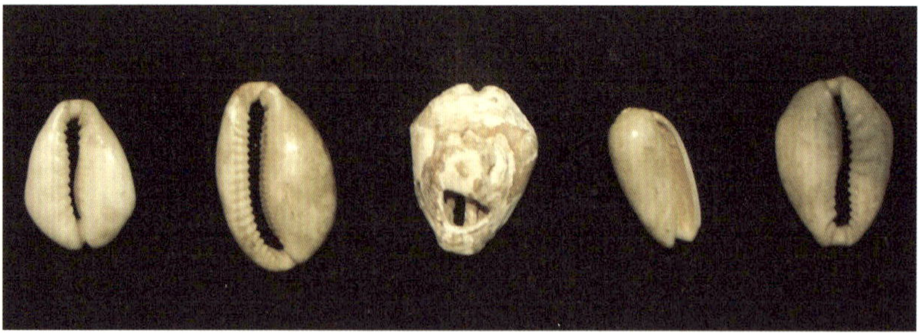

그림 1 조개화폐(2012. 10)

그림 2 말 머리에 장식된 보배조개(2013. 1)

화폐는 점차 금속화폐에 자리를 내주면서 장식품으로 전락하게 된다.

중국 산둥성 린쯔臨淄에 있는 고차古車박물관에 가면 고속도로를 낼 때에 발굴된 유적이 전시되어 있는데, 여기에는 많은 수레와 말이 순장되어 있다. 순장된 말 가운데에는 보배조개로 가득 장식된 굴레를 달고 있었다.그림 2

고조선과 관련된 유적인 강상 무덤에서도 이 조개 두 점이 발굴된 적이 있다. 저 멀리 남쪽에서 랴오둥반도까지 전래한 것이다. 20세기에도 태평양의 섬나라에서는 조개에 구멍을 내서 야자나무 껍질로 만든 새끼줄에 꿰어 화폐로 사용했다고 한다.

이렇게 조개를 화폐로 사용하다 보니 중국에서 보패라고 적었고, 우리말로 보배로 변환되면서 이 조개는 다시 보배조개라고 하게 되었다. '역전앞'이란 말처럼 중복어가 된 것이다. 이 조개가 고대 중국에서도

그림 3 할슈타트의 소금 광부상(2013. 6)

교역의 중요 수단이 되었기에 재화財貨란 말에는 조개 패貝자가 들어 있다. 값나가는 재물인 금은보화의 보화寶貨란 말에도 조개 패자가 들어 있다. 돈을 화폐貨幣라 하는데, 이 말에도 조개와 비단이 교환의 수단이었다는 사실이 숨어 있다.

이밖에도 아프리카의 일부 지역에서는 소금을 화폐로 사용했다. 또 로마에서는 군인이나 관리의 봉급을 소금으로 주었으니, 봉급이란 의미의 샐러리salary는 '병사에게 주는 소금돈'이라는 라틴어 살라리움salarium에서 유래했다고 한다. 소금은 내륙에서 귀한 물품이었기에 부의 원천으로서 화폐 대용물로 쓰이기도 했다. 모차르트의 고향이며 영화 '사운드 오브 뮤직'의 무대이기도 한 오스트리아의 잘츠부르크Salzburg는 '소금 성', 그 부근의 아름다운 호숫가 마을인 할슈타트Hallstatt 역시 '소금 마을'이란 의미가 있다.그림 3 이 일대에 소금 광산이 있어서 과거에 큰 부를 축적했던 곳이다. 그런가 하면 식민지 시대의 아메리카 일부 지역에서는 담배, 설탕, 카카오가 돈으로 사용되었다.

사람들은 그 어느 것보다도 돈에 대해 이중적 태도를 보인다. 그야말로 경멸의 대상이면서 또한 숭배의 대상이다. 돈을 가까이하고 돈을 운위하면 속물로 취급하면서도, 다른 한편으로 돈벼락을 맞는 속물적인 꿈은 어느 시대에나 누구에게나 있다. 지금 돼지꿈은 재물이 생긴다고 해서 누구나 길몽으로 여기는데, 돼지가 새끼를 많이 낳기 때문에 다산의 상징이기도 하거니와 돼지는 한자로 돈豚이요 이것은 돈錢과 발음이 같아서 이런 해몽이 생겼을 것이다.

그러기에 돈에 관한 속담이나 이야기는 엄청나게 많다. 고려후기 임춘은 돈을 의인화하여 「공방전孔方錢」이란 소설을 썼는데, 그 가운데 돈의 폐단을 풍자한 한 대목이다.

공방孔方의 자는 관지貫之이다. 그 조상은 일찍이 수양산에 숨어 동굴에서 살아 아직 세상에 나와서 쓰인 적이 없었다. … 그의 아버지 천泉은 주나라의 대재大宰가 되어 나라의 부세를 맡았다. 공방은 됨됨이가 밖은 둥글고 안은 모나며 때에 따라 응변을 잘했으니, 한나라에서 홍려경이 되었다. …

방은 성질이 욕심스럽고 더러워 염치가 없었다. 이미 재물을 총괄하게 되니, 본전과 이자의 경중을 저울질하는 법을 좋아하였다. 나라를 편하게 하는 것은 반드시 질그릇을 만들고 쇠를 주물하는 기술에만 있는 것이 아니라 하고, 마침내 작은 이익을 두고 백성들과 다투었다. 물가를 조정하여 곡식을 천하게 하고 화물을 중하게 하였다. 이리하여 백성들이 근본을 버리고 말단을 좇게 하여 농사에 방해가 되었다. 이때에 임금 잘못을 간하는 신하가 많이 상소하여 논박했으나 임금은 듣지 않았다.

방은 또 권력가들을 교묘히 잘 섬겨 그 집안에 드나들며 권세를 부리고 벼슬을 팔았다. 벼슬을 올리거나 벼슬에서 쫓아내는 것이 그의 수중에 있었으니, 높은 벼슬아치 다수가 절개를 굽혀 그를 섬겼다. 곡식을 쌓고 뇌물을 거두어 문서가 산같이 모여 이루 셀 수가 없었다. 사람을 접하고 인물을 대함에도 어질고 불초함을 묻지 않고, 시정배라도 재물만 많으면 함께 사귀고 통하니, '시정배의 사귐'이란 것이 그것이다.

_『동문선』 공방전

관지란 돈의 꿰미를 뜻한다. 공방은 둥근 돈 가운데에 뚫린 네모난 구멍을 가리키는데, 하늘은 둥글고 땅은 네모지다는 고대 세계관에서 유래한 것으로 설명되기도 한다. 이런 돈은 중국에서 전국시대 말기에 등장하여 20세기 초까지 사용하였고, 역대의 우리나라 동전도 이를 따랐다.

돈을 부정적으로 묘사했지만, 돈을 멀리하는 것은 쉽지 않다. 돈에 초연한 사람은 드물기에 이따금 역사 기록에 모범으로 등장하곤 한다. 고려시대 노극청도 그런 사람이었다.

그는 내직으로 들어가서 도관낭중이 되었다. 그때에 산원동정 노극청이 가난하여 집을 내놓았으나 팔리지 않던 차에 일을 보러 외출하였다. 그의 처가 현덕수에게 은 12근을 받고 팔았다. 노극청이 귀가하여 현덕수에게 "내가 당초에 9근으로 이 집을 사서 수년간 거주하며 손을 더 본 곳이 없는데 12근을 받을 수 있겠는가? 그러니 나머지 돈을 돌려주겠다"고 하자, 현덕수가 "그대는 의리를 지킬 줄 아는데 나라고 못 지키겠는가?" 하고 받지 않았다.

노극청이 "내 평생에 의리 아닌 일을 하지 않았는데, 어찌 헐값으로 사서 고가로 팔아 돈벌이로 욕되게 하겠는가? 만일 듣지 않으려거든 집값을 전부 돌려줄 터이니 내 집을 돌려달라"고 하였다. 현덕수는 어쩔 수 없이 그 돈을 받고서 "내가 어찌 노극청만 못하겠는가?" 하며 절에 시주해버렸다. 듣는 사람들이 모두 탄식하여 "이 세상에도 이런 사람들이 있구나!" 라고 하였다. _『고려사』 현덕수 전기

그림 4 쇄은(2012. 10)

여기서는 집을 은의 무게로 계산하였다. 고려시대에는 은병이라는 돈이 유통되었는데, 은병은 단위가 너무 커서 작은 은 덩어리 상태로 만들어 무게를 재서 거래되었으니, 이를 쇄은碎銀이라 한다.그림 4

앞에 인용한 글에서 공방의 아버지라 한 천泉은 화폐의 다른 이름이다. 끊임없이 솟아나는 샘처럼 무궁하게 유포되는 것을 상징한다. 중국 왕망 때에는 화천貨泉이란 돈을 사용했다. 고대 중국에서 화폐로는 "진주·옥珠玉이 상등, 황금이 중등, 도포刀布가 하등"이었고, 또 "화폐는 금보다 귀중하고, 칼보다 이로우며, 샘물처럼 흐르고, 베처럼 퍼지고, 비단처럼 모인다貨, 寶於金, 利於刀, 流於泉, 布於布, 束於帛."『한서』 식화지고 하였다. 우리가 돈이란 '돌고도는 것'이라 말하는 것과 같다. 도포는 도전과 포전으로 중국의 초기 동전에 해당한다. 지금도 '주옥 같은 문학작품'이니 '황금 같은 세월'이니 하여 주옥과 황금이 소중하고 귀한 것을 상징한다. 호조판서 김신국이 올린 글에서도 화폐의 다른 이름들을 찾을 수 있다.

전錢이 폐幣가 된 것은 태호太昊, 전설상의 임금 복희씨 때부터 시작되었습니다. 때로는 금金이라 하고, 때로는 천泉이라 하고, 때로는 화貨라 하여 시대

에 따라 명칭이 다르지만 그 실체는 하나입니다. _인조실록 3년(1625) 10월 27일

폐니 금이니 화니 하는 것은 모두 재물을 가리킨다. 돈은 재물의 근원이다. 화폐로서 전근대에는 물품화폐와 금속화폐를 주로 사용했고, 근대 이후에는 불환화폐를 거쳐 지금은 전자화폐로까지 발전했다.

우리나라에서는 교환수단으로서 고대로부터 시작하여 가장 오랫동안 옷감과 곡식을 이용했다. 1893년 조선을 정탐했던 일본인은 시장 거래의 모습을 이렇게 적었다.

경성, 공주, 평양, 송도 등의 대도회는 각별하다고 해도 기타의 소도회에서 시장이라는 것은 4개의 기둥을 세우고 짚으로 지붕을 엮어 얹은 조잡한 가옥들이 2, 30개씩 줄지어 선 형태이다. 1·6이나 2·7이나 정해진 날에 장이 선다. 이 날은 가까운 곳에 있는 상인들이 모여서, 시장에 멍석을 깔고 그 위에 팔려고 하는 물건을 진열한다. 그리고 매매는 반드시 돈을 사용하지 않고 모든 물건을 교환할 뿐인데, 그 모양이 마치 신농씨의 시대를 상기시킨다. _『조선잡기』 132쪽

조정에서는 물물교환의 수준을 벗어나고자 동전을 화폐로 사용하려 했지만, 백성들의 힘을 당해낼 수 없었다. 정언 이만웅이 효종에게 상소한 말이다.

어리석은 백성들은 콩이나 조와 같은 곡식만이 먹을 것인 줄 알고, 베와 비단 같은 옷감만이 입을 것인 줄 알 뿐입니다. 돈이 옷과 음식의 근

원이 된다는 사실을 모르고서, "돈이란 물건은 배고플 때 먹을 수 없고 추울 때 입을 수 없는데, 어찌하여 꼭 사용하게 하려는가? 통용되는 재화로 치자면 추포麤布, 거친 베도 돈과 같은 것이지만, 입거나 먹을 수 없는 것은 매한가지다. 그런데 하필 얻기 어려운 것을 행하도록 하고, 얻기 쉬운 것을 금지한단 말인가?"라고 하면서, 서로 말을 주고받으며 의혹에 빠지게 되어 시장에서 거의 교역이 이루어지지 않았습니다. 그래서 잠시 추포의 금지를 완화하여 돈과 병행하자, 백성들은 모두 돈을 사용하지 않고 추포를 사용하면서 "속담에 '고려의 정령은 3일을 넘기지 못한다'고 하였는데, 과연 그렇다"고 하였습니다. _효종실록 3년(1652) 4월 1일

백성들에게는 돈보다 당장 사용할 수 있는 곡식과 옷감이 더 중요했던 것이다. 옷감 가운데 가장 대표적인 것이 삼베이다. 사헌부가 태종에게 종이 돈인 저화楮貨를 사용하자고 건의한 말에서 삼베의 사용 실상이 보인다.

생각건대, 우리나라는 멀리 바다 모퉁이에 있어서 스스로 토산물을 화폐로 삼았습니다. 삼국에서 고려에 이르기까지 모두 삼베를 화폐로 하면서 오승포五升布를 사용했습니다. 처음에는 이것으로 옷을 만들어 입고 다른 물건도 살 수 있어서, 실질 가치와 명목 가치가 다르지 않아 백성들이 편하게 여겼습니다. 그런데 시간이 오래 흐르면서 간사함이 날로 늘어나 교환하는 삼베가 오승포에서 삼승포로 변하게 되었으니, 여자들은 쉽게 짜고 매매 가격은 헐해졌습니다. 전錢은 깨지면 다시 주조할 수 있고, 저楮는 해어지면 거듭 만들 수 있지만, 삼베는 낡으면 마침

내 쓸 수가 없습니다. _태종실록 3년(1403) 8월 30일

그림 5 삼베(위)와 무명(아래)

삼베이건 면포이건 포는 오승포가 기준이었으니, 오승이 되어야 옷을 제대로 지을 수 있었기 때문이다. 오승포는 닷새베라 하는 것으로서, 한 새는 날실 80가닥으로, 오승포는 폭이 400가닥인 베를 이른다. 교환의 기준인 한 필은 원래 장년 옷 한 벌을 만들 수 있는 길이였는데, 그 길이는 나라마다 시기마다 달랐다. 조선초기에 정한 한 필은 닷새로 짠 것으로 길이 35척, 너비 7촌이었다. 세종 때 제정한 포백척 한 자는 46.73센티미터였으니, 정포 한 필을 미터법으로 환산하면 길이 16.35센티미터, 너비 32.7센티미터이다.

삼베는 마포麻布이고 무명은 면포綿布 또는 포목布木이라 하는데,그림 5 15세기경부터는 새롭게 주요 옷감이 된 무명이 삼베를 대체하였다. 그냥 포布, 즉 베라 하면 마포를 대표로 하던 것이 이제는 면포로 바뀐 것이다. 이리하여 무명이 가치 환산의 기준이 되었다.

영건도감이 아뢰었다. "세 궁전을 지을 곳에 있는 집과 빈터의 값을 해당 관청으로 하여금 시가를 기준으로 헤아려보게 하였습니다. 그리하여 궁궐 기와집 한 칸은 포목 4필, 개인 기와집 한 칸은 포목 2필 반, 빈터 10칸은 포목 2필 반, 동산東山, 작은 산 50칸은 포목 2필이 되는 것으로

마련했습니다. 모두 시가에 준해서 값을 쳐주는 것이 어떻겠습니까?" _광해군일기 9년(1617) 6월 27일

기준이 되는 오승포는 정포正布라 하였고, 3승 이하의 포는 거칠어 추악한 포 즉 추포麤布, 악포惡布라 불렀다. 시간이 흐름에 따라 악화가 양화를 구축하여 양질의 오승포는 사라지고 실제로 사용하기 어려운 추포가 유통되었다. 이에 따라 조정에서는 이를 금지했지만 근절되지 않았다. 중종 때에는 엄한 처벌 조항을 마련했다.

호조·형조·한성부가 함께 악포금지령을 의논하여 "악포를 짜는 자, 정해진 길이에 맞는 포를 자르는 자, 2, 3승 바디를 만드는 자는 초범이면 장형 100대와 도형중노동 3년에 처하고, 재범이면 전가사변全家徙邊, 일가족을 변방에 강제 이주에 처하고, 정해진 길이보다 짧은 포를 쓰는 자는 장형 80대에 처하소서"라고 아뢰니, 임금이 그대로 따랐다. _중종실록 15년(1520) 9월 16일

앞서 사헌부의 말에서 보듯이 옷감을 화폐로 사용하는 데는 불편함이 따랐다. 고려말 공양왕 3년1391 3월에 방사량이 돈을 주조하자고 건의한 상소문을 보겠다.

우리나라에서 추포를 쓰는 법은 경주 등 몇몇 주, 군에서 나온 것입니다. 이 포를 화폐로 쓰면 10년을 가지 못하니, 잠시 연기나 습기를 맞으면 곧 타고 썩습니다. 설사 관청 창고에 가득 채우더라도 쥐가 쏠고 물이 새어 손상을 면할 수 없습니다. 바라건대 관청을 세워 돈을 주조하

고, 겸해서 저화를 만들어 화폐로 삼게 하고, 추포 통용을 일체 금하소서. _『고려사』 화폐

무명은 이처럼 부의 척도가 되었으니, 조선 성종과 연산군 때에 역관을 지낸 조신의 글에 이런 야화가 나온다.

옛날에는 국가의 부유함을 물으면 말의 수효로 대답했고, 중국 사람은 동전이나 금·은과 같은 것의 다소로 빈부를 비교한다. 동방에서는 금·은이 나지 않으므로, 우리 조정에서 동전을 유통시키지 않고 다만 무명으로 화폐를 삼았다. 무명 35자가 한 필이고 50필이 한 동同인데, 쌓아 둔 것이 많아야 1천 동을 넘지 않았다. 근래에 재상인 파평 윤씨와 상인 심금손이 무명을 무려 1천 동을 넘게 쌓아두었다가 갑자·병인 연간에 함께 뜻밖의 화를 입었다. _『소문쇄록』

성종 때인 1488년 조선에 사신으로 왔던 명나라 사람 동월도 교환 수단에 대해서 이렇게 적었다.

거래에는 한결같이 곡식이나 베로 하되, 이를 비축하여 잉여의 부로 삼았다. 금이나 은을 사용하는 것을 모두 다 금지했으므로, 아주 적은 양을 사용하더라도 죄를 따졌다.【민간에서는 아주 적은 금이나 은이라도 간직하지 못했으니, 곡식이나 베를 많이 가진 사람이 부잣집이 된다. 무역이나 매매에는 한결같이 이것으로 한다. 그 나라에 탐관이 적은 것도 이 때문이다.】 _『조선부』

금이나 은을 유통시켰다면 부정이 더욱 기승을 부렸을 터인데, 곡식이나 베로 축재하니 쌓아두는 데에 한계가 있다는 말이다. 바로 위에 나오는 야화도 그러하다. 이렇게 물품화폐가 주된 거래 수단이 되면 부의 축적이 제한적일 수밖에 없다.

지금 우리나라의 최고 고액권은 5만 원권인데, 원래는 10만 원권도 발행하려 하였다. 그런데 이를 반대하는 여론도 만만치가 않았으니, 그 이유 가운데 하나가 부정한 거래 수단으로 사용되기 쉽다는 것이었다. 과거에는 큰 가방에 넣어서 뇌물로 바치던 것이 고액권으로 조그만 봉투에 담을 수 있다는 것이다. 조선시대에도 이런 문제가 지적되어 돈을 부정적으로 보는 경향이 강했다. 상평통보가 유통되던 영조 때에 이조참판 윤순이 아뢴 말이다.

대개 동전은 가벼운 화폐이므로 부정축재와 뇌물에 이용되고 도둑이 만연하는 원인이 됩니다. 농민까지도 말단의 이익을 좇아서 인심이 간교해지게 되니, 이것은 모두 동전에서 말미암은 것입니다.

바야흐로 봄에 가난한 백성들이 부자에게서 돈 1냥을 빌리면 그 가치가 쌀 한두 말에 해당하는데, 가을에 갑절의 이자를 붙여 곡식으로 환산하면 한 섬이 넘게 됩니다. 또 봄에 번포番布, 번을 드는 대신 내는 포 값으로 4냥을 빌려 가을에 8냥을 상환하는데, 이를 곡식으로 환산하면 자그마치 5, 6섬에 이릅니다.

힘써 농사지어 부채를 상환하면 백성의 곳간은 텅 비고 맙니다. 이제 백만 개의 돈을 더 주조한다 해도 그 돈은 한갓 부잣집에 모일 뿐이고, 가난한 백성의 고통은 전날과 마찬가지일 것입니다. 정사년1677 이전에

그림 6 섬, 말, 되(2010. 3)

는 돈이 없어도 나라를 잘 꾸려갔으니, 지금 어찌 동전 사용을 혁파하지 못할 이치가 있겠습니까? _영조실록 3년(1727) 11월 5일

다음으로 곡물도 거래 수단이 되었다. 1만 섬의 곡식을 거둘 수 있는 농지를 가진 부자라는 만석꾼이란 말에서 알 수 있듯이 곡식은 부의 척도였다. 돈 만 냥이 아니라 쌀 만 석이 부자의 대표어인 것이다.

곡식의 거래 단위는 섬石, 말斗, 되升, 홉合, 작勺이었다.그림 6 한 섬은 15말 때로는 20말이고, 한 말은 10되, 한 되는 10홉, 한 홉은 10작이었다. 섬은 1905년에 와서 10말로 바뀌었다. 중국에서는 10말을 1곡斛으로 삼았다.

용량은 시대에 따라 달랐는데, 한 말은 세종 28년1446에 약 6리터, 1905년에 약 18리터에 해당하고, 미터법이 적용된 1964년에는 20리터로 정했다. 1986년 쌀의 거래 단위에 대한 조사를 보면, 말 51.8, 가마니 17.2, 되 16.3, 포장 13.4, 킬로그램 1.3퍼센트 순으로 전통적인 단위가 압도적이었다. 하지만 지금은 킬로그램 포장으로 일원화되었다.

옛 문헌에는 소두小斗, 대두大斗란 말도 보인다. 백성에게 대두로 빌려

주고 소두로 받는 것은 좋은 정치의 본보기였다. 이때 소두는 주로 관청에서 쓰던 것으로 6리터 정도이고, 대두는 주로 시장에서 쓰던 것으로 소두보다 1.5배 많은 9리터 정도였다고 한다. 그런데 20세기 초에 도량형이 바뀌면서 소두는 닷되들이, 대두는 열되들이가 되어 각각 9리터, 18리터로 바뀌었다.

곡식 가운데 쌀이 으뜸 교환수단이었다. 흉년이 들어 곡식이 귀할 때에는 쌀로 가지고 있는 것이 유용했고, 풍년이 들어 곡식이 헐해지면 옷감으로 교환해두는 것이 필요했다. 임진왜란이 일어난 직후에는 당연히 곡식 값이 뛸 수밖에 없었다.

종 막정이 임천시장에 가서 쌀 2두 5승으로 9승 모시 40자를 바꿔왔고, 또 쌀 1두로 생모시 2근 2냥을 바꿔왔다. 곡물이 귀해져서 정목正木 한 필이 보리 4, 5두라고 한다. 사람들이 모두 "이전에 이런 때가 있었다는 것을 듣지 못했다"고 한다. 그런 까닭에 모시값이 이처럼 천하게 되었다. 모시는 아들 윤함의 여름옷을 지으려 한다. _『쇄미록』 1593. 7. 1.

이듬해에는 더욱 곡물 값이 뛰어 온통 난리가 났는데, 다음 자료는 이런 정황을 쌀값을 기준으로 설명하고 있다.

4월, 백성들이 곤궁해져 큰 소의 값이 쌀 서 말에 불과했고, 고운 무명細木의 값은 좁쌀 몇 되가 안 되었다. 의복이나 기물은 거래가 되지도 않았고 사람들이 서로 죽여서 먹는 지경에 이르니, 여자와 고아는 출입을 하지 못하였다.

굶어 죽은 시체가 길에 연달아 깔렸는데, 굶주린 백성들이 다투어 그 고기를 먹었고, 심지어 뼈를 발라서 즙을 내어 마시기도 하였다. 사람 고기를 먹은 자들은 발길을 돌리기도 전에 모두 죽었다. 슬프다, 처음에는 왜적이 분탕질하고 나중에는 탐관오리가 긁어먹고, 이에 더하여 흉년이 들고 부역은 중하여 이 지경에 이르렀도다! _『난중잡록』 갑오년(1594) 4월

다행히도 2년 뒤에는 풍년이 들었으니, 역시 곡물과 베로 물가를 설명하고 있다.

이 해에 크게 풍년이 들었으나 목화는 흉년이었다. 중간 크기 소의 값은 곡식 30여 석이요, 추포의 값은 한 필에 곡식 80여 두였다. _『난중잡록』 병신년(1596) 9월 20일

근대에 쌀을 교환수단으로 사용하는 것을 본 프랑스 문헌학자 모리스 쿠랑은 이렇게 적었다.

상거래는 물물교환으로 이루어졌을 것으로 보이는데, 물물교환을 할 때에 흔히 사용되었던 식량은 쌀이었다. 이러한 풍습은 오늘날의 조선어에도 남아 있다. 사람들은 장터에 쌀을 갖고 가서 그에 해당하는 물건을 구매했으며, 쌀을 사러 가는 사람을 조선어로 쌀 파는 사람이라고 불렀다. _모리스 쿠랑 책, 16~17쪽

1960년대에도 어른들은 쌀을 사오면서 쌀팔아 왔다고 말했다. 이 당

시에 옷감이나 쌀로 물건을 교환하는 것을 본 기억도 있다. 국어사전에도 '쌀팔다'가 올라 있다. 세종은 쌀 한 되를 기준으로 돈의 가치를 정하였다.

돈을 더욱 통용하게 할 방책을 의논하였는데, 모두 "백성들이 원하는 대로 동전 한 닢에 쌀 한 되를 기준으로 하여 시행하자" 하니, 이에 호조에서 "돈의 가치는 이제부터 백성이 원하는 대로 한 닢에 쌀 한 되로 하고, 위반하는 자는 형률에 의거하여 죄를 내리고, 다른 물건값도 이를 기준으로 가감하여 매매하도록 하소서 …"라고 아뢰자, 그대로 따랐다. _세종실록 7년(1425) 5월 9일

하지만 동전의 가치가 계속 하락하여 인조 11년1633에는 한 닢, 즉 한 푼에 쌀 반 되로 조정했다. 그런데 정조 때 기록을 보니 대풍이 들어서 쌀 한 말에 동전 3푼 하던 시절이 이상적인 사회로 일컬어졌다. 쌀 반 되에 1푼이면 한 말에 20푼이 되니 무려 85퍼센트나 쌀값이 떨어진 것이다.

도정을 하지 않은 벼로 거래할 때에는 쌀보다 3분의 1의 가치로 환산되었다. 실제로 방아를 찧으면 대략 나락 3두에 쌀 1두가 나왔다. 세금과 관련하여 사헌부에서 아뢴 말에서는 이 비율로 계산한 것이 보인다.

통영과 같은 곳에서는 둔전군을 빙자하여 고성에서 140명을 뽑아서, 한 사람에게 세금을 받는 것이 쌀로는 1석, 벼租로는 3석입니다. _인조실록 13년(1635) 7월 13일

다음 기록에서는 쌀과 벼를 1:2로 계산한다고 하였지만, 실제로는 세금의 비율을 조정하여 1:3에 가깝게 하였다. 즉 1/2에 15/20를 곱하면 3/8 즉 1:3.75가 된다.

모든 등급의 1경당 수세액【소출의 20분의 1을 받는데, 피곡皮穀, 벼 1곡斛, 10두에 쌀 5두를 기준으로 한다. 그런데 지금 피곡 1곡에 쌀 5두가 날 수 없으므로 15분의 1을 받고 있다.…】_『반계수록』 전제田制, 분전정세절목分田定稅節目

포목처럼 곡식도 재산을 불리는 수단이었다. 춘궁기에 곡식을 꾸어주고 가을에 이자를 포함해서 1.5배를 받는 장리가 그것이다. 다음은 최석정의 차자에 나오는 말이다.

우리나라는 수백 년 동안 전화錢貨, 돈를 사용하지 않아서, 시골 백성들은 모두 쌀과 베를 재화로 삼습니다. 춘궁기에 다른 사람에게 쌀을 꾸어주고 가을이 되면 빚을 갚되 10두마다 이자까지 합쳐 15두를 갚는 것이 규정으로 되어 있으니, 이를 장리라고 부릅니다. _『임하필기』 문헌지장편文獻指掌編, 전폐지론錢弊之論

장리는 조선시대 양반의 이재 수단이기도 했다. 어느 정도 성행했는지는 한명회가 성종에게 정인지를 옹호하며 아뢴 말에서 엿볼 수 있다.

다만 정인지가 장리한다는 것을 들었을 뿐이고, 재산을 불린다는 것은 듣지 못했습니다. 만일 장리하는 것을 재산 불리는 것이라고 하면, 지

금 조정의 신하 가운데 누군들 재산을 불리는 자가 아니겠습니까? _성종실록 9년(1478) 2월 20일

이 말에 다른 사람도 장리를 놓지만 정인지처럼 전념하지는 않는다고 다른 신하가 반박하자, 임금은 장리를 하더라도 백성을 해치지 않는다면 재산을 불렸다고 할 수 없다고 대답하였다. 이보다 4년 전에도 조정에서 문제가 제기된 적이 있었으니, 장리는 역시 재산을 불리는 수단이었음을 알 수 있다.

장령 이경동이 아뢰었다. "이것은 그래도 작은 폐단입니다. 지금 재상들이 자기 집을 부유하게 하는 데 힘을 써 장리를 하고 있습니다. 백성에게 곡식과 베를 빌려주었다가 가난해서 상환할 수 없으면 권세에 의지하여 위압적으로 농지와 소, 말을 침탈하는 모양은 이루 다 말할 수 없습니다. 청컨대 재상 가운데 장리를 하는 자가 있으면 일체 금단하게 하소서."

안침이 또 아뢰었다. "재상뿐 아니고 승려 가운데도 장리로 백성을 침탈하는 자가 있습니다. 청정하고 욕심이 적은 것이 바로 승려가 지켜야 할 도리이니, 재산을 많이 축적하여 백성을 해롭게 하는 것은 금하지 않을 수 없습니다." _성종실록 5년(1474) 윤6월 17일

시간을 거슬러 올라가서 삼국시대에는 쇠가 중요한 소재였기에 일정한 크기로 만들어 화폐처럼 유통하였다. 중국 역사서에는 가야에 대해서 이렇게 기록되어 있다.

그림 7
묶은 흔적이 남아 있는 덩이쇠

그림 8
복천동 고분 모형(2009. 3)

나라에 철이 나서 한, 예, 왜가 모두 여기서 철을 얻는다. 사고팔 때에는 모두 철을 사용하는데, 마치 중국의 돈과 같다. 이 철은 낙랑, 대방 2군에도 공급된다. _『삼국지』 위서 동이전 변진

기록만 있는 것이 아니라, 이를 뒷받침하는 실물 자료가 발굴된다. 우선 덩이쇠鐵鋌라 부르는 것이 그것인데, 가운데가 좁고 양쪽 끝이 넓은 장방형이라서 끈으로 여러 개를 묶을 수 있게 되어 있다.그림 7 이런 덩이쇠는 가야와 신라의 큰 무덤 바닥에 가득 깔려서 나오곤 한다. 동래 복천동 고분군그림 8이나 합천 옥전 고분군에서 이를 볼 수 있으니,

한마디로 돈을 바닥에 깔아서 부와 위세를 과시했던 것이다.

중국에서는 수레와 말 등을 가득 매장하여 부를 과시했던 것과 비교된다. 린쯔에 있는 춘추시대의 순마갱殉馬坑 유적에는 무덤 주위에 ㄷ자형으로 약 600필 정도의 말을 묻었던 것으로 추정된다. 600필이면 전차 150여 대를 끌 수 있는 규모로서, 춘추5패의 하나였던 제나라의 경제력과 군사력을 과시한 것이다. 이보다 늦은 진시황의 무덤에는 실물이 아니라 인형인 병마용을 묻기는 했지만, 전시관을 한 번 둘러보면 그의 위세를 충분히 실감할 수 있다.

그림 9 사라리 130호 무덤

철 소재는 쇠도끼 모양으로도 만들어 유통되었다. 판상철부나 주조철부라 부르는 것이 그것이다. 판상철부는 납작하게 만든 판 모양으로 도끼날도 없는 것이고, 주조철부는 담금질을 하기 전에는 사용할 수가 없는 것이다. 이들은 형태가 쇠도끼 모양이라는 것이지, 도끼로는 사용하기 어려운 소재품일 뿐이다. 김해 양동리 유적에서는 280호 무덤에 10매, 235호 무덤에 30매, 162호에 40매 등으로 10매 단위로 묶어서 부장되어 있었다. 경주 사라리 130호분에서는 70매가 한꺼번에 출토되었다.그림 9

그런가 하면 근대에는 지역에 따라 예상 밖의 물건을 화폐로 사용하기도 했던 모양이다. 앞서 인용한 일본인의 기록으로서, 공주에서는 사금과 함께 백로 깃이 화폐를 대신했다고 한다. 사실인지 믿기 어렵지만, 일단 자료로 제시하고자 한다.

> 공주라는 큰 도시에서 이 새로운 현상을 목격한 적이 있다. 시장에서 판매액을 운반할 때에는 모든 사람이 하나같이 고충을 겪기 때문에, 인천의 상장上場에서 한 근에 80엔 정도 하는 백로 깃이 100엔 내외까지 등귀해도 매수가 매우 많다. 또 사금을 사려는 자도 많다. 이것 역시 파격적으로 가격이 올라 매수를 감소시킨다. 이것은 모두 통화가 불편하기 때문에 번거롭게 운반비 등을 물지 않기 위해 어쩔 수 없이 벌어지는 일이다. 즉 사금, 백로 깃 등이 통화 대신 쓰이게 되는 것이다. _『조선잡기』 121~122쪽

동전과 은화, 지폐

그림 1 쇠돈(2012. 10)

우리나라에서는 고려시대에 와서 비로소 주조화폐가 등장했다. 우선 호조판서 김신국이 아뢴 말에 나오는 고려시대의 화폐 역사이다.

우리 동방에서도 일찍이 동전을 사용했습니다. 고려 성종 때에 처음 철전鐵錢을 사용했고, 숙종 때는 나라 사람들이 모두 동전 사용의 이점을 알았습니다. 하지만 삼한중보·동국통보·해동중보처럼 그 명칭이 한결같지 않았습니다. 공민왕 때에는 송나라의 회자會子, 남송의 지폐를 모방하여 고려에 비로소 저화楮貨를 통용하게 되자, 동전의 사용이 조금 쇠퇴하게 되었습니다. _인조실록 3년(1625) 10월 27일

고려 성종 15년996에 처음으로 쇠돈그림 1을 주조했으나 제대로 유통되지 못했고, 숙종 7년1102 이후로 다양한 화폐를 사용해보았으나, 그리 신통치가 않았다. 1102년으로부터 20여 년이 지난 뒤에 고려를 다녀간 서긍은 화폐의 사용을 이렇게 적었다.

대개 그 풍속에 상설 점포가 없다. 오직 한낮을 이용하여 남녀노소, 관리, 장인들이 각각 소유한 것을 가지고 교환한다. 돈을 사용하는 법이 없고 다만 모시나 베, 은병으로 가치 기준을 삼는다. 한 필이나 한 냥에 미치지 못하는 자잘한 일용품은 무게를 계산하여 쌀로 교환한다. 그렇지만 백성들은 오래도록 그런 풍속에 익숙하여 편히 여긴다.

중간에 조정에서 동전을 내려주었는데, 지금은 모두 관청 창고에 쌓아두고 때때로 내어 보여서 관청 사람들이 돌려가며 장난감으로 삼는다. _『고려도경』 무역

이 무렵에 은병은 사용되었으나 동전은 이미 사장되고 말았다. 조선 초기에도 여러 가지 유통 수단이 강구되었지만, 베를 화폐로 사용하는 것이 가장 편리하다고 생각했다. 신하들이 세종에게 아뢴 말이다.

우리 동방은 중국과 풍속이 아주 다릅니다. 물산이 모이는 곳에는 동전이나 보초寶鈔, 지폐를 모두 유통시켰는데, 결국에 가서는 폐단이 생겨서 매번 개혁이 있었습니다.

국초에는 고려의 제도를 답습하여 오종포五綜布, 닷새베를 사용했으나 그 폐단은 보이지 않았습니다. 그런데 한 제안자가 이권이 아랫사람에게 있을까 염려스럽다고 하면서 저화를 쓰도록 요청했고, 또 저화는 백성들이 잘 쓰지 않을까 걱정스럽다고 하여 동전으로 바꾸었는데, 지금은 동전의 폐단을 염려하여 쇠돈을 쓰기로 논의하였으니, 수십 년도 안 되어 여러 번 고쳤고 그때마다 폐단도 뒤따랐습니다.

이는 동전이나 저화는 결국 폐단이 생기지만, 베 화폐布貨는 만년토

록 폐단이 없음을 알 수 있습니다. 쇠 그릇은 비록 가마나 솥 같은 큰 물건이라도 조금만 부서지면 달리 쓸모가 없지만, 베는 비록 많이 헐었다 하더라도 모두 쓸 수 있습니다. 또 관청에서 감독하는 수고가 없고, 백성도 즐겨서 쓰는 이익이 있습니다. 세종실록 20년(1438) 2월 14일

그림 2 은병(2012. 10)

해동통보를 발행하기 1년 전인 1101년에는 은병銀甁, 그림 2을 만들어 유통시켰다.

(숙종 6년) 이 해에 은병도 만들어 화폐로 사용했다. 그 제도는 은 1근으로 만들되, 그 형태는 우리나라의 지형을 본떴으니 속칭 활구闊口라고 하였다. _『고려사』 식화지, 화폐

2012년에 경남 남해의 백련암 건물터에서 실제로 은병이 사용된 기록이 확인되었다. 발굴된 기와에 은병 1구口를 시주했다는 명문이 찍혀 있었다.그림 3

은은 무게를 단위로 해서 유통시켰으니, 이런 화폐를 칭량화폐라고 한다. 사실 고려시대에는 동전도 무게에 의미가 있었다. 당나라 이후로 동전 하나의 무게가 3.75그램이었는데, 돈이 보편화하면서 무게 단위가 되어 근래까지도 금, 은을 잴 때에 '돈' 단위로 쟀다. 동전 10개는 한 냥 즉 37.5그램이 되고, 다시 10냥은 1관貫 즉 3.75킬로그램이 된다. 과

그림 3 은병 시주 명문

일이나 채소를 잴 때 1근이 375그램인 것도 여기서 유래하였다. 조선후기의 상평통보에서는 무게 단위와 일치하지 않지만, 이를 원용하여 1관 = 10냥 = 100전 = 1000푼文의 단위를 채택하였다.

원래 중국 고대의 중량 단위는 37.5그램인 냥이 기본이었는데, 그 24분의 1인 약 1.6그램이 수銖이고, 그 16배인 600그램이 근이었다. 고기나 약재를 잴 때에 600그램을 한 근으로 삼는 것은 여기서 유래하였다. 중국 고대 화폐인 반량전半兩錢이나 오수전五銖錢, 삼수전은 무게를 기반으로 한 명칭이지만, 반드시 일치하는 것은 아니다. 예를 들어서 진나라 반량전은 무게가 반냥 즉 12수가 되었으나, 한나라 때에는 이보다 가벼워졌어도 그대로 반량전이라 했다.

은병은 1근을 단위로 했기에 고액거래용으로 사용되었다. 그렇지만 구리를 섞어서 품질이 조악한 불량 은병들이 돌면서 가치가 떨어지기 시작했다. 은병은 고려말까지 사용되다가 조선시대에 와서는 중단되고 말았고, 임진왜란 때에 명나라 군대가 들어오면서 다시 은을 유통하기 시작하였다.

우리 동방에는 은광이 많다. 그런 까닭에 고려말년에 중국이 은을 요구해오자 백성들이 견딜 수 없었다. 조선 초년에 은 조공을 면제받고자 중국에 아뢰어 허락을 받았으니, 이로부터 국가 화폐로 은을 사용할 수 없었다. 이리하여 역대 임금이 이를 준수하여 은 채굴을 하지 못하게 하고, 법령의 첫머리에 이를 적어놓았다. 심지어 역관이 중국에 갈 때에 만약 사사로이 은을 지니고 강을 건너는 자가 있으면 사형에 처했다.

200년이 지나 임진년 왜란 때에 중국이 은을 우리나라에 나누이주고, 군량이나 군대 포상에 모두 은을 썼다. 이로써 은화가 크게 유통되었다. _『상촌잡록』

서울에서는 이렇게 은이 유통되었지만, 지방에서는 여전히 포목이나 곡식이 주된 수단이었다. 다음은 오희문이 시골에서 가져간 물건을 서울에서 팔 때에 은으로 거래했던 기록이다.

누룩 5장으로 은 7돈을 받고, 꿀 2되로 은 2돈을 받고, 중간 문어 두 마리로 은 2돈 반을 받았다. 모두 1냥 1돈 반이 되니 이것으로 비용을 삼고자 한다. 이 물건들은 지금 비싸다고 들었는데, 이제 팔아서 이것만 받았으니 모두 계산에 맞지 않는다. 탄식하고 탄식한다. _『쇄미록』 1599. 5. 3.

이렇게 다시 은이 유통되기 전에는 여행할 때에도 필요한 물품을 직접 가지고 다녀야 해서 불편을 겪었던 모양이다. 조선중기의 사정이다.

대개 중국에서는 은전을 사용하니, 천 리 길이라도 나귀 한 마리로 가능하고, 온갖 물건이 모두 길가 상점에 갖추어져 있다. 우리나라에서는 백 리 길의 행장에 몇 마리의 짐바리로도 넉넉하지 못하다. _『어우야담』 의식

그림 4 중국의 건어물상(2013. 1)

은행銀行이란 말도 은을 유통하던 전통에서 유래한 것이다. 여기서 행行은 점포를 의미한다. 건어물상의 모형 간판에도 행자가 들어 있다.그림 4 지금도 중국에서는 전당포를 전당행典當行이라 쓴다. 하지만 18세기에 들어 일본에서은 유입이 차단된 반면에 중국으로 다량 유출되면서 은화 유통이 급격히 줄어들게 되었다.

다른 한편으로 지폐도 고려말에서 조선초에 걸쳐서 사용하였다. 닥나무 껍질로 만든 종이를 사용했기에 저화楮貨라고 불렀다. 지폐는 송나라 때에 처음 발명되어 원나라 때에는 유일한 화폐가 되었다. 몽골에서의 지폐 모습은 마르코 폴로의 책에 잘 묘사되어 있다.

그대군주는 화폐를 다음과 같은 방식으로 만들게 한다. 즉 나무—비단을 만드는 누에가 그 잎을 먹는 뽕나무—의 껍질을 벗기게 하는데, 나무의 겉껍질과 속살 사이의 얇은 껍질을 갖고 오게 한다. 그리고 그 얇은 껍질로 종이와 같은 낱장들을 만드는데 모두 검은색이다. 이 같은 낱장

들을 만든 뒤 그것을 다음과 같은 방식으로(큰 것과 작은 것으로, 또 사각형으로 길이를 폭보다 더 길게 잘라서 화폐의 형태를 만든다) 자른다. … 이 모든 지폐에는 대군주의 인장이 찍혀 있다. … 그는 이러한 지폐들을 내가 여러분에게 말한 방식대로 만들게 한 뒤 그것으로 모든 것을 내게 하고 그가 통치하는 모든 지역과 지방, 그리고 왕국들 사이에서 통용되도록 했다. 목숨이 아까워 아무도 그의 명령을 감히 거역하지 못한다. 여러분에게 말하건대 그의 지배를 받는 모든 사람들과 지역에서는 이 같은 지폐를 지불수단으로 기꺼이 받아들이는데, 그 까닭은 그들이 어디에서든 상품이든 진주든 귀금속이든 금 혹은 은이든 모든 것을 사는 데 그것으로 낼 수 있고 또 어떤 것을 사든 내가 말한 그 지폐를 지불수단으로 사용할 수 있기 때문이다. 『마르코 폴로의 동방견문록』 270~272쪽

그림 5 원나라 지폐

실제로 원나라 지폐가 중국 시짱 자치구의 한 절터에서 1959년에 발견되었는데, 가로 21.8센티미터, 세로 31센티미터이다.그림 5 이 지폐의 액면 가치는 동전 2천 문文에 해당한다고 한다. 유럽 최초의 지폐는 중국보다 600년 이상 늦은 17세기 초에 와서야 등장했다고 하니 중국에서의 지폐 사용이 얼마나 앞섰는지 알 수 있다. 그러기에 마르코 폴로

의 눈에는 신기하게 보였던 것 같다.

고려에서도 중국의 제도를 받아들여 저화를 만들어 사용하기 시작했다. 조선 세종 때의 기록을 보면 강제로 통용하는 정책을 펴기도 했다.

문길보란 사람이 베 두 필로 개인 종인 원례의 말과 바꾸었는데, 저화를 사용하지 않았다고 하여 그의 가산을 몰수하려다가, 그가 늙었기에 도죄徒罪, 중노동형에 처하여 죗값을 치르게 하였다.

이보다 앞서 저화가 날로 천하게 되어, 그 가치가 쌀 한 되에 저화 석 장까지 이르게 되었다. 이리하여 저화를 사용하지 않고 다른 물건으로 거래하는 자는 가산을 몰수하게 하였다. 그러나 죄를 범한 자는 모두 지방에서 굶고 헐벗은 사람들뿐이고, 부유한 큰 상인들은 죄에 걸려들지 않았다. 또 저화가 천하기는 이전과 다름이 없었다. _세종실록 4년(1422) 12월 4일

고려 때 처음 저화를 발행했을 때에 한 장이 쌀 두 말에 해당하던 것이 1419년에는 쌀 석 되, 2년 뒤에는 쌀 두 되로 떨어지더니, 이듬해에는 이렇게 폭락한 것이다. 이렇게 되자 결국은 지폐의 사용도 무용지물이 되어 16세기를 넘어가면서 자취를 감추었고, 근대에 와서야 비로소 지폐 사용이 재개되었다. 1893년 조선을 정탐했던 일본인이 쓴 글에도 지폐를 처음 본 조선인의 반응이 실려 있다.

공방전孔方錢, 동전 외에는 통화가 없는 나라 사람의 사상은 생각할 때마다 우스꽝스럽다. 어느 지방에서 내가 품에 넣었던 지폐를 보여주었을 때 일이다. 여러 한인이 모여서 각자가 평하는 것을 들어보니, 한 사람

은 이것은 금건金巾, 면직물에 붙인 인쇄물과 같은 것이라고 말하면서, 이것을 통화라고 하다니 일본인이 우리를 속이는 것이냐고 한다. 한 사람은 "만일 이런 것을 통화라고 한다면 도적을 만났을 때 많이 빼앗길 것이다(한전은 매우 무거워서 상당히 많은 도적이라도 15관문, 즉 우리 돈 20엔 이상은 지고 갈 수가 없다)라고 한다. 또 한 사람은 "이것을 한전으로 바꾸어 모아두면 안에 넣어두고 밖으로 빈 것처럼 하여 관인이 빼앗아갈 걱정이 없을 것이다(관인이 재물을 빼앗아가는 것이 이 나라의 통폐이다)"라고 한다. 열 사람이 열 가지의 논평을 하여 그릇이 끓는 것 같으나 귀착하는 바가 없다. 마치 맹인이 코끼리를 평하는 것과 비슷하다. 그중에 처음부터 가만히 생각하는 얼굴을 하고 있던 한 사람이 나에게 조용히 말하기를, "지폐는 매우 편리한 것이다. 모름지기 이 지폐를 사용할 권리를 얻는 자는, 정부에 얼마의 세금을 내야 하느냐"고 물어본다. 아아, 이 문제가 더 기묘하다. _『조선잡기』 118쪽

이밖에도 조선 세조 때에는 화살촉 모양의 전폐箭幣를 만들어 평상시에 화폐로 사용하다가 유사시에는 무기로 사용하는 조치를 내린 적도 있다. 그러나 우리나라에서 동전이 제대로 활발하게 유통된 것은 조선 숙종 4년1678에 상평통보를 만들면서부터였다. 이미 17세기 초부터 동전을 유통시키려는 정책을 적극 추진했고, 상평통보를 발행한 이후로는 200여 년간 유일한 법정통화가 되어 화폐 경제가 급속히 발전하게 되었다.그림 6

대신과 비변사 신하들을 불러 보고 비로소 돈을 사용하기로 하였다. 돈

그림 6 돈을 사용하는 모습(김준근)

은 천하에 유통되는 재화인데, 우리나라에서만 선대 임금들께서 누차 유통시키려 했으나 뜻을 이루지 못했다. 이것은 대개 구리쇠銅鐵, 구리가 토산품이 아니고 민간 풍속도 중국과 달라서, 막히고 방해되어 행하기 어려운 폐단이 있었기 때문이다. 이제 대신 허적·권대운 등이 시행하기를 청하여 임금이 신하들에게 물으니, 입시한 신하들이 모두 그 편리함을 말하므로 임금이 그대로 따랐다. 호조·상평청·진휼청·어영청·사복시·훈련도감에 명하여 상평통보를 주조하고, 돈 400문文을 은 한 냥의 값으로 정하여 시중에 유통하게 하였다. _숙종실록 4년(1678) 1월 23일

이리하여 국가에서 비축하는 비상금에도 면포, 은에다가 영조 때에 돈이 추가되었다.

호조에는 옛날에 봉해 두고 쓰지 않는 재물이 없더니 현종 임자년1672에 처음으로 면포 2만 5,000필을 저장했고, 영종 기축년1769 현재 7만 9,500필이 되었다. 숙종 임신년1692에 은 17만이던 것이 지금은 4만 6,700냥이 되었다. 돈은 영종 기유년1729에 시작하여 지금은 6만 냥이 되었다. _『연려실기술』 별집, 관직전고官職典故, 호조戶曹

돈을 국가 비상금으로 저축해두는 것은 1729년에 시작되었다고 한다. 정부에서 돈의 사용을 권장했겠지만, 국가 재정으로는 황금, 은 및 다양한 물품과 함께 돈이 비축되었다. 다음은 정조 즉위년의 기록을 예로 든 것이지만, 이런 식의 재정 보고는 고종 때까지 거의 그대로 이어졌다.

각 관청에서 병신년1776 회계장부를 올렸다. 호조·양향청·선혜청·상진청·균역청·병조·훈련도감·금위영·수어청에 현재 보관된 것이 황금 190냥, 은 48만 4,700냥, 동전 104만 1,500냥, 무명 7,180동, 모시 7동, 삼베 788동, 쌀 27만 6,100석, 좁쌀 1만 3,400석, 콩 3만 9,200석, 도정하지 않은 잡곡 6,400석이다. _정조실록 즉위년(1776) 12월 30일

돈을 유포하는 과정에서 시행착오가 없을 리 없다. 2년 뒤에 돈의 가치는 2분의 1로 떨어져버렸다. 돈 사용을 주장한 영의정 허적의 건의이다.

지방에서는 돈을 주조해도 통용되지 못하여 서울에 와서 쌓이니 그 가치가 점점 천해집니다. 조정에서는 돈 400문을 은 한 냥과 같게 매겼지만, 지금 시중에서는 돈 800문이 은 한 냥과 같다고 합니다. 이 폐단은 참으로 구제하기 어렵습니다. 어영청에 품질이 떨어지는 무명 수백 동同이 있는데, 군사용으로는 적합하지 않습니다. 만약 이것을 내어서 돈 1만여 냥과 바꾸어 수년 동안 저장하면 시중의 돈이 반드시 적어질 것이고, 또 백성으로 하여금 조정에서 돈을 귀중하게 여기는 사실을 알게 하면, 돈은 통용될 수 있을 것입니다. _숙종실록 6년(1680) 2월 3일

베 대신에 일정 비율로 동전을 바치게 하는 조치도 내렸다.

권대운이 "돈을 만든 지 오래되었는데, 나라 안에서 제대로 유통되어야만 바야흐로 화폐가 되는 것입니다. 지금 먼 지방까지는 미치지 못하고 있으니, 백성이 베를 바치는 경우 그 3분의 1은 돈으로 대납하게 하소서"라고 아뢰니, 임금이 따랐다. _숙종실록 15년(1689) 9월 7일

그럼에도 순조 때까지도 함경도 단천 이북에서는 여전히 베를 사용하고 있었다. 순조와 함경감사를 지낸 이만수와의 대화 내용이다.

임금이 "돈은 온 도에 유통되고 있는가?" 하니, 이만수가 "단천 이남에서는 돈을 쓰지만, 이북에서는 돈을 쓰지 않고 그 대신에 포목을 사용하여 삼베와 무명만 통용할 뿐입니다. 백성들이 원하는 것으로 보면, 명천과 길주 등의 네 고을은 돈의 유통을 선호하는 듯하지만, 새로 제도를 만들기가 어렵습니다"고 하였다. _순조실록 8년(1808) 5월 12일

동전을 새로 만들수록 악화가 양화를 구축하는 일도 벌어졌다. 헌납 김동연이 영조에게 상소한 말이다.

심지어 헌 돈을 녹여서 새 돈을 주조할 경우에 무거운 것을 헐어서 가벼운 것을 만들면서 이익을 취합니다. 이리하여 새 돈이 너무 얇아져서 오래 두면 모두 부서집니다. 이것이 옛날에 말한바 악전惡錢이란 것이니, 장차 어디에 쓰겠습니까? _영조실록 51년(1775) 2월 10일

그림 7 상평통보, 당백전 등(2009. 10)

상평통보의 무게는 원래 2돈 5푼이었으나 주 원료인 구리의 공급이 어려워지면서 무게가 가벼운 악전이 출현하였다. 그리고 19세기 후반에는 재정 충당을 위해서 당백전, 당오전과 같은 고액전을 주조하면서 화폐의 가치를 더욱 떨어뜨렸다. 당백전은 상평통보와 비슷하고 크기는 약간 크게 한 것이면서 명목 가치는 100배로 삼은 것이니, 이에 따라 화폐의 유통 질서에 혼란을 가져왔다.[그림 7] 1890년대에 한국을 방문한 비숍은 당시의 화폐 상황을 이렇게 적었다.

한국의 화폐 가치는 명목상으로 달러당 3,200푼에 달하였다. 이 동전은 수백 개씩 밀짚 끈에 꿰어져 있는데 그것을 세는 것, 운반하는 것, 값을 내는 것이 모두 성가신 일이 된다. 100엔을 현금으로 운반하는 데 여섯 사람이나 한 마리의 조랑말이 필요하다. 단 10파운드에! … 결과적으로 여행 초기에 계약했던 나룻배는 현금으로 바닥을 깔게 되었다. 나는 한

자루의 은전 엔화를 챙긴 후 나머지는 운에 맡기기로 하였는데, 다행히 이번 여행에는 크게 실패하지 않았다. _이사벨라 버드 비숍 책, 88쪽

이보다 몇년 전인 1880년대 말에 방문한 샤를 바라도 이렇게 적었다.

이제 남은 일은 중요한 화폐 문제를 해결하는 일이다. 조선에서는 소위 엽전, 즉 가운데 네모난 구멍이 뚫려 있어 줄로 꿰어차고 다닐 수 있도록 된 작은 구리 동전이 화폐의 전부였다. 엽전을 100개씩 지푸라기 매듭으로 구분해서 계산이 용이하게 만들어져 있다. 그러한 엽전 1,350개가 모여야 멕시칸 1피아스터가 되며, 프랑으로 계산하면 4프랑 정도가 된다. 문제는 운반해야 할 양이 많을수록 더 많은 말이 필요할 것이고, 그럴수록 도적의 표적이 되기가 쉽다는 것이다. _샤를 바라 외 책, 100쪽

1894년에 방문한 헤세-바르텍도 이렇게 적었다.

현재 환율로, 6킬로그램(!)의 무게에 달하는 엽전 6천 개가 1달러에 해당한다. 그러니까 수백 달러짜리 물건을 사려면 한 무리의 짐꾼을 고용해 돈을 실어 날라야 한다. _에른스트폰헤세_바르텍 책, 24쪽

샤를 바라는 지역에 따라 물가 차이가 큰 것도 적었다.

이곳의 주막에 들러 우리는 일단 돈을 환전해야 했다. 산맥을 사이에 두고 양쪽에서의 화폐 유통이 서로 달랐기 때문이다. 요컨대 한양에서

1,350개의 엽전이 대구에서는 650개의 엽전밖에 되지 않는 것이다. 이처럼 현격한 차이에 무척 놀라는 나를 보고 누군가 산 이쪽에서의 생활비가 절반밖에는 되지 않기 때문이라고 설명해주었다. 또한 이상한 일은 내가 조선 엽전을 건네자, 중국 엽전으로 바꿔주는 것이었다. 자세히 보니 두 나라의 엽전이 크기와 부조 상태만 차이가 있을 뿐 그 형태는 똑같았다. _샤를 바라 외 책, 149쪽

여기에 멕시코 화폐와 중국 엽전이 나오는데, 1876년 개항 이후에 중국 마제은, 일본 은화, 멕시코 은화, 러시아 은화 등 외국 화폐가 원산, 인천, 부산 등 개항지를 중심으로 사용되었다. 그렇지만 다른 지방으로 여행하게 되면 조선의 동전으로 바꾸지 않을 수 없었다.

쌀 한 섬은 대략 90리터이고 쌀은 1리터에 0.8킬로그램 정도 무게가 나가므로 한 섬은 72킬로그램 정도가 된다. 2014년 쌀 20킬로그램에 4만 5,000원 정도 하니, 한 섬은 대략 16만 2,000원이 된다. 그리고 18세기에 쌀 한 섬의 평균 시세가 5냥 정도였다고 하면, 1냥에 3만 2,400원이란 계산이 나온다. 그렇다면 노래에 나오는 '엽전 열닷냥'은 50만 원에 가깝다고 할 수 있겠지만, 실은 화폐 가치가 크게 하락한 뒤이니 큰돈은 아니었을 것이다.

엽전이란 말은 일본인들이 우리를 낮추어 부르는 데 사용했고, 때로는 삼류인생을 일컫기도 했다. 돈을 주조할 때에 틀 하나에 여러 개의 동전을 만들다 보니, 마치 나뭇가지에 돈이 주렁주렁 열린 모양이 되어 엽전이란 말이 생겨났는데,그림 8 돈의 가치가 하락하면서 비하하는 말이 되어버린 것이다. 내가 어렸을 때만 해도 돈의 가치가 사라진 엽전이 흔

그림 8 엽전이란 말을 이해할 수 있는 중국 화폐의 주조틀(2010. 2)

히 돌아다녔으니, 제기차기할 때 쓰는 제기를 만들기에 안성맞춤이었다. 가운데 구멍으로 습자지나 달력 종이를 밀어넣어 갈가리 찢으면 훌륭한 제기가 되었다. 돈의 가치가 사라진 중국의 오수전이 우리나라에서 점을 치는 수단으로 된 것도 마찬가지다. 1765년 청나라에 간 홍대용이 오수전을 파는 이를 보고, 우리나라에서 점돈에 쓴다고 적었다.

지금까지 살펴보았듯이 10세기 말에 와서야 처음 주화를 발행했고, 17세기 후반 이후가 되어야 동전 유통이 본격화되었으니, 이것은 중국이나 일본에 비해 매우 늦은 것이다. 중국은 이미 춘추시대에 농기구를 모방한 포전布錢이 등장했고, 일본도 683년경에 후혼센富本錢을 만든 사실이 1988년 일본 나라 지방에서 발굴된 실물 자료로 확인되었다. 또 708년부터는 와도카이친和同開珎이 사용되기 시작했는데, 이 화폐는 발해의 수도에서도 발굴된 적이 있다. 베트남에서도 970년에 처음 주화를 만들었다고 한다. 이에 비하면 우리나라는 주전의 시기도 늦고, 그마저도 제대로 발달하지 못했다.

통일신라와 발해가 발전했다고 하면서도 경제 발달의 기초가 되는 동전을 사용하지 않은 것은 역사학자들에게 당혹스런 의문이 아닐 수 없다. 조선시대 인조와 신하의 대화에서도 동전의 사용이 부진한 이유를 거론하고 있다.

강론이 끝나자 임금이 김신국에게 "세상의 모든 나라가 돈을 사용하는데, 우리나라만 사용하지 못하는 이유가 무엇인가?" 물으니, 김신국이 "역사를 상고해 보니 공민왕 때에 저화를 많이 사용했습니다. 이 법이 실행된 뒤로 돈의 사용이 더욱 어려워졌습니다"고 대답했다.

임금이 "돈을 사용하지 못한다고 하는데, 그 폐단이 어디에 있는가?" 하니, 지경연 이홍주가 "대개 우리나라는 오래 인내하지 못하기 때문입니다"고 아뢰었다. 임금이 "이는 다른 이유가 있는 것이 아니라, 법이 백성들에게 믿음을 얻지 못하기 때문이다"고 이르니, 이홍주가 "신이 개성유수였을 때에 돈 사용의 이점에 대해서 백성들에게 설명하자 백성들은 모두 편리하여 좋다 했으나, 사대부라는 사람들은 달갑게 여기지 않았습니다. 대개 개성은 본래 구리쇠를 사용했으니, 이곳에서 동전을 사용하는 것은 매우 용이합니다"고 아뢰었다. _인조실록 12년(1634) 10월 10일

여기서 돈은 동전을 의미한다. 다소 추상적이기는 하지만, 정부에서 만든 동전을 신뢰하지 못한 것이 한 원인으로 지목되었다. 또 하나는

돈을 만들 만한 구리가 우리나라에서 생산되지 않아서, 일본에서 사와야 하는 문제도 있었다.

교리 심세정이 "신이 일찍이 우리나라 역사를 살펴보니 매번 돈을 유통시키려 하다가 결국은 성공하지 못했습니다. 필시 그 까닭이 있을 것입니다"고 아뢰니, 임금이 "그렇다. 우리나라에서는 구리쇠가 생산되지 않으니, 어떻게 돈을 주조하여 통용시킬 수 있겠는가? 오늘날 돈의 사용은 이익은 없고 도리어 해로움만 있다. 해가 되는 것을 알면서도 사용하는 것은 불가하다"고 일렀다. _효종실록 7년(1656) 10월 3일

당나라 때에 양질의 구리는 마음대로 교역할 수 없었다. 836년 6월에 치청절도사가 통일신라·발해가 숙동熟銅을 교역해가는 것을 금지하지 말 것을 황제에게 건의한 적이 있다. 이런 구리는 화폐 등을 주조하는 데 쓰였기 때문에 국가에서 교역을 엄격히 금지했던 전략 물자였던 것이다.

이밖에 조선시대 신숙주가 성종에게 아뢴 말을 보면, 전국적으로 상설 점포가 발달하지 않은 것도 한 원인이었다.

우리나라에서 화폐가 유통되지 않는 데에는 그럴 까닭이 있습니다. 서울 이외에는 시포市鋪, 점포가 없으니, 화폐가 있더라도 어디에 쓰겠습니까? 화폐가 잘 통용되게 하려면서 그 근본을 연구하지 않으면, 이는 한갓 백성을 시끄럽게 하는 법이 될 뿐입니다. 화폐가 잘 통용되게 하는 방법으로는, 서울과 지방에 시포를 열어서 백성들이 있는 것과 없는 것

을 서로 바꾸게 하는 것밖에 없습니다. _성종실록 4년(1473) 2월 11일

이상으로 동전이 통용되지 않은 원인을 몇 가지 알아보았지만, 무엇보다도 전통적으로 자급자족 경제에 머물렀던 것이 가장 큰 원인이 아니었나 생각한다.

3

조세와 행정

재정의 수입과 지출 | 전세와 공물 | 요역과 군역
종이, 문서, 행정 | 한문, 이두, 한글 | 조보, 서점, 수레

재정의 수입과 지출

국회에서 통과된 2014년도 정부의 세출 예산은 355조 8천억 원이다. 이보다 119년 전인 1895년 회계법이 처음으로 제정되어 마련된 이듬해의 세출 예산은 631만여 원이었다.

내각에서 '건양 원년1896 총예산을 세입 480만 9,410원元, 세출 631만 6,831원으로 탁지부에서 산정하고, 세입 부족액 150만 7,421원을 국채나 기타 방법으로 보충할 사안'을 내각 토론을 거쳐서 보고하니 "재가한다"고 제칙을 내렸다. _고종실록 32년(1895) 11월 15일

화폐 단위가 다르고 가치도 다르지만, 모든 조건을 무시하고 양자의 액수만 단순 비교하면 5천만 배 이상 증가한 액수이다. 이보다 앞 시기에는 회계가 곡물, 옷감, 화폐 등으로 다양하게 이루어진데다가 회계연도 자체를 명확히 설정하지 않아서 예산 규모를 파악하기가 어렵다. 우리나라는 1894년 갑오경장 이후로 비로소 실물경제에서 화폐경제로 전환되었다.그림 1

다행히 최근에 19세기 후반을 중심으로 한 조선후기의 재정 규모를

추정한 연구가 나와서 궁금증을 다소 덜어주었다. 조선시대 재정은 왕실과 중앙관부의 살림을 맡은 중앙재정과 지방관부의 살림을 맡은 지방재정으로 나뉜다. 전세, 공물대동미, 군포, 각종 잡세 등을 모두 포함한 중앙재정의 공식 총수입은 모두 쌀로 환산하여 100만 석 정도였고, 비공식 수입까지 합치면 150만 석 정도였다고 한다. 또 지방재정의 공식 총수입은 100만 석 또는 그 이상이었다는 것이다.

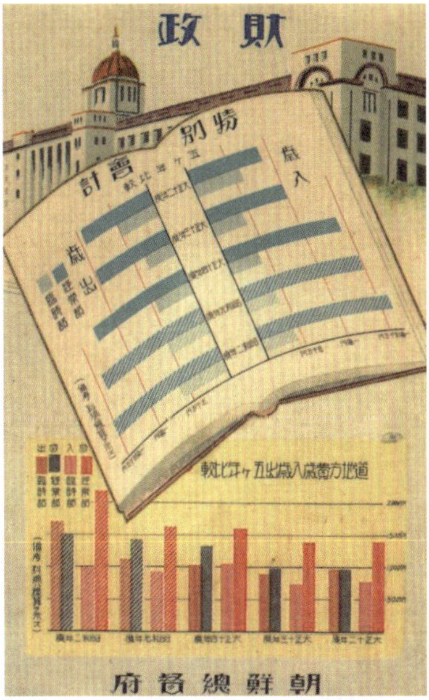

그림 1 재정 통계 엽서(1923~1927)

이보다 앞서 15세기 성종 때에는 국가에서 지출하는 비용이 100만 석 정도였다고 대사헌 이극균이 지적했다.

사사전寺社田, 절에 내려주는 토지의 폐지를 전날에 요청했으나 윤허를 받지 못했습니다. 신들이 가만히 헤아리건대, 한 해의 국가 비용은 44만 석이고 군사 비용은 50여 만 석입니다. 일상 경비가 무척 많아서 염려하지 않을 수 없는데, 사사전은 세 절에서만 3분의 2를 줄이고 그 나머지 사사전은 예전대로 두었으니, 신들은 매우 불편하게 생각합니다. 전부 거두어들이지는 않더라도 국가 비용이 넉넉해질 때까지 임시로 줄이소서. _성종실록 15년(1484) 8월 3일

국가 비용이 44만 석, 군사 비용이 50여 만 석이라 하였다. 위의 연구

에서 산출한 액수와 어찌 비교할지는 모르겠으나, 대략 예산 규모를 짐작할 수 있을 것이다. 시기를 더 올라가 조선초기에는 조세 수입이 40여 만 석이었다고 이항복이 선조에게 아뢰었다.

신이 일찍이 호조참의가 되었을 때에 옛날 제도를 살펴본 적이 있습니다. 나라를 세운 초기에는 조세 수입이 40만여 석이었는데, 군사들의 녹봉이 4만여 석이고, 제향祭享, 국가 제사 항목이 4만여 석이었으며, 공물貢物의 소비도 이보다 많지 않았습니다.

그때의 녹봉 제도를 보니 형조의 도관정랑都官正郎이 45석을 받았다고 하므로, 이 정도면 많은 것이라고 하겠습니다. 그러나 한 번에 받아들여서 적게 쓰고 많이 저축했기 때문에 중종 때에 이르러서는 3창3倉, 상평창, 사창, 의창의 저축이 203만여 석이나 되었습니다. 그후에 제향이 점차 많아지고 잡된 비용도 역시 많아져 임진년 초에 이르러서는 저축된 것이 겨우 50여 만 석이었으니, 이미 3분의 2가 줄어든 것입니다. _선조실록 34년(1601) 8월 13일

이처럼 나라에서는 수입의 일정 부분을 재난이나 전쟁 등에 대비하여 비축해두어야 했다. 후에 언급하다시피 조선에서는 주변국에 비해 군사비와 관리 급여가 상대적으로 적게 지출된 반면에 기근 구제용 비축곡을 많이 유지하여 민생을 안정시키고자 한 것이 특징이다. 『예기』의 기록에 따라 적어도 3년 분량의 비축이 없으면 나라 구실을 못하는 것으로 생각했다. 기대승이 선조에게 아뢸 때에 이런 말을 했다.

1년간 쓸 비용은 매우 많은데도 지난해 조세 수입은 7만 석뿐입니다. 그러니 옛일을 고찰하여 경비를 일체 감축하고, '수입에 따라서 지출을 정해야' 합니다. 옛사람이 "3년 농사에 1년 먹을 양식이 남아야 하고, 30년에 10년의 양식이 남아야 한다. 국가에 3년 분량의 저축이 없으면 그 나라는 나라 꼴이 되지 못한다"고 했습니다. 건국 초기 이래로 저축해온 것이 28만여 석인데, 여기서 실제로 먹을 만한 것은 10만 석에 불과합니다. 가령 내년 조세 수입이 10만 석에 이른다 해도 4만 석을 끌어 써야 하는데, 후년에 또 그와 같이 하면 3년 만에 비축했던 것이 모두 없어질 것입니다. _선조실록 1년(1568) 12월 19일

매년 지출이 수입을 초과하니 3년 뒤면 저축을 다 까먹을 것이란 말이다. 광해군이 즉위한 때에 대구부사 정경세가 올린 상소문에도 이렇게 적었다.

아, 옛글에는 "나라에 9년의 저축이 없으면 '부족不足'이라 하고, 6년의 저축이 없으면 '핍乏'이라 하고, 3년의 저축이 없으면 그 나라는 나라 꼴이 되지 못한다"고 하였습니다. 대개 주나라의 법은 위로 천자로부터 아래로 서민에 이르기까지 재물을 쓰면서 절제하지 않는 일이 없었습니다. 1년 수입을 4등분하여 그 가운데 셋을 쓰고 하나를 저축하면, 3년 만에 모두 3등분이 되어 꼭 1년치 비용이 지탱되니, 이른바 "3년 농사에 1년 양식이 남고, 9년 농사에 3년 양식이 남는다"는 것이 이것입니다.

이는 제도로서 절제하는 것으로서, '수입에 따라서 지출을 정하고' 남은 부분을 쌓아두어 뜻밖의 사태에 대비했던 것입니다. 이리하여 홍

수나 한재 또는 전쟁의 변고를 당하더라도 백성들은 세금을 더 낼 걱정이 없고 나라에는 재정이 결핍할 염려가 없었습니다.

그런데 후세로 내려오면서는 재물을 쓰는 데 절제가 없어졌습니다. 이 때문에 백성들에게서 끝없이 거두어들이고 멋대로 공역功役, 토목공사의 부역을 일으켜 함부로 낭비하다가, 부족하면 세금을 더 거두어들여 보충하고 또 부족하면 마구 거두어들여 채웁니다. 이것은 '지출을 헤아려 수입을 정하는' 것으로서 재화로 욕심을 채우려는 것입니다. 재화가 어찌 손상되지 않을 수 있겠으며, 백성들이 어떻게 곤궁하지 않을 수 있겠습니까? _광해군일기 즉위년(1608) 5월 2일

매년 4분의 3을 쓰고 4분의 1을 남기면 3년 뒤에 4분의 3이 저축되어 1년치 경비가 절약된다는 말이다. 기대승과 정경세의 말에 '수입에 따라서 지출을 정한다'는 말이 나오는데, 수입을 헤아려 일부를 저축하고 나머지로 지출하는 양입위출量入爲出은 조선시대 재정의 기본 원칙이었다. 역시 『예기』에 따른 것이다. 반면에 정경세의 글에 보듯이 '지출에 따라서 수입을 정하는' 양출위입量出爲入은 바람직하지 않은 것으로 간주되었다. 현재의 예산이 세출을 중심으로 이루어지는 것과 대비된다. 세입과 세출이 모두 국회의 의결을 거치지만, 법적인 효력을 가지는 것은 세출이라 한다.

앞에서 재정수입은 중앙이 150만 석이고 지방이 100만 석가량 된다고 했는데, 여기에 중간 수탈, 징세비용 등의 요소를 감안하면 백성들이 실제로 부담한 것은 400만 석 정도였을 것이라고 한다. 현재의 가치로 환산하는 것은 무리지만, 대체적인 규모를 알기 위해서 시험삼아

계산해보면 이러하다. 쌀 20킬로그램에 4만 5,000원으로 잡으면 한 섬의 무게인 쌀 72킬로그램은 16만 2,000원이 되고, 그러면 400만 석은 6,480억 원이 된다. 당시 인구 1,600만 명으로 나누면 1인당 4만원꼴의 부담을 한 셈이다.

18세기 후반 국내 쌀 생산량은 약 1,800만 석이고, 중앙에 조세로 바치는 쌀은 30만여 석으로 전체 생산량의 2퍼센트 정도였다. 이보다 앞서 선조 때에는 조세 수입이 17만 석 정도였다고 한다. 다음은 전쟁이 끝난 뒤에 명나라 주둔군 경비 마련을 걱정하며 명나라 장수에게 선조가 한 말이다.

대인은 우리나라에 오래 머물러서 우리나라의 일을 자세히 알 겁니다. 우리나라는 땅이 비좁고 토양이 척박하여 평시의 조세 수입이 17만 석 정도인데, 지금은 백성들이 모두 죽어 농사를 전폐하고 있습니다. 3만 병사를 머물러 둔다면 돈과 곡식 각각 30만 석을 준비해야 하는데, 우리나라가 마련해낼 방도가 없으니 이것이 고민입니다. _선조실록 32년(1599) 2월 2일

앞서 본 자료에서 15만 석이라 한 것과 크게 다르지 않다. 그런데 임진왜란이 일어난 뒤에는 조세 수입이 4만 석으로 떨어졌다고 한다고종실록 1890. 10. 2. 이 부족분을 메우기 위해서 조정에서는 공명첩을 발행하여 벼슬 장사를 했다.

전쟁이 일어난 뒤 2년 만에 군사와 백성이 생업을 잃고, 적의 분탕질이 심하여 저축했던 것이 잿더미가 되니, 국가 경비의 마련에 손을 쓸 길

이 없었다. 이에 모속사募粟使·조도사調度使 등을 각 도에 보내어 다방면으로 곡식을 모았다. 공명첩을 많이 만들어서 담당자에게 나누어주어 사람들을 모집하여 사게 하였다. _『난중잡록』 계사년(1593) 12월 25일

모속사나 조도사는 모두 국가 재정에 필요한 곡물이나 물품을 조달하기 위해서 임시로 파견한 벼슬아치들이다. 국가의 총수취량인 400만 석은 국내총생산의 5퍼센트 내외였다. 이 부담률은 같은 시기 중국, 오스만 제국과 비슷하고 영국보다 훨씬 낮았다고 한다. 유교 이념인 절용節用의 원칙에 따라 적게 걷어 적게 썼던 것이다. 18세기 후반에 중국의 세입은 쌀 5천만 석 정도로서 같은 시기 조선의 공식 수취인 250만 석의 20배에 해당한다. 그런데 당시 중국 인구가 2.5억 명이고 조선은 1,600만 명이니, 1인당 조세부담률은 중국이 0.2석이고 조선은 0.16석 정도이다.

남곤이 중국의 소주蘇州에 대해서 중종에게 아뢰는 말 가운데서도 중국과 조선의 부세를 비교하는 내용이 나온다.

소주 한 고을의 농지가 9만 8,560여 경頃으로서 부세賦稅가 280만여 석이니, 이는 필시 『서경』 우공편에서 말한 상등上等 농지로 쳐서 세금을 거둔 것입니다. 우리 문종 때에 세법을 9등으로 정했는데, 하등의 하등은 1결에 세금으로 내는 쌀이 4두입니다. 중국은 100묘畝를 1경頃으로 하여 1경은 우리나라의 1결에 해당하는데, 9만여 경의 농지에 부세가 200만여 석이 되니, 우리나라의 1결 4두에 비하면 4배가 됩니다. 그뿐만 아니라 근래에 국가의 여론이 백성에게 유리하게 하는 것을 중시하

그림 2 중국의 쑤저우(2003. 1)

여, 관리들이 재해를 살피면서 하등의 하등 농지는 재해를 입은 것으로 치고 과세하지 않기 때문에, 조세 수입이 매우 적어져 국가의 저축이 고갈됩니다.

옛사람이 "왕이 된 자는 부富를 백성에게 간직해 두는 법이다" 했고, 또 "백성이 풍족해지면 임금이 누구와 더불어 부족하겠는가?"고 했습니다. 그러나 중국은 소금과 철에서 나는 이득이 600만여 석이고 조세가 1,100만 석이라는데, 우리나라는 소금과 철에서 나는 이득이 없으면서도 씀씀이 크기가 중국과 다름이 없습니다. _중종실록 20년(1525) 10월 23일

소주쑤저우는 운하가 많아서 동양의 베니스라 불리는 곳이다.그림 2 중국의 부세가 우리나라보다 4배가 된다고 하는데, 어찌 계산된 것인지는 잘 모르겠다. 단순히 비교하면 중국은 1경에 28석 즉 280두 정도이

고, 조선은 4두로서 4배보다 훨씬 많다. 1두는 조선에서 약 6리터, 명나라에서 10리터였다. 중국의 상급 토지인 상등전上等田을 조선의 최하위 토지인 하하전下下田과 비교한 것도 잘 이해가 안 된다.

아무튼 남곤은 중국에 비해서 과세가 적은 편인데다가 백성을 위한다면서 면세를 해주는 일이 많아서, 국가 재정이 고갈된다고 했다. 여기에 덧붙여 염철鹽鐵, 즉 소금과 쇠의 이득이 중국에는 많은데, 우리나라는 없다고 했다. 다시 말해서 전매의 이익이 없다는 것이다. 성종 때에 의정부도 이런 지적을 했다.

> 중국은 일반적인 부세 외에 소금과 차를 전매하는 것과 같은 종류가 있어 별도 수입이 많습니다. 그러나 우리나라는 농지에 부과하는 세금 외에는 별다른 세금 수입이 없어서 국가 재정이 부족합니다. _성종실록 16년(1485) 10월 8일

중국에서는 춘추시대로부터 청나라에 이르기까지, 소금, 쇠, 술, 차 등을 국가에서 독점 판매하여 국가의 주된 수입원으로 삼았다.그림 3 전한시대에 쓰인 『염철론』이란 책은 염철의 전매 등 국가 재정정책을 토론한 내용이 담겨 있어 유명하다. 당나라 때인 8세기 후반에 유안劉晏이 소금 전매를 주관하여 세수가 600만여 민緡에 이르자, "천하의 부세 가운데 소금에서 얻은 것이 반을 차지하였다天下之賦, 鹽利居半"고 한다. 이때에 전매제도를 엄격히 하여 불법으로 소금을 1근 이상 만들거나, 이런 소금을 10근 이상 휴대하다가 발각되면 사형에 처했다.

우리나라에서도 1950년대부터 1980년대까지 담배, 홍삼 등을 전매하

그림 3 중국 주나라 때의 소금 제조(2013. 1)

여 국가 수입원으로 삼았다. 또 고려후기에도 당나라 제도를 받아들여 소금 전매제도를 실시한 적이 있으나 조선 건국과 더불어 폐지되었다.

재정 수입은 세금에 기반을 두었다. 고대에는 정복 전쟁을 통해서 정복지의 공물을 수취하는 수입원이 있었다. 예를 들어서 고구려는 동해안에 있던 동옥저를 지배하면서 공물을 징수하고 여인을 징발했다.

고구려는 또 대가大加에게 조세 수취를 책임지게 했는데, 맥포貊布, 물고기, 소금, 기타 해산물을 1천 리에 걸쳐 져 나르게 했다. 또 동옥저에서 미녀를 보내게 해서 비첩婢妾으로 삼고는 노복처럼 대우했다. _『삼국지』 동옥저 전기

맥포는 베의 일종이겠지만, 정확한 내용은 알지 못한다. 정복은 땅을

차지하는 일이지만, 고대에는 땅보다 노동력이 더 중요한 수입 원천이었다. 전쟁을 치른 뒤에는 사람만 빼앗아서 개선하는 일이 많았다. 아무리 너른 땅을 차지해도 그곳을 활용할 만한 사람이 없으면 소용이 없었기 때문이다. 더구나 고대에 토지를 측량하고 장부에 기록하는 일은 결코 쉬운 일이 아니었다. 그러기에 토지보다는 사람에게 세금을 부과하는 것이 훨씬 편리했고, 이에 따라 조세제도는 인두세人頭稅 중심으로 운영했다. 고구려 후기에 실시된 조세제도도 그러했다.

사람마다 세금으로 포 5필, 곡식 5석을 낸다. 유인遊人은 3년에 한 번 세금을 내는데, 열 명이 합쳐서 가는 베 1필을 낸다. 조租는 집마다 1석을 내는데, 다음 등급의 호는 7두, 아래 등급의 호는 5두를 냈다. _『수서』 고려 전기

사람에게 부과되는 것이 집에 부과되는 조租보다 훨씬 많다. 이런 인두세는 납세자의 재정 능력을 고려하지 않고 일률적으로 적용된다는 점에서 문제가 있다. 그럼에도 편리성 때문에 전세계적으로 많이 채용되었다. 신라의 녹읍도 사람을 지배하는 성격이 강했다. 이에 비해서 통일신라의 관료전이나 고려시대의 전시과란 토지제도는 농토에 기반을 두고 세금을 부과하는 진전된 방식으로 운영되었다.

이후 우리나라의 재정 수입은 기본적으로 조용조租庸調 제도에 의존하였다. 조선후기에 대동법과 균역법 등이 시행되어 현물이나 동전으로 대신 납부하였지만, 조용조 이념은 끝까지 관철되었다. 이 제도는 중국의 당나라 때에 정비되어 한반도와 일본에 전래한 것이다. 다음은 서영보가 순조에게 아뢴 말이다.

그림 4
세금을 거둘 때에 사용한
수세패(2010. 9)

당나라의 조용조 법으로 말하건대, 호조의 전세田稅는 조租이고 병조의 가포價布는 용庸이고 선혜청의 대동大同은 조調인데, 대개 토지가 있으면 '조租'가 있고 사람이 있으면 '용'이 있고 집이 있으면 '조調'가 있는 것입니다. _순조실록 8년(1808) 8월 1일

조租는 토지를 대상으로 부과하는 것이고, 용은 사람人丁을 대상으로, 조調는 집을 대상으로 부과하는 것이다. 한국과 중국, 일본은 다른 지역에 비해서 토지세의 비중이 높고 상업세의 비중이 낮았다. 중국은 1753년 토지세 비중이 73퍼센트이고, 조선은 90퍼센트 정도였다. 같은 해 중국에서는 염세鹽稅와 관세關稅가 19퍼센트를 차지하였는데, 조선은 상업세가 1, 2퍼센트 정도밖에 되지 않아 무척 낮았다. 위의 사진은 시전을 관리하던 평시서에서 발행한 수세패收稅牌로서, 평시서에서는 몇몇 가게를 정해서 세금을 대신 거두도록 했는데, 이것은 족두리 가게에서 패용했던 것이다.그림 4 상·공·광업세라야 모두 2, 3퍼센트 정도밖에 되지 않았다. 그만큼 세원이 토지에 집중되어 재정 기반이 취약하였다.

동아시아 삼국은 금융 차입에 의존하는 전통도 약했는데, 조선은 아예 차입을 하지 않았다.

조용조 외에 조선후기에는 환곡도 부세의 성격을 띠게 되었다. 환곡은 비상시에 대비하여 비축해둔 곡식으로서, 먹을 것이 떨어지는 봄에 백성들에게 빌려주었다가 가을에 가서 돌려받았다. 전쟁이 나면 군량으로도 전환되었다. 이유가 숙종에게 아뢴 말이다.

우리나라는 1년의 조세 수입이 본래 1년 경비로 쓰기에 부족하므로, 급할 때 믿는 것은 각 고을에 비축된 조곡糶穀, 환곡뿐입니다. 이로써 흉년을 만나면 백성을 구제하는 물자로 삼고, 병란을 만나면 군량으로 삼았습니다. _숙종실록 44년(1718) 8월 23일

이런 복지제도는 국가가 농민에게 곡식을 빌려주는 고구려 때의 진대법에서 이미 시작되었다. 그런데 조선후기에 환곡에 붙인 이자 부분을 국가의 수입원으로 삼기 시작하면서 백성들에게서 강제로 징수하는 세금의 성격을 띠게 되었다. 이런 상황을 두고 정약용은 이렇게 비판했다.

환자還上의 법은 나쁜 것이 아니지만 제대로 시행하지 못해서 폐단 있는 정사가 되었습니다. 지금 백성들이 거꾸로 매달린 것처럼 된 것은 이 환자 때문이요, 아전들이 간사하게 속이고 도둑질하는 것도 이 환자 때문입니다. 입이 있는 자들은 모두 "이 법이 폐지되지 않으면 나라가 반드시 위태로워질 것이다" 하니, 폐지하는 것이 제일 좋습니다. …

신이 가만히 생각하건대, 나라의 경비가 반은 부세에 의지하고 반은

환자에 의존합니다. 그러나 그 법이 번잡하고 문란하여 천 갈래 만 갈래인 까닭에 아전들은 이를 이용하여 농간을 부려서 온갖 구멍을 옆으로 뚫으니, 백성들이 그 재앙을 고스란히 받아 모두가 피폐해집니다. 그러므로 바꾸지 않을 수 없습니다. … 환자의 권한은 백성에게 있는데, 백성이 환자를 받지 않으면 그 집을 단속하고, 백성이 환자를 갚지 않으면 등에 매질을 하니, 너무 수고롭지 않겠습니까? _『여유당전서』 문집, 환향의還餉議

환곡에서 얻는 이득이 국가 재정의 반을 차지한다고 하였다. 이리하여 조선후기에는 국가의 부세제도가 전정田政, 군정軍政, 환곡還穀의 삼정으로 운영되었다. 환곡이 국가 재정의 주된 기반이 되어, 19세기에는 고리대나 마찬가지로 변질되었다. 결국 삼정의 문란은 백성들의 저항으로 이어졌다.

이밖에도 여기에 속하지 않는 잡세도 있었다. 상공업이나 어업에 종사하는 자들에게 걷는 것이 주를 이루었지만, 고려시대에는 퇴직한 벼슬아치에게 관직세를 징수한 적도 있다. 그 과정에서 이런 슬픈 일도 일어났다.

이에 여러 도에 총애받는 자들을 나누어 보내서 관직세를 징수하게 하였다. 6품 이상에게는 베 150필, 7품 이하는 100필, 산직散職 관원은 15필을 내게 하였다. 이 명령이 내려졌다는 소식을 듣고 사람들이 식구들을 데리고 산으로 올라가기도 하고 배를 타고 달아나기도 하니, 산과 호수에 불을 놓아 찾으려 했다. 그 화가 일가붙이에까지 미치게 되니 백성들이 심히 원망했다. 이리하여 채하중?~1358 등이 그 폐단을 없앨 것을 요청하자 왕이 따르려 했는데, 민환이 다시 권고하여 관직세 징수가 더욱 다급하게 되었다.

경상도에 산원동정散員同正의 관직을 가진 자가 있었는데, 심히 가난하여 가산을 모두 팔았는데도 그 액수가 차지 못했다. 그 딸이 아버지가 모욕당하는 것을 마음 아프게 여기고 자기 머리카락을 잘라서 베를 사서 바친 다음에 아버지와 딸이 모두 목을 매서 죽었다. _『고려사』 식화지, 과렴

심지어 조세를 바치기 위해서 자식을 판 경우도 있었다. 고려 충렬왕이 사면령을 내리면서 내린 지시다.

빈민으로서 조세 때문에 자식을 판 자는 관청에서 대신 돈을 내주고 부모에게 돌려보내라. _『고려사』 충렬왕 22년(1296) 정월 갑신

조선시대에는 무덤에 세금을 부과한 일도 있었다.

양근楊根, 현 양평에 군기시軍器寺의 땔나무 채취장이 있는데, 허적이 도제조都提調, 군기시 책임자가 되고부터 채취장 안에 있는 무덤을 세어서 숯을 거두었다. 한 무덤에서 수십 섬의 숯을 받았고, 채취장을 설정하기 전에 묻힌 것도 억지로 받아내니, 백성이 다 한탄하고 원망하였다. … 사람들이 "예전에도 가혹한 정사가 많았으나, 무덤에 세를 거둔 적은 없었다"고 말했다. _숙종실록 1년(1675) 3월 28일

이제 지출에 대해서 일별해보자. 중앙관부의 재정은 이, 호, 예, 병, 형, 공의 6전典으로 분류되는데, 『육전조례』1867에 따르면 지출액이 호조, 선혜청, 균역청이 포함된 호전이 64.9퍼센트로 가장 많고, 그다음으로 병조와 훈련도감이 포함된 병전이 20.4퍼센트를 차지한다. 군사비에 해당하는 병전은 호전의 3분의 1 수준이다. 그 뒤로는 예전, 이전, 공전, 형전이 따른다.

호전 가운데는 호조의 지출이 가장 많았다. 호조 경비는 관리의 인건비와 함께 외교, 제향, 관혼상제 등의 의례와 관련된 것들이다. 관료의 녹봉 총액은 15세기 초에 10~12만 석이었다가 17세기 중엽에는 3.6만 석으로 줄어들고 18세기 말부터 19세기 초까지는 2.4만 석으로 줄어들었다는 연구가 있다. 관리의 평균 녹봉은 일본이나 중국보다 훨씬 적었다고 한다.

『육전조례』에 따르면, 중앙 품관 4,659명에게 2만 5,000석이 지급되었으므로, 1인당 5.4석이 된다. 여기에 하급 관리 등의 급료 2만 5,600석과 합하면 5만 600석이 되어, 선조 때 전쟁 직후의 백관 녹봉 4만 석과 비교된다. 다음은 조선중기의 무신인 성영1547~1623이 아뢴 말이다.

신이 생각하건대, 올해에 나라에서 논밭 세금을 제대로 걷으면 15만 석을 밑돌지 않을 것이니, 비록 4만 석을 백관들의 녹으로 지급한다 해도 남는 것이 많을 것입니다. 그밖에 공물貢物 등의 일까지 모두 헤아려서 결정하여, 오로지 군사 양성에 힘을 기울인다면 충분히 가능할 것입니다. _선조실록 34년(1601) 8월 13일

그림 5 종묘 제례

겸직의 경우를 무시하고 간단히 계산하면, 중앙재정으로 부양되는 인원은 19세기 후반에 상급 관료와 하급 관리 등 1만 15명이고 여기에 군인 9,526명을 포함하여 대략 2만 명이었다고 한다. 서울 인구가 20만 명이라 했을 때에 4인 가족으로 계산하면 40퍼센트 정도가 중앙재정으로 부양되었다.

호조에서는 이런 인건비 외에 의례에 관한 비용을 많이 냈다. 조선시대에는 의례에 관한 비중이 무척 큰 것이 특징이니, 이익은 이렇게 적었다.

국가의 경비는 다섯 가지가 있으니, 궁중 공물이요, 관리 녹봉이요, 제향이요, 양병이요, 조빙이다. _『성호사설』 인사문, 대동大同

이 다섯 가지 가운데 제향그림 5과 조빙외교이 바로 의례와 관련된 것이다. 이들은 유교 이념을 실현하기 위한 비용이라 할 수 있다.

호전 다음으로 병전의 지출이 많지만, 일본이나 중국보다 군사비의 지출이 상대적으로 적은 편이었다. 일본의 막부제에서 사무라이 계층을 부양하는 데 막대한 재정 지출이 있었고, 중국에서는 당송 변혁기에 모병제로 바뀌면서 북송 때에는 재정의 절반을 차지했다고 한다. 조선 후기에는 직업군인제의 도입으로 군사비 지출이 증가하여 중앙정부 공식 세입의 절반 정도인 약 50만 석으로 추정되지만, 국내 총생산의 1퍼센트에 미달했다고 한다. 전쟁이 적었던 탓이다.

이들에 비해서 공전에서의 지출은 거의 끝부분에 해당하는데, 이것은 다른 나라에 비해서 산업과 기술의 투자가 적었던 것을 보여준다. 사·농에 비해 공·상이 홀대받은 사실을 여기서도 알 수 있다.

전세와 공물

부세賦稅란 국가를 운영하기 위해서 사람들에게 부과하는 것이다. 국가가 국민에게 개별적인 대가를 지급하지 않고 법에 따라 강제로 부과하는 특징이 있다. 선택의 여지 없이 내야 하니 국민으로서는 어떻게든지 피하고 싶고, 여기에 흔히 부정부패까지 끼어들어 부담이 더욱 늘어나게 되니 더욱더 그러했다. 오죽했으면 성경에 로마를 위해서 세금을 징수하는 관리인 세리稅吏, 그림 1가 죄인이나 창녀와 같이 취급되었을까. 지금도 세금 납부는 마치 빼앗기는 것 같아서 그리 유쾌하지 않은 일이다.

그림 1 돈을 세고 있는 로마의 세리

우리나라의 조세제도는 조용조租庸調가 기본이었다. '용'은 노동력을 부과하는 것이고, 두 '조'는 현물을 바치는 것으로서 부賦와 공貢으로도 부른다. 다음은 정조의 말이다.

'공'과 '부'의 명칭은 우임금 때의 공법貢法, 은·주나라 때의 조법助法·철법徹法에서 비롯되었다. 토지의 소출과 관련된 것을 '부'라 하니 지금의 전세田稅가 이것이고, 그 땅에 맞는 산물을 바치는 것을 '공'이라 하니 지금의 대동大同이 이것이다. 공물과 부세를 공평하게 해준 뒤에야 백성들이 비로소 풍년에는 종신토록 배불리 먹고 흉년에는 죽음을 면할 수 있게 된다. _정조실록 23년(1799) 11월 29일

이처럼 부세는 원래 농지에 부과되는 전세를 의미했지만, 지금은 세금 일반을 가리키는 말로 확장되었다. 그만큼 전세가 세금의 기본 원천이었다. 또 조세의 '조'와 '세'도 원래는 다른 의미였다가 지금은 합해져 하나의 단어가 되었다. 조선초기에 '조租'는 경작자가 땅주인 등의 수주권자에게 바치는 것이고, '세稅'는 수주권자가 국가에 바치는 것을 의미했다. 예를 들어서 과전법에서는 1결에서 나는 20석, 즉 300두에서 10분의 1을 땅주인에게 '조'로 바치고, 땅주인은 그중에서 2두를 국가에 '세'로 냈다. 그러나 뒤에는 조와 세가 구별되지 않아 혼용되면서 조세란 말로 결합된 것이다. 조선초기에 성립된 전세제도의 역사는 충청도관찰사 권극화의 상소문에서 엿볼 수 있다.

고려말에 전법田法, 토지제도이 크게 허물어지고 조세 징수에 법도가 없어

혼란이 극에 달했습니다. 우리 태조께서는 하늘에서 주신 큰 덕과 세상에서 높이 뛰어난 식견으로 나라를 세워 자손들에게 좋은 계획을 전해 주셨으니, 처음에 토지의 경계를 바로잡고 손실답험법損實踏驗法을 만드셨습니다. 이때에 삼대의 제도를 시행하지 않은 것은 우리나라의 지세가 중국과 다르기 때문이지만, 이 제도 또한 십일세什一稅의 법에 지나지 않았습니다. … 세종께서는 선대의 뜻과 사업을 계승하여 모든 일을 예전의 규정에 따라 시행한 지가 몇 해가 되었습니다. 그러나 법이 오래 되면 폐단이 발생하게 되니, 무오년1438에 이르러 위임관을 얻기 어렵고 이들을 접대하는 데 폐단이 있다고 조정 신하들이 건의하였습니다. 이에 하나라의 공법貢法, 하나라의 십일세법을 세 도에 시험하려고 하여, 전품田品, 농지 토질을 6등급으로 나누고 연분年分, 그해의 풍흉을 9등급으로 나누었으니, 그 조세의 징수법이 지극히 정밀하고 상세했습니다. _문종실록 즉위년(1450) 9월 1일

태조 때에 손실답험법을 처음으로 실시했다고 하였는데, 그해 농사의 작황을 담당 관리가 현장에 나가서 조사하여 세금을 부과하는 자료로 삼는 제도였다. 이를 수행하기 위해서 임시로 담당 관리를 파견하였으나, 이들의 자의적인 판단이 크게 좌우하므로 농민들은 이들을 접대하여 비위를 맞추지 않을 수 없었다. 이에 따라 세종 때에 와서 하나라의 십일세법을 본받아, 토질의 등급을 6등급으로 나누는 전분6등법과 그해의 작황을 9등급으로 나누는 연분9등법을 시행하여 객관적 평가를 강화하였다.

농지를 비옥도에 따라 여섯 등급으로 나누니, 같은 1결이라도 1등전 2,753.1평에서 6등전 1만 1,035.5평까지 절대 면적에서는 네 배의 차이

가 났다. 이처럼 전통시대에는 절대 면적보다는 수확량이 중시되었다.

위에서도 우리나라의 지세가 중국과 달라서 하은주 삼대의 제도를 그대로 시행하지 못하였다고 하듯이, 우리나라는 산지가 많아서 중국의 제도를 그대로 받아들일 수 없었다. 농지의 구획이나 세금 부과도 그러했다. 지평 벼슬에 있던 신치권이 정조에게 이렇게 아뢰었다.

> 우리 동방의 예법이나 음악, 문물제도는 모두 중국 제도를 따르지만, 전정田政에서는 중국과 판이합니다. 우리나라 땅 수천 리를 돌아보아도 본디 100리의 트인 들판이 없어서 정전법井田法을 시행하기 어려운 형세이니, 은나라의 조법과 주나라의 철법을 적용할 수 없었습니다. 이것은 토지의 기름지고 메마른 것이 각각 다르고, 논과 밭이 반반이기 때문이기도 합니다. _정조실록 3년(1779) 10월 9일

전정이란 농지와 관련된 행정으로서, 토지의 면적을 내서 대장에 올리는 양전量田과 이를 기반으로 세금을 물리는 수세收稅를 포함한다. 한반도의 지형 조건은 이런 제도가 중국적일 수 없게 만들었다. 예를 들어서 중국의 정전법은 땅을 정井자처럼 9개로 구획하여 8개는 여덟 집에서 각각 경작해 먹고, 가운데 1개는 공동으로 경작하여 세금으로 내는 제도이다. 은나라의 조법과 주나라의 철법이 바로 그런 정전법에 속한다. 이것이 가능하려면 토지 구획이 일정해야 하는데, 산지가 많고 토지의 비척도가 고르지 못한 우리나라에서는 실행하기 어려웠다.

전세는 추수가 끝난 뒤부터 징수하여 11월부터 이듬해 6월까지 서울에 수송하게 되어 있었다. 다만 평안도와 함경도의 전세는 현지에 두어

그림 2 신의주의 배(2000. 9)

군자금에 충당하였다. 맹자가 세금을 "많이 거두면 걸桀 임금의 법이요, 너무 적으면 북방 오랑캐인 맥貊의 법이니, 십일세가 선왕의 적정한 제도이다"고 했듯이 10분의 1세가 과세의 기본 원칙이었으나, 서울로 운송하는 비용이나 운송 과정에서 손실되는 쌀 등의 자연감소분을 고려하여 추가로 더 걷었다. 볏짚으로 만든 섬에 구멍이 숭숭 뚫려 있으니, 운반하면서도 줄줄 샐 수밖에 없다. 똑같이 볏짚으로 만든 가마니는 일본어 가마스叺에서 나온 것이고, 이전에는 섬을 사용했다. 섬이 가마니보다 더 성겨서 많은 쌀이 새어나왔다.

어릴 때에 가마니는 많이 보았으나 섬은 본 기억이 없다. 당시에 가마니를 들면 담긴 곡물이 조금씩 흘러나왔다. 세월이 지나 지금 젊은 사람들은 가마니도 박물관에서나 보게 되었으나, 2000년에 중국 단동에서 신의주를 바라보니 북한에서는 아직도 가마니를 사용하고 있었다.그림 2

충주에는 조선시대에 가흥창可興倉이 있었다. 경상도와 충청도의 세곡을 보관하였다가 서울로 실어나르던 곳이다. 이런 조운 창고가 전국에 아홉 군데 있었는데, 적게는 4천 섬, 많게는 4만 섬을 보관하였던 데 비해 가흥창은 8만여 섬을 보관했다고 한다. 이곳에 '가흥은 담장치레, 목계는 계집치레'란 말이 전해온다고 한다. 창고와 배 사이 100미터가량 되는 거리에 쌀섬을 지고 가면서 실수한 것처럼 길 위에 떨어뜨리면 쌀이 흘러내리고 이를 쓸어 모으면 상당량이 되었다. 이런 쌀을 들키지 않고 집 안에 잘 감추어두기 위해서는 담장을 잘 치레해야 한다고 했다. 그리고 이 쌀을 처분하여 이웃마을인 목계에 가서 술을 마시게 되니, 목계의 술집 여인들은 얼굴과 옷치레를 잘해야 한다는 것이다.

이런 손실에 대비하여 전세와 환곡을 받을 때에 모미耗米 또는 모곡耗穀이란 것을 받았는데, 원곡에 10분의 1을 부가해서 받는 게 원칙이었다.

또 여러 고을의 모곡을 【모곡이란 관청에서 조곡糶穀, 환곡과 조세로 한 말을 받으면서 한 되를 더 받는 것으로서, 이는 쥐가 쏠거나 썩어서 줄어드는 것에 대비하기 위한 것이다.】 변방의 장수들에게 적절히 지급하여 먹고 입게 함으로써, 군졸들에게서 양식과 물자를 거두는 것을 엄금할 것을 요청했다. _선조수정실록 14년(1581) 1월 1일

1954년에 추정한 전국의 쥐는 1억 2천만 마리로 당시 남한 인구의 6배였다고 한다. 또 1961년에 전국의 곡식 창고를 조사해보니 연간 300만 섬, 즉 연간 생산량의 10퍼센트 정도가 쥐먹이로 사라졌다고 한다. 이래서 쥐잡기 운동이 벌어졌었다.그림 3 1954년에는 이승만 대통령

그림 3 전국쥐잡기 광고(조선일보)

이 “고양이를 수입하여서라도 쥐를 없애자”는 담화문을 내기도 했다. 집에서 잡은 쥐의 꼬리를 잘라서 학교에 내게도 했다. 쥐꼬리를 가장 많이 제출한 도지사는 대통령으로부터 표창을 받았다.

세금을 제대로 거두기 위해서는 전국의 토지를 측량하고 등록하는 양전이 기본이다. 그러나 어떻게 토지 면적을 산출했는지는 구체적으로 알려져 있지 않다. 대체로 땅의 형태를 사각형으로 잡아서 넓이를 계산해냈을 것으로 여겨진다. 그리고 좀 더 세밀한 측량에서는 정사각형方田, 직사각형直田, 사다리꼴梯田, 이등변삼각형圭田, 직각삼각형句股田으로 유형화해서 공식을 이용하여 어림잡아 계산했을 것이다. 20세기 초에 실시된 광무양전 때에는 여기에 타원형, 원형, 삼각형 등 다섯 가지를 추가하여 열 가지를 기본으로 삼았다. 토지의 정밀한 측량은 일본의 토지조사사업에서 시작되었다.

동양에서는 토지 면적의 계산보다는 역법과 관련하여 천문을 관측하는 수학이 정교하게 발달했다. 그런데 영어 기하학Geometry이란 단어는 토지geo를 측량metry한다는 뜻이라 한다. 이집트에서는 대홍수로 땅이 유실되면 측량하여 그만큼의 세금을 빼줬을 정도로 토지 측량 기술이 발달했었다고 한다.

양전은 20년마다 하게 되어 있으나, 비용과 인력이 많이 드는 워낙 큰 사업이라 제대로 시행되지 못했다. 전국의 농지는 고려말에 79만 8,127결, 세종 때는 163만 2,006결로 파악되었다. 그러나 선조 때에 이르면 양전이 여의치 않았다.

양전을 명령했다가 즉시 그만두게 했다. 이때에 양전을 한 지 오래 경과되어 토지대장이 사실과 많이 달랐다. 이에 양전을 명하면서 법에 따라 경차관敬差官, 임시파견관을 많이 정하여 거의 100여 명에 이르니, 한산조사閑散朝士, 현직에 있지 않은 조신에게 이를 맡기려고 했다. 해당 조曹에서 조정의 신하였던 사람들을 불러 모아서 선발하려 했으나, 이들이 모이지 않았다. 이에 세 번이나 명령하고 다섯 번이나 독촉했지만 온 사람이 5, 6명뿐이었다. 엄하게 명하고 죄까지 주려 했으나, 끝내 사람들이 나오지 않았다. _『석담일기』 만력 5년(1577) 가을

얼마 뒤에 임진왜란을 겪으면서 농지는 황폐해지고, 토지대장은 흩어졌다. 전쟁 후 전라도에서 파악한 전결수의 변동에서 이를 짐작할 수 있다. 김신국이 인조에게 아뢴 말이다.

양전하는 법을 시행하지 않을 수 없습니다. 전라도로 말하면 평시에는 50만 결이던 것이 지금 10만 결로 되었으니, 어찌 이럴 리가 있겠습니까? _인조실록 10년(1632) 2월 22일

그나마 숙종 때인 18세기 초반까지 양전이 부분적으로 이루어졌으나, 영조 이후로는 거의 손을 대지 못했다. 의정부에서 고종에게 아뢴 말이다.

첫째는, 양전을 급히 고쳐 실시하는 일입니다. 근래에 148년간 한 번도 고친 적이 없는 것은 신중히 하느라 그런 것이 아니겠습니까? _고종실록 4년(1867) 7월 20일

이러다가 1898년부터 대한제국에서 전국 토지를 대상으로 양전사업을 벌였고, 그 뒤로 일제가 1910년대에 토지조사사업을 벌였으니, 어느 쪽이 근대적인 성격을 띠는가를 두고 학계에서 논쟁을 벌이고 있다. 대한제국의 조사부터 근대적이라면 자주적인 근대화의 증거가 되고, 일제의 조사부터 근대적이라면 외부로부터 타율적으로 이루어진 근대화의 증거가 되기 때문이다. 다시 말해서 우리 스스로 근대화가 시작되었느냐, 아니면 일제 지배를 받으면서 근대화가 시작되었느냐는 역사관의 충돌점이 된다.

이처럼 조선후기에 들면서 전세제도의 기반이 허물어지기 시작했다. 세금을 걷지 않는 면세전의 확대도 그러했다. 면세전의 종류는 다양하였으니, 수원의 새 고을에 1등급의 면세 혜택을 주라고 하면서 정조가 언급한 대목이다.

대체로 전세를 면제하는 사례는 일정하지 않다. 왕릉 토지의 면세도 있고, 역참 토지의 면세도 있고, 아전 토지의 면세도 있고, 효자·열녀 토지

의 면세도 있고, 기타 잡다한 면세도 있다. 전세·대동미·마초·쌀 등 땅에서 생산되는 것으로서 세라고 불리는 것을 전부 면제해주는 것이 1등급이 된다. 그다음으로 전세만 면제하고 공물은 면제하지 않거나 공물만 면제하고 잡비는 면제하지 않는 등 그 단계가 매우 많다고 한다.

_정조실록 14년(1790) 12월 8일

인조 때에 평양부의 사례를 보면 면세전이 과도하게 많았음을 알 수 있다. 군량미를 관리하던 김광욱이 보고한 말이다.

요즈음 복호復戶, 세금 면제의 폐단이 날로 심해지고 있는데, 군량의 감소는 실제로 여기에서 비롯되었습니다. 평양부를 예로 들면 이렇습니다. 계유년1633에 등록된 개간 토지는 모두 8,364결 51부입니다. 여기서 복호한 것이 4,382결 43부이고, 실제로 조세를 바치는 것은 3,981결 8부입니다. 그리고 감영의 관속, 평양부의 관속들은 노소를 막론하고 모두 복호시키고, 고기 잡는 집이라고 핑계대고 면세된 것도 2,770여 결입니다. 양서兩西, 황해도와 평안도 고을 가운데 평양부가 가장 지나치게 복호했으니, 한두 차례 조사하여 정해야 하겠지만, … _인조실록 12년(1634) 2월 19일

세금을 받을 때에 양을 재는 말이나 되에서도 농간을 부릴 수가 있다.

호조판서 윤현이 전세 차사원差使員, 임시 파견관의 편에 새로 만든 휘斛, 말斗, 되升를 내려보냈는데, 휘는 이전에 비해 8승이 더 들어가고, 말은 이전과 비교하면 4홉 반이 더 들어간다고 한다. 이는 바로 백성을 뜯어

그림 4 세곡 운반선(19세기)

내는 신하인 것이니, 평창 기의가 아주 이상하다고 말했다. _『미암일기』 1576. 1. 13.

세금이나 관청 재물을 떼어먹는 포흠逋欠도 갈수록 늘어났다. '포'는 조세를 포탈하는 것이고, '흠'은 관청의 물품을 도둑질하는 것이다. 이런 포흠을 보충하기 위해서 백성들을 더욱 쥐어짰고, 백성들 사이에서는 차라리 흉년이 풍년보다 낫다는 말이 생겨났다. 다음은 왕의 지시에 나오는 말이다.

암행어사의 보고서에 이런 말이 있었다. "노인들이 서로 '흉년이 들면 기근이 두렵지만 걱정스러운 일이 아주 적어진다. 곡식이 잘 익으면 공적이건 사적이건 포흠한 것을 한꺼번에 모두 채우도록 독촉해서 수확한 것으로 지출할 것을 계산하면 모자라는 것이 매우 많으니, 어찌 걱정이 없을 수 있는가?'고 말했다" 한다. 대개 풍년이 들면 백성들이 즐거워하는 것은 지금이나 예전이나 똑같은데, 오직 우리 백성은 풍년을 만나서도 걱정을 품는구나. _『승정원일록』 1630. 10. 4.

이런 포흠을 감추기 위해서 서울로 운반하는 조운선그림 4을 고의로 파손하는 일이 잦았다. 조선시대까지도 세금으로 받은 곡식을 육로로 운반하는 게 여간 힘든 일이 아니었다. 그러기에 운송은 바다와 강을 통하는 조운에 의지했는데, 전체 조세의 87퍼센트 이상이 조운으로 서울에 수송되었다고 한다. 그런데 이 과정에서 관리와 짜고 세금으로 거둔 곡식을 빼돌리는 투곡偸穀을 저지르고, 운송 도중에 또 빼돌리고 물을 부어 불리는 화수和水를 저지르고, 때로는 범죄를 감추기 위해서 항해 도중에 일부러 배를 난파시키는 고패故敗를 저질렀다. 다음은 화수에 관한 기록이다.

대동청이 "나라의 곡식을 상납할 적에 뱃사람들이 곡식을 빼먹고 쌀을 물에 불리는 폐단이 전보다 더욱 심해졌습니다. 양호兩湖, 호남과 호서의 쌀 운반선이 바치는 경우에 공공연히 결손을 내는 것이 많게는 수십 수백 석에 이르고, 물에 불리는 일도 빈번합니다. 결손을 낸 자에게는 본디 적용되는 장률贓律이 있는데, 물에 불린 자도 강가에서 효시하여 권선징악의 바탕이 되도록 하소서"라고 아뢰니, 상이 따랐다. _인조실록 2년(1624) 11월 2일

대체로 물을 한 되 타면 쌀 한 말을 훔치는 셈이었다고 한다『청성잡기』3. 고패에 관한 기록은 실록에 심심찮게 보인다. 왕도 이런 범죄를 익히 잘 알고 있었으니, 중종이 승정원에 이른 말이다.

조운은 국가의 중대사인데, 근래에 파선하는 일이 늘 생긴다. 이는 반드시 영선領船, 선원 우두머리과 격군格軍, 선원들이 적재한 쌀을 훔치고서 거짓으로 파선한 체하는 것이다. 그리고 망실한 쌀이나 콩을 인근의 관리들

에게 대신 바치도록 하여 폐해가 백성에게까지 미치게 하니, 지극히 그른 일이다. … 이런 사람들은 비록 장죄杖罪, 매 맞는 형벌를 받는다 해도 무슨 징계가 되겠는가? 전가사변全家徙邊, 온가족을 북방에 강제 이주시키는 형벌의 율로 다루는 것이 어떻겠는가? _중종실록 23년(1528) 6월 10일

이런 일로 감옥에 갇힌 자가 워낙 많아서 때로는 이들을 사면하지 않을 수 없었다.

배를 난파시킨 사공과 격군 등으로서 감옥에 갇힌 자들을 사면하고, 그들이 포탈한 금액도 면제하였다. 처음에 삼남지방의 조세운반선이 조세를 싣고 떠난 후에 사공과 격군 등이 중간에서 훔치고는 배가 난파되었다고 핑계대는 자가 잇따랐다. 호조가 곧 그들의 처자와 족속을 감옥에 가두어 죄를 다스리고 훔친 쌀을 도로 징수했으나, 대부분 갚을 수 없었고 죄수들은 감옥에 항상 가득 찼다. 간혹 실제로 난파되어 들어간 일도 있었으나, 일률적으로 징계하여 다스리니 백성들이 매우 원통하게 여겼다. 이때에 이르러 호조판서 정치화가 상환하기 어려운 형편을 진달하고 모두 탕감하기를 청하여, 유배 중인 15명과 당시 갇혀 있던 164명이 모두 용서를 받았다. 응당 징수해야 할 쌀과 콩 5,760석도 모두 감면하도록 허락했다. _현종개수실록 3년(1662) 3월 28일

면세전이 늘어나고 중간에서 착취하거나 빠져나가는 세금도 과다해질수록 힘없는 백성들의 부담은 날로 커져갔을 것이다.

전세와 더불어 세금의 한 축을 이루는 것이 공물이다. 고대부터 지방

의 특산물을 바치는 제도가 있었는데, 고려시대에는 매년 정해진 물품과 수량을 징수하는 상공常貢 또는 세공歲貢, 필요에 따라 수시로 바치게 한 별공別貢으로 구분했다. 세공품으로는 황금, 은, 베, 구리, 철, 소금 등이 있었다.

그림 5 청자주전자 세트

2008년부터 2010년까지 태안 마도에서 수중 발굴된 마도 1호선은 1207년 가을부터 1208년 봄까지 전라도 나주·해남·장흥 등지에서 거둔 곡물과 함께 강진에서 만든 청자를 싣고 개경으로 항해하다가 난파된 배였다. 여기서는 청자와 도기, 화물표, 곡물, 젓갈, 닻돌 등이 발굴되어, 800년 전 지방에서 개경으로 세곡과 공물을 바치던 정황이 드러났다. 특히 화물표로 사용된 목간과 대나무쪽을 통해서 배에 화물을 싣거나 출항한 날짜, 발신지, 수신지, 화물의 종류와 수량 등이 확인되었다. 대장군 김순영에게 보내는 화물표도 포함되어 있었는데, 『고려사』에도 나오는 인물이라서 연대를 확정하는 데 결정적인 역할을 했다. 또 청자주전자와 받침접시, 받침대 세 개가 세트로 출토되어 이들이 어떻게 사용되었는지 처음 알게 되어 주목을 받기도 했다.그림 5

고려시대에는 수공업을 전문으로 하던 특수집단인 소所가 있어서, 여기서 생산되는 물품도 중요한 공납물이었다. 근래에 충주시 노계마을에서 야철지가 발굴되면서 고려시대 철산지로 알려진 다인철소多仁鐵所의 실체가 확인되었다. 이곳에서는 철기 생산과 관련된 시설이나 연료

그림 6 노계야철지 출토품

와 관련된 숯가마와 함께 솥, 보습, 쇠도끼 등 다수의 철제품이 발굴되었다. 솥 안에는 다량의 철제품 조각들이 가득 담겨 있었다고 한다.그림 6 이런 데서 생산된 철제품도 관청에 바쳤을 것이다. 조선시대 세종실록 지리지에는 약재를 포함한 각종 공물의 품목이 도별로 열거되어 있는데, 함길도가 131개로 가장 적고 경상도가 283개로 가장 많았다.

백성들에게는 전세보다 공물이 더욱 괴로웠다. 전세는 가벼워 지주에게 유리했고, 반면에 공물은 상대적으로 무거워 일반 백성들에게 짐이 되었다. 이항복도 선조에게 이렇게 아뢰었다.

백성들이 괴로워하는 것은 공물이지 전세가 아닙니다. 공물을 납부할 때 10두를 납부할 것이 거의 10석에 이르게 되니, 이 때문에 백성들이 감당하지 못합니다. _선조실록 34년(1601) 8월 13일

강원도 고성군수 김한걸의 상소에서도 비슷한 말이 나온다.

온갖 공물의 독촉은 모두 겨우 남아 있는 백성에게 집중되어, 지난번에 홉으로 내던 것이 이번에는 되로 내고, 지난번에 되로 내던 것이 이번에는 말로 내야 합니다. 그러니 백성이 어찌 곤궁해지지 않겠으며, 고을이 어찌 피폐해지지 않겠습니까? … 100호가 감당하지 못한 부세를 단 10호가 바치게 하고, 10호가 감당하지 못한 부세를 단 1호가 바치게 하고 있으니, 형세상 백성들이 도망하여 떠돌지 않을 수 없습니다. _명종실록 15년(1560) 1월 16일

윤휴도 "전세는 날로 가벼워지고 공물은 날로 무거워진다"고 숙종에게 지적한 적이 있다숙종실록 1677. 11. 21. 이제 백성들이 괴로워한 공물 진상의 사례를 몇 가지 보겠다.

지방관이 민가의 감귤로 진상한다고 칭탁하여 그루를 세어 장부에 기록합니다. 열매가 겨우 맺을 만하면 개수를 세어 봉해 두고 감독하며, 혹시 주인이 따는 일이 있으면 절도죄로 몰아댑니다. 이렇게 해서 관청에서 전부 가져가니 백성은 이익을 보지 못하여 서로가 원망하고 한탄합니다. _세종실록 9년(1427) 6월 10일

이런 일이 조선시대에 감귤 생산지인 제주도에서만 일어난 것은 아니었다.

고을 원이 된 자는 으레 민가의 과일나무 대장을 만들어두고 그 열매를 거두어들이는데, 포악한 자는 그해의 흉년도 상관하지 않고 반드시 그 수효를 채워서 거두어들였으므로, 백성들이 괴롭게 여겨 나무를 베어버리는 자도 생겨났다. _『패관잡기』 2

그림 7
민정문서의 해당 부분

신라 민정문서그림 7에 삼밭과 함께 뽕나무桑, 잣나무栢子木, 호두나무秋子木의 숫자를 3년간의 변동 사항과 함께 일일이 기록해놓은 것도 국가에서 이들을 수취 대상으로 삼았기 때문이다. 임금이 생우황을 올리라고 해서 소를 잡는 소동이 벌어졌다.

이보다 앞서 임금이 생우황을 대궐 안으로 들이라고 명했는데, 내국內局, 내의원에서 즉시 구하여 바치지 못했다. 이에 특별히 엄한 지시를 내려 의관을 잡아다 죄를 다스리게 하자, 지부地部, 호조의 당상관과 낭관이 임금 앞에 와서 대령했다. 임금이 널리 찾도록 친히 독려하여 사사로운 도살을 허락하고 반드시 얻어내도록 하니, 이로부터 죽인 소가 수백 마리가 넘었다. _숙종실록 39년(1713) 7월 16일

임금의 덕을 보이는 전시적 행사 때문에 꿩을 진상하기도 했다. 이를 폐지하도록 한 정조의 지시다.

호서 지방에서 꿩을 산 채로 잡아서 보내는데, 봉하여 올린 뒤에는 방생하던 선왕의 거룩한 덕을 본받아 곧바로 궁궐 숲에 놓아준다. 그러면 날아갔다가 다시 모이고 한참 뒤에야 멀리 날아가버린다. 이것이 곧 궁중의 고사가 되었다. 쓸모도 없으면서 폐단만 생기는 것이 과연 이와 같으니, 앞으로는 도계진상到界進上에서 생꿩을 제외해 영구히 따르도록 하라. _정조실록 15년(1791) 6월 26일

미국에서는 추수감사절에 칠면조 요리를 먹는데, 매년 대통령이 칠면조 한 마리를 죽이지 않고 특별히 방면해주는 행사를 연다. 위의 자료를 읽다 보니 미국의 이런 행사가 생각이 난다. 도계진상이란 신임 관찰사가 임지에 도착해서 의례적으로 그 지방 특산물을 진상하던 것을 이른다. 생꿩뿐 아니라 생선을 바칠 때에도 괴로움을 당했다. 다음은 경기어사로 다녀온 엄흔이 아뢴 말이다.

경영京營, 훈련도감 등의 서울 병영의 창고에 바치는 생선은 크기가 차지 않으면 받지 않고, 생꿩은 깃털이 하나라도 빠졌으면 역시 받지 않습니다. 이 때문에 부득이 생산지에 가서 사기 때문에 생선 한 마리 값이 심지어 무명 30여 필에 이르고 꿩 한 마리 값이 역시 20필에까지 이릅니다. 백성이 수령에게 호소해도 수령은 백성의 폐단을 헤아리지 않고 다만 일이 생길까만 두려워합니다. _중종실록 33년(1538) 10월 28일

공물은 현지에서 생산되는 토산물을 바치는 것이 원칙이었으나, 실제로는 생산되지 않은 것들도 많이 부과되어 어쩔 수 없이 산지에서 구

매하여 상납하는 일이 잦아졌다. 이런 과정에서 다른 사람이 대신 내고 그 대금을 농민에게서 받아내는 방납防納제도가 등장했다. 그러나 대리인들의 농간이 심해지면서 이마저 폐지되고, 1608년에 대동법大同法이란 새로운 제도를 낳게 되었다. 이로써 공물 상납을 폐지하고, 그 대신 농지 1결에 쌀 12두를 걷어서 공물을 사는 자금으로 삼았다.

전세와 공물의 부담이 얼마나 되는지는 조선초기의 사례를 양성지가 세조에게 올린 상서에서 대략이나마 추정할 수 있다.

우리나라에서 백성들에게 세금을 거두는 것은 집집마다 전답에서 세로 부담하는 것이 소출의 10분의 4이고, 잡세雜稅가 그중 10분의 6을 차지합니다. 잡세라는 것은 바로 여러가지 공물을 대신 내는 것입니다. _세조실록 10년(1464) 5월 28일

세금은 전체 수확의 10분의 4인데, 이 가운데 전세가 10분의 4이고 잡세, 즉 공물 대납금이 10분의 6이다. 전체 수확에서 따지면 전세는 100분의 16이고, 공물 대납금은 100분의 24가 된다. 따라서 조선초기에 이미 공물 대납금이 전세보다 더 많았다. 전세 자체는 100분의 10에 해당하고 나머지 100분의 6은 모미 등 부가세에 속한다. 조선초기에는 1결당 수확량을 쌀 300두로 치므로 전체 세금이 120두가 되는데, 이는 다시 30두의 전세와 18두의 부가세, 72두의 공물세로 분리할 수 있겠다.

전세는 10분의 1이지만 공물까지 포함하여 여기에 추가로 붙은 것이 10분의 3이다. 이렇게 전세 자체보다는 여기에 부가되는 것이 백성들

에게는 큰 부담이었다. 이익1681~1763도 이를 지적하여 백성들보다 땅을 가진 힘 있는 사람들에게 좋은 제도라고 비판했다.

지금의 전세 수입은 십일세에 미치지 못하는데 잡된 세금은 한정이 없으니, 세금이 가볍다는 의미가 어디에 있는가? 결국에 조정에서 쓸 자금은 모두 백성에게서 나오는데, 일부 세금만 가볍게 해주고는 잡세로 한없는 욕심을 채우고, 아전들도 이를 기화로 농간을 부리니, 백성을 해치는 것이 바로 여기서 비롯된다. 지금의 세금은 대체로 너무 가벼운데, 나라 안의 농토는 힘 있는 사람들의 소유 아닌 것이 없으니, 세금 가벼운 게 무슨 도움이 되겠는가? 송곳 하나 꽂을 땅도 없는 백성에게서 살갗까지 벗겨낼 정도로 거둔다는 것을 생각하지 않는가? _『성호사설』 인사문, 결부지법結負之法

앞에서 공물이 전세보다 높은 것이 백성에게 불리하고 지주에게 유리하다고 한 말을 여기서 다시 한 번 확인할 수 있다. 제도가 아무리 좋아도 운영하는 데 편법이 자리 잡게 되면 힘 있는 사람이 유리하게 되고 그럴수록 백성들은 더욱 수탈당할 수밖에 없는 것이 세금 제도다.

요역과 군역

전세와 공물이 생산물을 징수하는 것이라 한다면, 요역과 군역은 노동력을 징발하는 것으로서 조용조의 '용'에 해당한다. 요역은 세곡을 운반하거나 성벽을 쌓거나 왕릉을 만드는 등의 사안이 발생하면 그때마다 임시로 징발하는 것이고, 군역은 지금 정해진 나이가 되면 군대에 가듯이 일정 기간 군인으로서 국가에 봉사하는 것이다. 물론 이것은 모두 남자들이 지는 의무였다.

국가가 인력을 적절히 동원하기 위해서는 인구 파악이 무엇보다 중요했다. 전세를 걷기 위해서 20년마다 양전을 하듯이 3년마다 호적, 6년마다 군적을 만들어야 했다. 농지와 더불어 인력은 국가 재정의 원천이었기 때문이다. 고려시대의 호구 조사에 대한 기록이다.

나라의 제도에 백성들은 나이 16세가 되면 정丁이 되어 비로소 국가의 부역을 담당하며, 60세가 되면 늙어서 부역을 면제하였다. 주, 군에서는 매년 사람 수를 조사하여 호적에 등록한 뒤 호부에 올려보냈다. 무릇 병역에 징발하거나 요역에 동원할 때에는 호적을 바탕으로 선정하였다. _『고려사』 식화지, 호구

'정'은 국가의 징발 대상이 되는 나이에 도달한 남자이다. 지금도 군대에 징집되는 남자들을 장정이라 부르는 것도 여기서 유래했다. 조선시대에는 일종의 신분증인 호패號牌를 차게 했다. 호패는 16세 이상의 남자가 의무적으로 소지해야 했던 것으로 지금의 주민등록증과 유사하다. 지금의 주민등록증 제도는 1968년에 북한의 무장간첩 침투 사건을 계기로 시작되었다. 간첩을 식별하기 위한 수단으로 만들어진 것이다. 그러다가 1975년에 현재처럼 생년월일이 들어가는 방식으로 변경되었다. 지금은 전국민이 대상이란 점이 호패제도와 다르다. 다음은 세조가 호패제도를 다시 시행하면서 관찰사들에게 유시하며 내린 글이다.

호패는 천하에 두루 통하는 법이다. 하나는 그 직무를 밝히고, 하나는 그 호구를 밝히려는 것이다. 하나는 도적이 스스로 그치게 하려는 것이고, 또 백성들이 떠돌며 자기가 할 바를 잃어버릴 염려가 없게 하려는 것이다. 내가 중국을 보면서 여러 해 생각하고 헤아려서 이제 실시하기로 이미 정했으니, 호패는 종친, 공신, 의정부, 육조로부터 시작하여 빠짐없이 차도록 하라. _세조실록 4년(1458) 4월 5일

호패의 기재 내용이나 재료 등은 시대나 신분에 따라 달랐다. 호패는 고위 관료의 경우에 상아로 만들었고 보통은 나무로 만들었지만, 숙종 때에는 나무 대신에 종이로 만든 적도 있다. 기재 내용도 경우에 따라 다른데, 한 예를 든다면 호패 앞면에는 성명과 함께 출생 연도, 과거에 합격한 연도를 기록하고 뒷면에는 호패 제작 연도를 새겼다.그림 1 또 신분에 따라 색깔도 달리하였다.

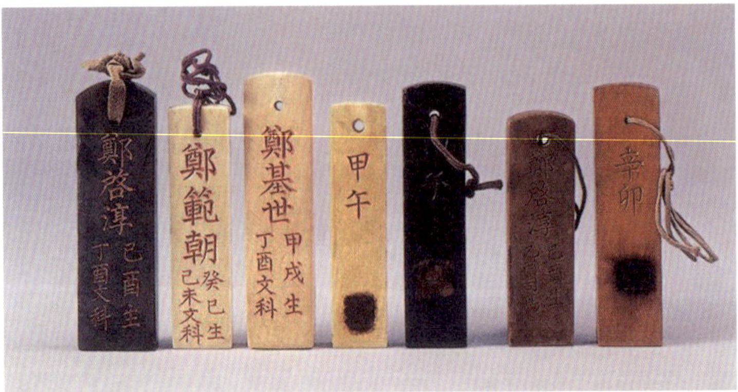

그림 1 호패들

경제사를 연구하려면 농지와 호구에 대한 통계자료가 기본적으로 갖추어져 있어야 하는데, 우리 역사는 그렇지 못하다. 우리나라의 전체 인구가 제대로 기록되기 시작한 것은 조선 중종 무렵인 16세기 전반이다. 다음은 그 첫 출발점이 되는 기록이다.

이 해에 서울과 지방의 호구를 헤아렸는데, 호는 75만 4,146이고, 인구는 374만 5,481이었다. _중종실록 14년(1519) 12월 29일

이로부터 150년 뒤인 현종 10년1669에는 134만 2,074호에 516만 4,524명으로서 인구가 40퍼센트가량 증가했고, 영조 때인 18세기 전반에는 700만 명을 돌파했다. 그러나 실제 인구는 이보다 많았을 것으로 추정하고 있다. 1906년에는 274만 2,263호에 1,293만 4,282명으로 조사되었다. 실록의 통계치를 보면 임진왜란과 병자호란 직후에 인구가 크게 준 것으로 나오고, 19세기에도 18세기보다 줄어든 것으로 나온다.

이처럼 통계가 부실해서 인구의 변화 추이를 제대로 파악하기 어려운 실정이다.

참고로 일본의 인구는 589년에 393만 명, 721년에 458만 명, 1279년에 약 500만 명 정도라는 기록이 나온다. 중세 후기인 15세기 이후에 1천만 명을 넘었을 것으로 여겨진다. 또 에도시대 전반기인 17세기에 인구가 급증하다가 18~19세기에 3천만 명으로 안정되었다고 한다. 영국의 인구는 흑사병이 만연하던 1377년 250~300만이던 것이 1540년에 300만, 1688년에 490만 명에 이르렀다.

세종실록 지리지에 따르면, 조선초기인 세종 때에는 대략 70만여 명으로 파악되었으나, 이 역시 정확한 숫자라 하기 어렵다. 경기도의 인구를 적은 뒤에 이런 말을 덧붙여놓았다.

> 호 2만 882, 인구 5만 352【우리나라는 인구에 관한 법이 밝지 못하여 대장에 등록된 것이 겨우 열에 한둘이다. 국가에서 매번 바로잡으려 했으나 인심을 크게 잃게 될까봐 방치한 채 지금까지 이르렀다. 따라서 각 도, 각 고을의 인구수가 여기에 그치게 되었고, 다른 도에서도 모두 그렇다.】_세종실록 지리지 경기도

인구를 자세히 파악한다는 것은 세원을 확보하는 것이기에 백성들은 조사에서 빠지기를 바랐을 것이다. 조선초기가 이러니 고려나 고대로 올라가면 더욱 캄캄하다. 고려 때에는 남녀 210만 명이라 한 것이 유일하다『송사』.

고구려는 전성기에 21만 508호『삼국유사』, 멸망시 170개 성에 69만

그림 2 당평제비 비문(2003. 4)

7천 호『구당서』였고, 백제는 전성기에 15만 2,300호, 멸망시 200개 성에 76만 호라 했다. 그러나 인구에 관한 언급이 없다. 다만 정림사지오층석탑에 새겨진 당나라 비문그림 2에는 백제 멸망시 24만 호, 620만 명이라 했으나, 조선시대 인구와 비교해도 너무 많아 신뢰하기 어렵다. 반면에 신라의 인구를 추정할 수 있는 자료는 거의 없는 상태이다.

인구의 밀집처인 수도의 인구도 궁금하다. 우선 서울은 세종 때에 10만 명가량 되었다.

한성부가 아뢰었다 "병오년1426의 호적이 이제야 완성되었습니다. 경성 5부는 1만 6,921호, 10만 3,328명이고, 관령管領, 구역 책임자이 46명입니다. 성 밖 10리 구역에는 1,601호, 6,044명이고, 관령이 15명입니다. …" _세종실록 10년(1428) 윤4월 8일

성 밖 10리까지는 서울 근교에 해당한다. 현종 13년1672에는 19만 2,154명이 되고, 숙종 43년1717에는 23만 8,119명에 이르러, 1700년 언저리에서 20만 명으로 늘어난 것을 알 수 있다. 조선말까지는 대체로 이 수준을 유지하다가 일제강점기에 들어선 뒤에 급증하였다.

남송의 수도였던 중국 남방의 항주杭州는 12세기 초반에 20만 명이

던 것이 1170년에 50만 명 가까이 되고, 1275년에는 100만 명이 넘는 대도시가 되었다. 영국 런던은 1520년에 6만 명, 1603년에 20만 명에 달했고, 1689년에 근 60만 명에 달해서 유럽 최대의 수도가 되었으며, 1851년에는 전체 인구의 11.5퍼센트인 240만 명이 거주하는 대도시로 팽창했다. 산업혁명으로 인구가 급증한 것이다. 서울의 느린 인구 변화와 크게 대비된다.

고려시대 개경의 인구는 조선시대 서울보다 많았던 것 같으니, 다음 기록이 참고가 된다.

세상에 전해지기를, 개성부 성 안의 민간 호수가 고려 때에 13만 호였으나 수도를 옮긴 후로는 겨우 8천여 호였다고 한다. 지금 수도 한성은 평상시에 8만 호로서 개경의 전성기에 미치지 못한다. 또 전쟁 뒤에 거의 다 사망하고, 지금까지 20여 년 동안 수만 호에도 미치지 못한다. 백성들이 모여 살기가 어려운 것이 이와 같다. _『지봉유설』 병정부, 민호民戶

다른 기록에도 개경이 10만 호였다고 전해지는데『고려사절요』, 10만 호라 해도 1호당 5명으로 치면 50만 명이 된다.

신라 수도인 경주에는 전성시대에 17만 호가 살았던 것으로 전해지지만『삼국유사』, 세종 때 서울에 1만 7천 호가량 살았던 것과 비교하면 너무 많고, 개경 10만 호와 비교해도 많은 편이다. 그래서 17만 호가 아니라 17만 명으로 보기도 한다. 그래도 조선후기 서울의 인구만큼 되니, 과연 경주가 그만한 인구를 수용할 수 있었는지 궁금하다.

지금까지 보아온 인구는 자료마다 들쭉날쭉할 정도로 균질하지 못하다. 더구나 실제 인구보다 빠진 것이 많거나 과장된 것도 포함되어 있다. 아무튼 이러한 호구 조사를 통하여 국가는 백성을 차출하였다.

우선 요역 동원이다. 요역은 성벽이나 왕릉의 축조와 같은 토목공사, 세곡이나 진상품 등의 운송 등을 위해서 호戶를 단위로 사람을 차출하여 사역하는 것을 이른다. 겨울에는 얼음을 저장하기 위해서도 동원되었고, 왕릉이 많은 경기도 사람들은 국상이 날 때마다 인부로 동원되는 고역을 치렀다. 다음은 평안도 의주의 성벽을 개축하고자 김종서가 아뢴 말에 문종이 답변한 말이다.

의주성을 수리하는 일은 내 생각에 금년 봄에는 천천히 하는 게 좋겠다. 다만 퇴락한 곳을 고쳐 쌓고, 성문을 수리하고, 해자성밖 도랑를 깊게 파는 정도만 하라. 징발할 사람들은 적당히 헤아려 뽑아서 정하고, 벽돌과 석회를 많이 구워라. 또 의주에서 5, 6백 명을 징발하여 농한기를 틈타서 어배동에서 돌을 모으고 얼음이 어는 것을 기다려서 적당히 옮겼다가 내년 봄이나 가을에 추가로 쌓는 것이 편리하겠다. _문종실록 1년(1451) 1월 9일

농한기에 백성을 동원하여 채석장에서 성까지 돌을 운반했다. 이때 얼음 위로 돌을 운반하는 것이 유리했던 것 같다. 이것은 고대에도 같았을 것이다. 고구려는 무덤이나 성에 모두 돌을 많이 사용했다. 그런데 국내성 지역에서 발견된 채석장이 멀리 통구하 상류에 있는 것으로 보아서,그림 3 당시에도 강물이 언 겨울을 이용해서 돌을 운반했을 것이란 생각이 든다.

그림 3 고구려 채석장(2004. 12)

그림 4 남산 신성비 제1비(2011. 10)

경주 남산에 신성을 쌓으면서 새겨놓았던 비석[그림 4]이 현재까지 9개가 확인되었다. 비문에는 성을 쌓은 뒤 3년 안에 무너지면 그 책임자를 처벌하겠나는 서약과 함께 담당자들의 인적사항이 적혀 있다. 지금으로 따지면 건축 실명제이다. 그런데 이 성을 축조하기 위해서 함안, 의령, 상주, 선산, 옥천 등지의 지방민까지 동원한 것이 확인된다.

함안 성산산성을 쌓을 때에도 원거리에서 사람들을 동원했을 것으로 추정된다. 이곳에서 다수 발견된 물품의 꼬리표 목간에는 오늘날의 영주, 안동, 예천, 개령, 성주 등지에서 곡물이나 말 먹이 등을 보내온 것이 적혀 있는데, 낙동강을 이용해서 이곳 사람들을 동원하거나 물건을 받았을 것이다.[그림 5] 또 목간에 '부負'자가 많이 나타나는데, 이것은 '져서 날랐다'는 의미로 해석된다. 그렇다면 당시에도 지게를 사용했을 것이다. 이런 점에서 능산리 사지에서 출토된 백제의 지게 발채가 눈길을 끈다.그림 6 경주 황남동 고분에서 출토된 호림박물관 소장의 흙인형에도 지게 같은 것을 지고 있는 것이 보인다. 이미 삼국시대부터 지게를 사용하여 물건을 날랐던 것이다.

'지게'란 한글 표현은 정철1536~1593이 지은 권주가인 「장진주사」에 "이 몸 주근 후면 지게 우회 거적 덥혀 주리혀 뫼여 가나"에서 처음 보인다.

조선시대에 쌓아서 지금까지도 잘

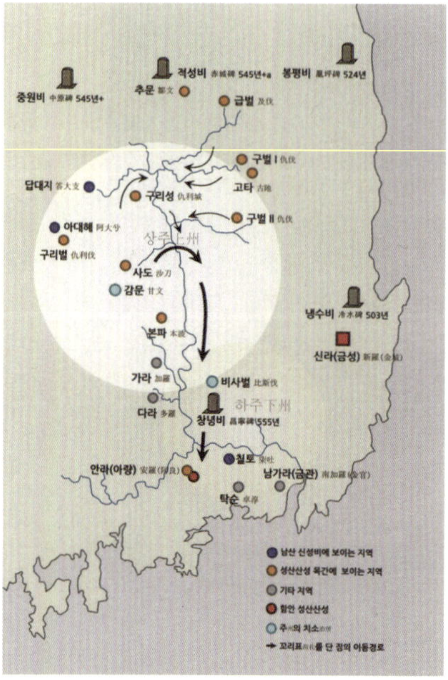

그림 5 남산 신성비, 성산산성 관련 지역

그림 6 백제의 지게 발채

그림 7 해미읍성 성돌의 '공주' 명문(2004. 11)

남아 있는 해미읍성에도 원거리에서 백성을 동원했던 기록이 성벽에 남아 있다. 남문인 진남문 양쪽 바깥에 공주, 청주라는 글자가 새겨진 성돌이 보이는데,그림 7 외지 사람들이 이곳에 동원되어 성벽을 쌓은 것이다. 이 읍성에서도 보듯이 우리나라 성은 외벽을 수직으로 쌓는 데 비해 일본 성은 비스듬히 경사지게 쌓아 차이가 난다. 우리나라에 남아 있는 왜성은 이 때문에 쉽게 구별된다. 수직으로 쌓으면 적이 기어오르기가 여의치 않겠지만, 쉽게 무너진다는 단점도 있다. 그래서 수시로 주민을 동원하여 수리를 해야 했다.

다음은 감찰사에서 충렬왕에게 건의한 것으로서, 고려시대에 궁궐 공사에 동원된 양반 얘기다.

또 궁궐을 수리한 지 이미 3년이나 되었는데, 부리는 종이 없는 양반 가운데는 자기 녹패祿牌, 급여패를 팔아서 사람을 고용하여 부역에 응하거나 직접 부역에 나가는 자들이 있습니다. 청컨대 이것 역시 면제하고,

농한기를 기다려 일을 시켜주십시오. _『고려사』 충렬왕 6년(1280) 3월 임자일

조선시대에 조운에 동원된 백성의 고통이 느껴지는 자료이다.

경상도의 조운선 34척이 바다에 침몰하여 죽은 사람이 대단히 많았다. 만호萬戶, 무관 벼슬가 사람을 동원하여 수색했는데, 섬에 의지해 살아난 한 사람이 이를 보고 도망하였다. 쫓아가서 붙잡아 까닭을 물으니, "도망하여 머리를 깎고 중이 되어 이 고생에서 벗어나려 한다"고 대답했다.

임금이 듣고 "책임은 내게 있다. 많은 사람을 사지에 내몬 것이 아니겠는가? 5일은 음양가에서 수사일受死日, 금기일에 해당하고 바람 기운도 매우 좋지 않아서 배를 띄울 날이 아니다. 그런데 바람이 좋지 않은 것을 알면서도 배를 출발시켰으니, 이것은 실로 백성을 사지에 내몬 것이다"고 탄식하고, 좌우에 "죽은 사람은 얼마이며, 잃은 쌀은 얼마인가?" 물으니, 좌우가 대답하지 못했다. 임금이 "대략 얼마인가?" 하니, 좌우가 "쌀은 만여 석이고, 사람은 천여 명입니다" 하였다. _태종실록 3년(1403) 5월 5일

오희문의 일기에는 부역에 고통받는 백성들의 모습이 다양하게 그려져 있다.

이에 나루를 건너 부안에 사는 정병正兵, 군역 복무자 박원준의 집에서 잤다. 그곳에는 수십여 호가 살았는데 모두 비어서 쑥대만 마당에 가득하고, 다만 몇 집만 사람이 있었다. 박원준에게 물으니, 연전에 난리가 난 후로 요역이 전보다 10배나 되어 백성들이 그 고통을 견디지 못해서 모두

도망해 흩어졌는데, 이곳만이 아니라 곳곳이 다 그러하다고 한다. _『쇄미록』 1593. 7. 14.

임진왜란이 일어난 1년 뒤 전라북도 부안의 한 마을 모습이다. 견디다 못해 부역을 피해 도망하는가 하면 자살하는 길을 택하기도 했다.

내가 들은 말이다. 이천의 한 백성이 하루에 세 가지 부역이 겹쳐 나왔는데, 몹시 급하게 독촉을 받았다. 그 아내에게 "내 한 몸이 아직 살아 있어서 관청의 부역이 이와 같이 나와 당해낼 수가 없다. 그렇지만 만일 한 번 죽으면 당신은 편해질 것이다" 말하고, 즉시 그 아내에게 술을 가져오게 하여 마시고 크게 취한 후에 목을 매어 죽었다.

이 말을 들으니 비참함을 이길 수가 없다. 누구나 죽기를 싫어하고 살기를 좋아하는 것이 인지상정이다. 그런데 심지어 스스로 목숨을 버리기까지 하니, 민생의 괴로움이 여기에서 더욱 슬프다 하겠다. 형세를 어찌하겠는가, 다만 하늘을 원망할 뿐이다. _『쇄미록』 1597. 12. 11.

고을 단위, 집 단위로 부과되는 부역은 정실에 얽매어 고르지 않기도 했다.

그러나 관찰사의 부역 징발이 고르지 못해서 안협과 평강 두 현은 두 번이나 부역을 보내고, 이천과 철원은 한 번도 보내지 않았다. 이곳 수령은 재상의 자제들이니, 어찌 홀로 수고하는 한탄이 없을 수 있겠는가? 몹시 한스럽다. _『쇄미록』 1598. 9. 9.

평강현감으로 있는 아들이 안쓰러워 이렇게 일기에 적었다. 조선시대 법전에 요역은 1년에 6일을 넘지 못하게 되어 있으나, 이 규정은 제대로 지켜지지 않았다. 다음은 왕실에서 사람들을 무상으로 착취하던 정황을 권대재가 숙종에게 아뢴 말이다.

궁가宮家에서 부리는 폐단이 갖가지입니다. 곡물이나 땔나무와 숯을 경강京江의 배로 삯도 주지 않고 실어옵니다. 배에서 내린 다음에는 또 강가에 있는 수레와 말에 강제로 실어서 바치게 합니다. 마땅히 한성부로 하여금 금단하게 하되, 범하는 사람은 발견되는 대로 아뢰어 처치하게 하소서. _숙종실록 3년(1677) 1월 10일

이런 정황은 조선말기에도 그대로 이어졌다. 영국군 장교의 백두산 등정기에는 느닷없이 무상으로 말과 함께 끌려가는 힘없는 백성들의 모습이 그려져 있다. 역참 역할을 하는 마을에서이다.

여행자가 말을 여러 마리 데려올 경우 말과 숙식을 제공해야 한다. 말은 대체로 기다리지 않고 들이나 다른 곳에서 일한다. 따라서 말이 요청되는 경우 시간의 지체가 발생한다. 추수하거나 쟁기질을 하는 가난한 마을 주민들에게서 필요한 수의 말과 수행자를 빼내 와야 하기 때문이었다. 내가 알기로 조선의 관리들은 한푼도 내지 않는다. _알프레드 E. J. 캐번디시 책, 120쪽

샤를 바라의 여행기에도 마을 사람들을 무작정 사역하는 상황이 보

인다. 밤중에 이 마을에서 저 마을로 안전하게 건네주는 역할을 강제로 차출해서 맡긴 것이다.

지금까지 우리를 안내해 온 지난 마을의 인솔자들이 자진해서 활활 타는 횃불을 든 채 이 집 저 집 문을 두드리며 밀고들어가 거의 강제로 사람들을 데리고 나왔던 것이다. 그들에게 횃불을 인계하고 앞으로의 길 안내를 맡기기 위해서였다.

그렇게 해서 어떤 날 밤에는 말이 쉴 곳을 찾기까지 총 네 개의 마을을 그런 식으로 귀찮게 하면서 모두 합해 약 100여 명에 달하는 인솔자들의 길 안내를 받은 적도 있다. _샤를 바라 책, 138쪽

국가의 방비를 위해서 군인으로 차출되는 군역은 이미 고대부터 백성들의 큰 부담이었다. 신라시대 가실 소년과 설씨 소녀의 사랑 얘기에서도 군역에 시달리는 백성의 모습이 그려져 있다.

설씨 여자는 율리에 사는 백성의 딸이었다. 비록 가난하고 외로운 집안이었으나, 용모가 단정하고 뜻과 행동이 올발라서 보는 이들이 모두 그 아름다움에 반했지만 감히 범접하지 못했다. 진평왕579~632 때에 그의 아버지가 연로한데도 정곡이란 곳에서 방비하는 당번을 서게 되었다. 아버지가 노쇠하고 병들어 차마 멀리 보낼 수 없었고, 또한 여자 몸으로 아버지를 대신해서 갈 수도 없어서 딸은 고민만 하고 있었다.

사량부 소년 가실은 비록 가난하고 궁핍하나 의지가 곧은 사내였는데, 일찍부터 설씨의 아름다움에 반했으면서도 감히 말을 꺼내지 못

하고 있었다. 늙은 아버지가 종군하게 된 것을 설씨가 걱정한다는 말을 듣고서 마침내 그는 설씨에게 청했다. "내 비록 일개 나약한 사내지만 일찍부터 의지와 기개로 자부해왔으니, 원컨대 불초의 몸으로 아버님의 부역을 대신하겠습니다." 설씨가 매우 기뻐하며 들어가 아버지에게 고했다. 아버지가 그를 불러서 보고 "그대가 이 늙은이의 부역을 대신한다는 말을 들으니 기쁘고도 송구스러워서 어쩔 줄을 모르겠소. 보답을 하고 싶으니 만약 그대가 어리석고 누추하다 하여 버리지 않는다면, 어린 딸을 주어 키와 빗자루를 받들게 하고 싶소"라고 말했다. 가실이 두 번 절하고 "감히 바랄 수는 없으나 원하는 바입니다"고 말했다. 이에 가실이 물러나와 혼인할 기일을 청했다. 설씨가 "혼인은 사람의 큰일 가운데 하나인데, 창졸간에 치를 수는 없습니다. 제가 이미 마음을 허락했으니 죽더라도 변함이 없을 것입니다. 그대가 방비에 나갔다가 교대하여 돌아온 뒤에 날을 받아 혼례를 치러도 늦지 않을 것입니다"고 말했다. 이에 거울을 반으로 나누어 각각 한 쪽씩 지니며 "이것을 신표로 삼아 뒷날 맞추어 보겠습니다"고 했다. · · ·

그는 드디어 작별하고 떠났다. 마침 나라에 변고가 있어서 사람들이 교대하지 못해 가실은 6년이 되도록 돌아오지 못했다. 아버지가 딸에게 "처음에 3년을 기한으로 하였는데 지금 이미 지났으니 다른 집에 시집가야겠다"고 하니, 설씨가 "전날에 아버지를 편안하게 하기 위하여 억지로 가실과 약속을 하였고, 가실이 그것을 믿고 여러 해 동안 종군하면서 춥고 배고픔에 고생하고 있습니다. 하물며 적과 가까운 국경에서 손에 병기를 놓지 않고 있으니, 이는 호랑이 입에 가까이 있는 것과 같아서 항상 물릴까 두려운데, 신의를 버리고 약속을 어기는 것이 어찌 인정이라 하겠습니까? 아무래도 아버지의 명을 따를 수 없으니 다시는 말씀하지 말아 주세요"라고 하였다.

아버지는 늙고 혼몽하여 딸이 장성하도록 짝이 없다면서 억지로 시집을 보내려고 몰래 마을 사람과 혼인을 약속하여 정해진 날에 그 사람을 맞아들였다. 설씨가 한사코 거절하고 몰래 도망하려다가 뜻을 이루지 못했는데, 마구간에 가서 가실이 두고 간 말을 보며 한숨을 쉬면서 눈물을 흘렸다. 이때 가실이 교대되어 돌아왔는데, 그의 형상이 초췌하고 의복이 남루하여 집안사람들도 알아보지 못하고 다른 사람이라고 하였다. 이에 가실이 앞으로 나아가 깨진 거울을 던지니, 설씨가 이것을 받아들고 소리 내어 울고 아버지와 집안사람들은 기뻐서 어쩔 줄을 몰랐다. 마침내 다른 날로 약정하여 서로 만나 해로하였다. _『삼국사기』 설씨 전기

삼국 사이에 전쟁이 빈번할 때라서 3년을 기한으로 갔던 사람이 6년이 지나서야 돌아왔다. 여기서 보듯이 거울을 깨서 훗날에 만날 것을 기약하는 것이 원래 의미의 파경破鏡인데, 이제는 부부가 갈라진다는 뜻으로 변해버렸다.

군역은 지금 병역이란 명칭으로 바뀌었지만, 국가에 대한 의무인 역役이란 글자는 공통으로 들어간다.그림 8 현재는 국민개병제를 시행하기 때문에 모두 군대에 가야 하듯이, 조선시대에도 군역은 양인이면 누구나 져야 했다. 다만 관료나 아전 등은 자신의 업무를 역으로 생각하여 제외된 것은 지금과 다른 점이다. 또 향교나 성균관에서 공부하는 유생도 면제되었으니, 베트남에서 대학생이 되면 군대가 면제되는 것과 비슷하다.

그림 8 왕 행차에 동원된 군졸들

지금도 병역 면제가 중요한 사회적 이슈가 되고 있지만, 조선시대에도 면제 조항을 악용하였다. 일례로 직첩, 즉 관리의 임명장을 사서 족보를 위조하여 군역을 빠져나갔다.

먼 시골의 문과 출신자가 처음 벼슬에 나갈 때로부터 위로 낭관郎官에 이르기까지 그 고신告身, 직첩을 받은 것이 많게는 수십 통이고 적게는 십여 통이 될 터인데, 그가 죽은 뒤 자손이 빈한해지면 그 맑고 화려한 벼슬【장령이나 이조정랑 따위의 벼슬】의 직첩은 그대로 두어 가보로 삼고, 그 나머지는 모두 내다 팔게 된다. 일반 백성이나 종 가운데 같은 성에 속한 자들이 모두 비싼 값【한 장의 값이 100냥에 이르기도 한다】으로 이 직첩을 사서 조상으로 받들고 그 호적을 고친다. 그리고 대대로 져오던 군역이 문득 와서 억울하다고 하소연한다. 수령이 믿을 만한 문서를 바치라고 하면 곧 직첩을 높이 받들고 오는데, 임금 도장이 휘황하고 관원의 글씨가 틀림없음을 믿고 의심하지 않아서 곧 면역을 허락하니, 어찌 몽매하다는 조롱을 받지 않겠는가? _『목민심서』 병전, 첨정簽丁

족보를 위조하는 것 외에도 담당 향리에게 뇌물을 주어 빠지는가 하면 아예 명단에서 누락시키기도 하고, 향교나 서원에 이름만 올려 회피하기도 하였다. 또 승려가 되거나 심지어 스스로 천인으로 떨어져 군역을 피하려 하였다. 이럴수록 점차 힘없는 사람들에게만 군역이 전가되었다. 수군水軍의 폐단에 대해서 장령 황계옥이 올린 차자의 한 부분이다.

무릇 백성은 천인을 싫어하고 양인이 되기를 좋아하는 것은 그 편안함 때문인데, 지금은 양민과 천인의 수고롭고 편안함이 서로 반대로 바뀌었습니다. 수군은 한 달간의 역을 지는 대신에 베 6, 7필을 내는데, 공노비가 베 한 필을 바치는 것이나 사노비가 편히 있으면서 생업에 종사하는 것과 비교하면 어찌 서로 크게 다를 수 있습니까? 이에 양갓집 아들이 천인으로 되기를 좋아하고, 때로는 중이 되어 군적에서 빠지기도 합니다. 정보丁保, 봉족가 날로 줄어들어 군졸이 더욱 고통스러워하는 것은 오직 이 까닭입니다. _성종실록 24년(1493) 7월 18일

관아에 소속된 공노비는 직접 자신의 신역에 종사하거나, 아니면 그 대신에 공포貢布라고 부르는 베를 바쳤다. 사노비는 상전에 대한 복무

자체를 역으로 생각하여 면제했다. 여기에 언급했듯이 군역을 직접 나가는 대신에 점차 베로 내게 되었는데, 그 부담액이 이들 노비보다 많았던 것이다.

군역에 대한 보수는 지급되지 않았으므로, 그 집의 생계를 도와주도록 장정을 지정하여 이를 봉족奉足이라 하였다. 정군과 봉족이 한 세트를 이루는 것이다. 성종 때에 병조에서 올린 군적을 보면, 전국적으로 정군이 13만 4,973명이고 봉족이 33만 2,746명이었으니, 정군 1명당 봉족이 2, 3명꼴로 배정된 것을 알 수 있다성종실록 1477. 6. 20. 군역에 나가든 봉족으로 지정되든 괴로움은 한가지였다. 대사간 김유가 중종에게 아뢴 말이다.

지금 사람들은 호주戶主, 정군가 되기를 좋아하고 보인保人, 봉족이 되기를 좋아하지 않습니다. 보인의 신역 부담이 매우 무거워서 감당해내지 못하므로 어쩔 수 없이 그 일가붙이에게서 거둬들입니다. 그 자신의 신역도 견디지 못하는데, 더구나 일가붙이의 신역이겠습니까? 그러므로 농지를 죄다 팝니다. … 한 집에서 네 아들을 낳으면 세 사람은 봉족이 되고 한 사람은 또 다른 역을 지게 되니, 누가 집에서 농사를 짓겠습니까? 지금 다행히 국가에 아무 일이 없으나, 일이 발생하게 되면 양민은 그 농지를 죄다 팔 것이 분명합니다. 이전에는 부유하게 사는 사람이 양민과 혼인할 수 있으면 스스로 다행하게 여겼는데, 지금은 양민의 신역이 무거워 공노비나 사노비가 되기를 좋아하니 군액軍額, 군역 대상자이 어찌 날로 줄어들지 않겠습니까? 수십 년 뒤에는 다 천인이 되어 양민이 없어질 것입니다. _중종실록 23년(1528) 11월 3일

이렇게 일가붙이에게 전가하던 것을 족징族徵이라 하고, 이웃에게 물리던 것을 인징隣徵이라 한다. 심지어 죽은 사람까지 군적에 올려서 베를 받아냈으니, 이것이 백골징포白骨徵布이다. 이런 용어들이 조선후기에는 흔히 등장하고 있다. 우부승지 권엽이 족징 때문에 죽음을 택한 사례를 세자에게 아뢴 말이다.

천안의 백성 유대흥은 그 한몸으로 일가붙이 20여 명의 신포身布, 역 대신에 바치던 포를 혼자 감당했는데, 그 괴로움을 이기지 못했습니다. 마침 그 집에 실수로 불이 나자, 누워서 피하지 않고 마침내 불에 타서 죽기에 이르렀습니다. _숙종실록 45년(1719) 2월 3일

봉족 때문에 극단적인 선택을 한 사례도 보인다.

경상도 산음현의 한 백성이 있는데, 그 아들이 장악원의 악생樂生, 음악 연주자을 돕는 방첩傍貼, 봉족으로 정해지자 손가락을 자르고 면했다. 또 다른 아들이 방첩이 되자, 그는 친한 사람과 모의하여 아들을 목 졸라 죽일 것을 기도하다가 일이 발각되었다. 친족이 관청에 고발하여 옥에 갇혀 신문을 받았다. _명종실록 7년(1552) 1월 29일

군역 대상자가 감소하면서 수령은 대장에 정해진 인원 수를 채우는 것이 급선무였다. 그러기에 갓난아이들마저 등록하지 않을 수 없었다. 수원부사가 상소한 말이다.

저희 부의 군보軍保, 봉족 중에 도망하거나 죽은 사람이 서로 잇따라 축난 인원이 아주 많습니다. 신이 다방면으로 찾아내어 겨우 한정閑丁, 군역을 지지 않은 남정 30명을 얻었습니다. 그러나 장성한 자 5, 6명 외에는 겨우 10세가 넘거나 8, 9세에 불과하니, 부모들이 안거나 업기도 하고 손을 잡고 데리고 와서 다투어 억울함을 하소연합니다. 눈앞에서 보기에 몹시 애처롭습니다. _인조실록 7년(1629) 10월 5일

이렇게 어린아이를 군적에 올리던 것을 황구첨정黃口簽丁이라 한다. 황구는 유아를 가리키고, 첨정은 군적에 올려 기록하는 것을 말한다. 이보다 3년 전에 전라도 창평昌平, 현 담양 현령이 군적을 고치면서 대상자들을 관아의 뜰로 소집해보았더니, 부모가 안거나 업고 온 유아들로서, 대장에는 20세로 된 자들이 실제는 10여 세 이하였다. 이리하여 자세히 조사해보았더니, 실제 나이가 10세 6명, 9세 3명, 7세 1명, 5세 3명, 4세 2명, 3세 1명이었다인조실록 1626. 11. 21.

군적이 부실하다 보니 실제 주민 수보다 군액이 더 많은 사태도 발생했다. 충청감사가 올린 장계에 따르면, 회덕은 양민 270호에 군액이 1천 명을 넘고, 진잠은 장정이 200명에 군액이 800명을 넘고, 서산은 양민 1,200호에 군액이 4천 명이라고 하였다경종실록 1723. 1. 9. 동래에서도 그러했으니, 동래부사 이문원의 상소문이다.

원래는 6,981호로서, 남자가 1만 5,178명입니다. 그중에서 노약자와 질병으로 폐인이 된 자 4,768명과 유교儒校, 학생 · 출신出身, 과거급제자 · 군공軍功, 군대에서의 공훈 2,351명을 제외하고 나면 부역에 응하는 실제 장정은 겨우

8,019명입니다. 영營·부府와 6진鎭의 장교와 이례吏隸, 서리와 종 및 각종 군인 정원을 합하면 1만 2,081명이 되어, 부족한 군정이 4,022명에 이릅니다. 이 때문에 중복해서 부역을 지는 백성이 3분의 1이 넘습니다. 매양 조사하여 채울 때가 되면 수군이 육군을 겸하기도 하고, 파발꾼이 봉화꾼을 겸하기도 하고, 어린아이는 나이를 올려 숫자를 채우고, 늙고 병든 사람을 억지로 부역에 나오게 하기도 합니다. 이제 겨우 반년이 되었는데 도망한 숫자가 이미 73명에 이르니, 1년을 통계한다면 그 숫자가 장차 백 명이 넘을 것입니다. _정조실록 4년(1780) 8월 2일

이로부터 12년 뒤, 덕천군수 송전의 상소문을 보면 군적에 등록된 인원은 3,560명인데 도망치고 죽은 자를 허위로 기록한 것이 1,200여 명에 이른다고 하였다정조실록 1792. 2. 9.

마지막으로, 조선시대에도 때로는 면제를 받은 학생 가운데 무자격자를 가려내서 군대로 보냈던 모양이다. 다음은 퇴계 이황이 과거시험을 보러 가는 아들의 병적 문제를 걱정하는 1552년의 편지다.

너는 늘 학문을 게을리하여, 합격의 요행을 바라기는 어려울 것이다. 다만 무사히 집으로 돌아가기만 한다면 다행일 것이다. 병적兵籍에 관한 일을 애초에는 대충 처리하였더니, 지금 경차관敬差官, 특명 어사이 내려갔으니 반드시 대단히 엄중하게 할 것이다. 또 말하기를 유생 중에 고강考講 시험에 합격하지 못한 사람은 하나도 남겨두지 않고 음자제蔭子弟로도 처리하지 않고, 모두 군에 입대시킨다고 하는구나. 어떻게 하겠는가? 다만 들으니 일찍이 합격했던 자는 시권試券, 시험 답안지만 보고서 병역을 면

제해준다고 하니 너는 면제받을 수도 있을 것 같다. 그러니 강講, 암기시험할 책을 모름지기 밤낮을 가리지 말고 푹 읽어서 대비하는 것이 좋을 것이다. _이황 책, 167쪽

대학자인 이황은 미덥지 못한 아들을 걱정하고 있다. 지위고하를 막론하고 아버지는 누구나 그렇겠지만, 그의 편지에서도 아들을 군대에 보내지 않으려는 부모의 심정이 절절히 배어 있다.

종이, 문서, 행정

인터넷이나 전자책을 통해서 신문이나 잡지를 보는 시대가 되었다. 이렇게 디지털시대가 되면서 종이 수요가 줄어들 것으로 예측했지만 오히려 대폭 늘어나고 있다. 필요할 때마다 프린트를 하거나 복사를 해서 보니 그럴 수밖에 없다. 2000년에 들어 디지털카메라가 보급되면서 필름값이 들지 않아 경제적일 것으로 생각했지만, 이제는 성능이 개선된 카메라를 주기적으로 바꿔야 해서 돈이 더 들게 된 것과 마찬가지다. 참으로 역설적인 발전이다.

종이는 중국에서 기원후 105년경에 환관인 채륜이 발명했다고 전해지지만, 실제는 이보다 200여 년 전부터 삼으로 만든 종이가 사용되었다. 채륜은 발명자가 아니라 개량자로서 채후지蔡侯紙라고 하는 새로운 종이를 고안해낸 인물이다. 종이의 발명은 인류문명사에 중대한 진전을 이루게 해주었다. 중국의 4대 발명품으로 화약, 활자 인쇄, 나침반과 함께 종이를 드는 것도 이 때문이다. 유럽에서는 양피지나 종이를 12세기에서야 사용하기 시작했다고 한다.

2011년 7월에 우즈베키스탄을 답사하면서 사마르칸드에 있는 전통적인 제지 공장을 방문했다. 그곳에서는 닥나무 대신에 뽕나무 껍질을

그림 1 우즈베키스탄의 전통종이 제작(2011. 7)

벗겨서 종이를 만들고 있었다.그림 1 뽕나무 가로수도 있는 걸 보니 가히 실크로드의 나라였다.

중국의 종이가 이곳에 전해진 것은 751년에 일어난 탈라스 전투 때문이다. 고구려 후예로서 당나라 장군이었던 고선지가 이끄는 군대가 서역으로 진출하여 이슬람과 전투를 벌였다가 패했고, 이때에 잡혀간 포로가 제지술을 전해주었다고 한다. 이후 이슬람에서는 사마르칸드에 제지소를 만들어 서양 종이의 효시인 사마르칸드 페이퍼를 생산했다. 종이는 이곳을 통하여 서양으로 전파해갔으니, 고구려 유민도 그 매개 역할을 했던 것이다.

그림 2 낭야대의 동상(2009. 1)

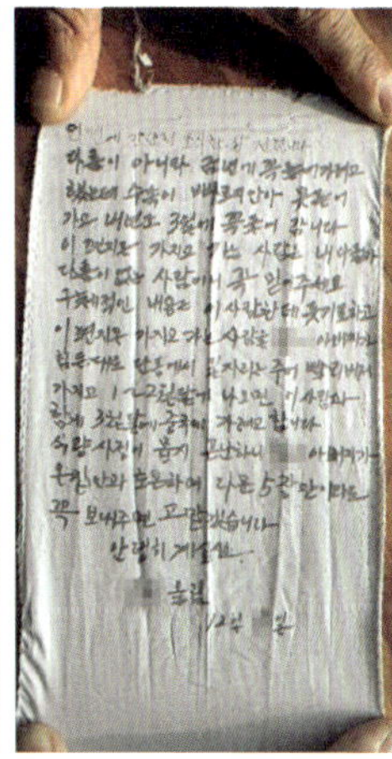

그림 3 헝겊편지(문화일보)

종이가 발명되기 전에는 나무판이나 대나무 조각에 글을 썼다. 책冊이란 글자는 댓조각을 끈으로 꿴 모습을 표현한 것이다. 공자가 주역 읽기를 좋아해서 가죽끈이 세 번이나 끊어졌다고 하는 위편삼절韋編三絕은 독서애호가의 상징어가 되었다. 중국의 고전인 『묵자』는 죽간에서 종이로 옮기는 과정에서 문장 배열이 뒤섞여 제대로 읽지 못하다가 청나라 고증학자에 의해서 비로소 바로 잡을 수 있었다.

중국 산둥성에 있는 낭야대 유적에는 진시황이 행차한 모습의 동상이 있는데, 신하는 그 앞에서 둥글게 만 죽책을 바치고 있다.[그림 2] 책을 셀 때에 한 권, 두 권 하는 권卷이란 말도 이처럼 원통 모양으로 된 두루마리를 의미한다. 글을 쓰려면 붓과 긁어내는 칼이 필요했기에 문서 담당 관리를 도필리刀筆吏라고 불렀는데, 나중에는 아전을 낮추어 부르는 말로 변질되었다.

종이가 아주 귀한 경우에는 비단에 글을 썼다. 그런데 북한에서 보낸

그림 4 어전에서 홀을 들고 있는 모습

그림 5 안악 3호분 기실

헝겊편지가 신문 기사에 난 적이 있다[문화일보 2011. 12. 28]. 80대 할머니가 중국 단둥에 사는 사람에게 식량 사정이 몹시 곤란하니 돈을 보내 달라고 간청하는 내용이었다.[그림 3] 출국자 검문 시에 바스락 소리가 나서 발각될까봐 흰 나일론 천에다 글을 썼다고 한다. 종이 대신에 헝겊을 쓰는 일이 현대에도 벌어진다.

어느 시대건 신하들은 홀笏을 들고 왕 앞에 서 있게 된다.[그림 4] 고구려 때 무덤인 안악 3호분에서는 주인공을 중심으로 오른쪽의 신하가 글이 적힌 문서를 펼쳐놓고 보고하고 있고, '기실記室' 직책이 적힌 왼쪽의 신하는 수판手板을 들고 붓으로 받아 적고 있다.[그림 5] 수판은 홀이라 하는 것으로서 조회할 때나 제사지낼 때에 메모하는 나무판이다. 대통령 앞에서 장관들이 모두 수첩을 꺼내놓고 적는 장면을 볼 수 있으니, 원래

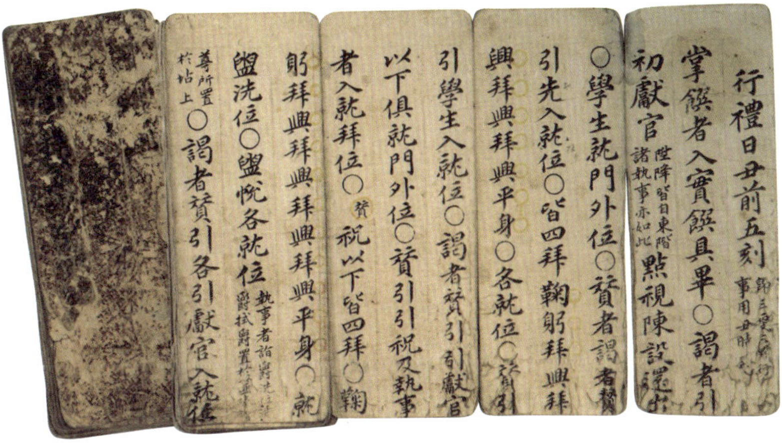

그림 6 홀기

홀은 이런 수첩과 같은 것이다. 홀은 점차 장식적으로 변했지만, 조선 시대까지도 메모 기능은 살아 있었다.

송덕상은 우둔하여 학술이 없었으나 여러 번 임금에게 아뢰어 예우를 갖춘 부름을 받기에 이르렀다. 어전에 나아갔으나 임금이 하문하는 것에 대답하지 못하고 소매 속 홀기笏記에 적은 몇 조항을 이어서 아뢰었다. 간혹 잊거나 빠뜨린 것이 있으면 수시로 펴보고 읽었으니, 이전에 올린 계사啓辭를 대신臺臣이 베껴 아뢰듯이 하였다. _정조실록 2년(1778) 12월 12일

홀기는 간단한 사항을 적은 수첩이다. 나중에는 종이를 홀처럼 길쭉하게 병풍처럼 접어서 의식 순서 등을 메모했기에 이를 홀기라 한다. 그림 6 중국에서는 갑골문처럼 거북 등딱지나 짐승 뼈에 글을 새기다가 점차 나무판이나 대나무에 썼고, 나중에는 종이로 대체하였다. 그런데

뒤늦게 고대국가에 진입한 우리나라나 일본에서는 종이와 목간이 동시에 사용되기 시작했다. 더구나 수·당나라 때에 와서는 목간이 거의 소멸하였지만, 백제나 신라, 일본에서는 여전히 목간을 사용하는 지체현상이 나타났다.

종이가 중국에 비해 늦게 사용되었지만, 고려의 종이는 중국에서도 인기를 끌 정도로 유명했다. 고려지高麗紙가 그것이니, 명나라 이일화는 이렇게 적었다.

계림지雞林志에 "고려지는 질기고 매끄러우며, 글이 잘 써지고 흰빛이 나서, 사랑할 만하다. 백추지白硾紙라고 부르고, 일명 옥엽지玉葉紙라고도 한다"고 했다. _『육연재이필』 권2

또 청나라 문인 진원룡은 이렇게 적었다.

『박물요람』에 "고려 종이는 누에고치로 만든 것인데, 색은 비단처럼 희고 질기기는 명주와 같고 먹물이 잘 받아서 사랑할 만하다. 이는 중국에 없는 것이니 역시 기이한 물품이다"고 하였다. _『격치경원』 문구류, 지紙

이것은 비단 종이로서 상등급에 속하는 것이었다. 규장각에 소장된 서책은 몇백 년이 지나도 변하지 않을 정도의 고급 종이다. 일반적으로 종이는 삼 껍질이나 닥나무 껍질로 만들었지만, 질 낮은 다른 섬유질로 보충하거나 대체하기도 했다.

우리나라에서 닥나무를 생산하는 곳이 적은데, 서울과 지방에서 소용되는 종이는 모두 민간에서 거둔 닥나무를 써서 그 폐단이 셀 수 없을 정도로 많습니다. 풀 마디나 나무껍질 한 근에 닥나무 껍질 3냥을 섞어서 종이를 만들어도 사용할 수 있으니, 지금부터는 부득이 닥나무 종이를 써야 할 경우를 제외하고는 이 잡초지雜草紙를 상시 사용하도록 하소서. _단종실록 2년(1454) 6월 21일

의정부에서 이렇게 단종에게 건의하여 허락을 받았다. 이끼를 넣어 만든 종이도 있었다.

병조판서 김안국이 태지苔紙 다섯 묶음을 진상하고 이어서 아뢰었다. "신이 시골에 있을 때에 옛 책을 보니 물이끼로 종이를 만든다는 말이 있어서 신이 시험 삼아 만들어 보았습니다. 이끼를 닥나무에 섞어 만드는 것인데, 어린 이끼에는 닥나무를 조금 더 넣고 센 이끼에는 아주 적게 넣으면 잘 됩니다. 만약 여러 도에 유시하여 공적이건 사적이건 두루 사용한다면 반드시 이익이 있을 것입니다."

이에 왕이 답했다. "이것으로 종이를 만들어서 서울과 지방에 나누어주어 쓰게 한다면 관청이나 민간이 모두 이익이 있겠다. 지금 진상한 종이 네 묶음【한 묶음은 궐내에 두었다】을 조지서造紙署에 내려보내 견본으로 삼아 만들게 하라." _중종실록 36년(1541) 6월 25일

함경북도에서 나는 특산물로 고정지藁精紙가 있는데, 이것은 귀리짚으로 만든 황색 종이라고 한다. 연산군 1년1495 6월에 고정지 1천 권을 대

궐 안으로 들이도록 명령하자, 신하들은 이 종이로 불경을 박아내는 것은 안 된다고 반대한 적이 있다.

초등학교 시절에 받은 상장은 속이 비칠 정도로 얇고 쉽게 부서질 듯하였다. 시험 보는 종이는 똥종이라 불릴 정도로 거친 재생지인데다가, 철필로 긁어서 기름으로 등사한 종이에서는 생선 비린내가 풍겼다. 복사지가 널려 있는 지금과는 격세지감을 느끼게 한다. 그런데 북한에서는 지금도 종이 난을 겪어서 50페이지 정도밖에 되지 않는 학술지가 페이지에 따라 종이질이 다르다. 옛날 잡지나 교과서를 보는 느낌이다. 펄프가 없어서 옥수숫대로 만든다는 얘기를 들었는데, 그마저도 없어서 학술지가 제대로 나오지 못하여 학문 발전을 가로막고 있다.

조선시대에 종이는 귀한 물건이었다. 이래서 종이를 도둑질하는 일도 있었다. 서적을 인쇄하던 관청이 난리 후에 수직군을 너무 적게 배정받아서 일이 벌어졌다고 하면서 아뢴 말이다.

서적교인도감에서 『사전춘추』, 『동문선』 등 큰 서적 두 가지를 인쇄하고 있어서 이미 인쇄한 것과 인쇄하지 못한 종이가 많이 쌓여 있습니다. 그런데 이 달 8일 밤중에 자물쇠를 뽑아내고 진상한 책 종이 100여 첩帖, 묶음을 훔쳐갔고 이밖에 또 훔쳐간 물건이 있으나, 이미 인쇄한 두 책은 다행히 면했습니다. 이는 보관을 게을리한 소치입니다. _광해군일기 7년(1615) 11월 16일

면천군수로 있던 박지원은 큰아이에게 편지를 보내면서 "종이 사정이 몹시 안 좋으니 갖고 있는 종이 두루마리와 편지지를 찾아서 보내

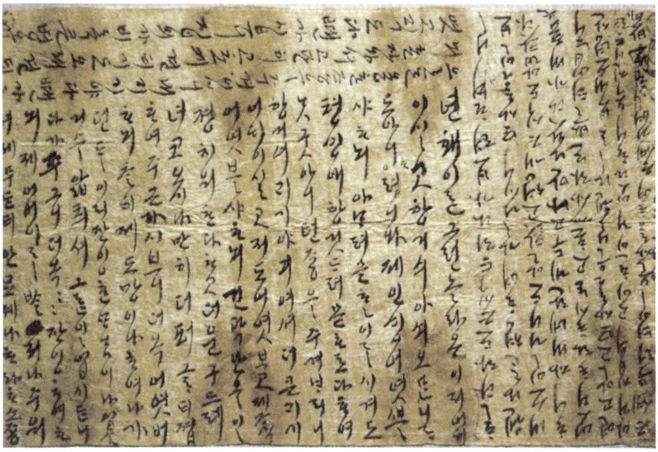

그림 7 곽주의 한글 편지(2011. 7)

주면 어떻겠니?"1797. 7. 16라고 썼다. 조선시대 편지에는 남은 공간을 찾아서 알뜰하게 쓴 것이 종종 보이는데, 조선중기의 선비인 곽주1569~1617 집안의 한글 편지에서도 쉽게 찾을 수 있다. 곽주가 부인 하씨에게 보낸 편지를 하나 보면, 오른쪽에서 왼쪽으로 세로로 써내려간 다음에 90도로 돌려서 세 줄을 써내려가고 다시 90도로 돌려서 나머지 공간을 메우고 있다.그림 7

조정에서도 종이를 아껴 쓰도록 했으니, 전쟁이 일어난 직후 물자 부족에 시달릴 때 호조가 건의한 말이다.

국가에서 일용하는 물건은 모두 백성에게서 나오는 것이니 평소에 늘 절약하지 않을 수 없습니다. 중국은 천하를 차지할 정도로 부유한데도 주본奏本에 쓰는 종이는 길이가 5, 6촌이 되지 않고 매미 날개처럼 얇은데, 우리나라는 계본啓本이나 서장書狀, 편지에 쓰는 종이가 장대하고 지나치게 두터워서 전부터 식자들 사이에 논란이 있었습니다. 더구나 지금은 병란이 일어난 지 3년째라서 물력이 탕진되었는데 팔방에서 급보하는 일은 평소보다 만 배가 됩니다. 그런데도 아뢰는 종이는 전처럼 크니 매우 한심합니다. _선조실록 27년(1594) 11월 15일

주본은 황제에게 올리는 글이고, 계본은 왕에게 올리는 글이다. 이 뒤로 크고 작은 명령서나 장계에는 모두 장지狀紙를 쓰고, 공무 용지로 상백지常白紙를 사용하게 하자고 건의하여 왕의 허락을 받았다. 장지와 상백지는 이보다 등급이 떨어지는 종이일 것이다. 10년 뒤에 선조는 종이를 아껴쓰도록 직접 지시를 내렸다.

요사이 계사啓辭, 임금에게 올리는 글 및 전지傳旨, 왕의 지시를 쓴 종이 품질을 보니 너무 두터운데, 이는 곧 공상지供上紙다. 공상지는 지방에서 따로 봉하여 바치는 것이다. 일상적으로 올리는 물건도 해당 관청에서 오히려 장만하지 못하고 있는 실정인데, 계사를 쓴 것은 한 번 본 다음에 바로 휴지가 되고 만다. 앞으로는 이렇게 하지 마라. _선조실록 37년(1604) 9월 5일

광해군 1년1609 4월에도 똑같은 지시를 내린 것을 보면 제대로 지켜지지 않았던 것 같다. 종이가 귀하다 보니 재생지를 만들면서 폐해도 생겨났다. 사헌부에서 세조에게 아뢰어 허락을 받은 말이다.

환지還紙, 재생지는 거칠고 약해서 쓰자마자 부서지니 서적을 오래 전할 수 없습니다. 또 종이 제조자가 여러 관청의 서리나 노비와 공모하여

문서를 훔쳐다가 만드니, 이 때문에 관청의 창문과 벽에 바르는 종이나 국가의 긴요한 문건이 모두 환지가 되어 그 폐단이 적지 않습니다. 청컨대 이제부터 환지를 일절 금지하소서. _세조실록 5년(1459) 2월 18일

이보다 7년 뒤에는 대사헌 양성지가 국가의 중요한 책까지 훔쳐서 재생한다고 해서 환지를 엄금하도록 요청했다.

우리나라는 문헌이 많아 단군부터 우리 왕조에 이르기까지 뚜렷이 상고할 수가 있으니, 다른 제후국인 요·금·서하에 비할 바가 아닙니다. 그런데 근래에 환지의 이익을 얻고자 종이 만드는 남녀 장인들이 『승정원일기』를 훔치거나 사찰의 불경을 훔치기도 합니다. 이에 법을 엄하게 제정하여 변방으로 귀양 보내기로 하고 때로는 사형에 처하기도 했지만, 아직도 그치지 아니하여 우리나라의 문집과 역사서, 공사公私의 문건이 장차 남아나지 않는 지경에 이를 것이니 지극히 염려스럽습니다. _세조실록 12년(1466) 11월 17일

고려시대만 해도 종이 문서는 극히 제한적으로 작성되었다. 중국 사신의 눈에 비친 문서 행정 모습이다.

고려의 행정은 간편한 것을 숭상하여 소송 문서는 간략히 해서 글로 작성하지 않는다. 관부에서 일을 처리할 때는 앉아서 책상에 의지하지 않고, 다만 걸상에 앉아서 지시할 따름이다. 아전이 문건을 받들어 무릎 꿇고 앞에서 아뢰면, 윗사람은 이를 듣고 즉시 판결한다. 뒤에 상고하

기 위해 남겨 두지 않고 일이 끝나면 버린다. 문서 창고도 마련하지 않는다. 다만 중국의 명령서나 사신의 글은 궁궐 창고에 잘 간수하여 상고 자료로 삼는다. _『고려도경』 잡속 1, 치사治事

조선시대에도 종이가 귀한 만큼 문서는 소중히 다루어야 했다. 하지만 이따금 관리가 부실하다는 지적을 받곤 했다. 성종 7년1476 4월에 임금은 문서가 제대로 보관되지 않아서 태반이 사라진다고 지적하고, 앞으로는 매달 문서를 모아서 분류하고 찌題簽를 달고 목록을 작성하여 보관해서 망실되지 않도록 하라는 지시를 내렸다. 선조 때에는 임진왜란으로 호조의 문서가 온통 사라져 전거할 만한 것이 하나도 남아 있지 않았고, 고종 때에는 문서를 통째로 도둑맞는 변이 일어났다.

호조가 아뢰었다. "병란이 일어난 후로 우리 관서의 문서와 장부가 탕진되어 한 글자도 근거할 만한 것이 없어서 국가의 돈과 곡물 및 잡물 상황을 상고할 길이 없습니다. …" _선조실록 27년(1594) 3월 8일

한성부에서 아뢰었다. "중앙과 지방의 장적帳籍, 호적은 각 창고에 쌓아둡니다. 그런데 경상도와 황해도 두 도의 장적이 창고에서 갑자기 도둑맞는 변이 일어났습니다. 잃어버린 경상도 장적은 3,737권이고 황해도 장적은 1,055권인데, 전에 없던 일이라 매우 놀랍고 송구합니다. …" _고종실록 14년(1877) 12월 22일

다행히 훔친 장적을 산 사람이 11명이나 잡혔는데, 궁궐 수비를 담당

하던 군관인 무예별감과 액정서 사람들이 도둑질하여 판 것이었다. 광해군 때에는 하급관리들에게 문서를 맡겨서 문제가 심각하다고 사간원이 왕에게 보고하였다.

우리나라는 관원들이 육조 및 각 관사의 모든 문서를 제대로 관리하지 않고 보관함에 넣어 두지도 않은 채, 일체 하리下吏, 하급관리의 수중에 내맡기고 관원은 단지 하리의 입만 쳐다보며 겨우 문서 끝에다가 서명만 할 뿐입니다. … 지금부터는 육조 및 각 관사의 모든 문서는 보관함에 넣어두고 관원이 날마다 집무하면서 직접 출납하고 봉인하게 하소서. 임무를 교대할 즈음에는 대면하여 전해주고, 반드시 중기重記, 인계 문서를 작성하여 상고할 때에 증빙할 수 있게 하소서. 아전들 가운데 심하게 농간을 부린 자는 해당 관사로 하여금 일일이 적발하여 법에 따라 벌을 주도록 하소서. _광해군일기 1년(1609) 5월 7일

조선시대에 아전의 농간으로 나라가 망하겠다는 말이 자주 등장한다. 상급 관리가 일체 서류를 아전에게 맡기고 자신은 내용 파악도 제대로 하지 않고 서명만 하니 그럴 소지가 있었다.

관리들은 문서를 인증하는 방법으로 사인sign을 하거나 확인 도장을 찍었다. 사인에는 서署와 압押 두 가지가 있었다. '서'는 착명着名이라고도 하는데, 자기 이름을 변형하여 만든 것으로 윗사람에게 올릴 때 사용했다. '압'은 이름 외에 특별한 글자를 변형하여 만든 것으로 아랫사람에게 보낼 때 사용했다. '압'에는 부끄러움이 없이 한결같다는 의미로 일심一心이란 글자를 변형하여 쓴 것이 많으니, 이를 일심결一心決이라

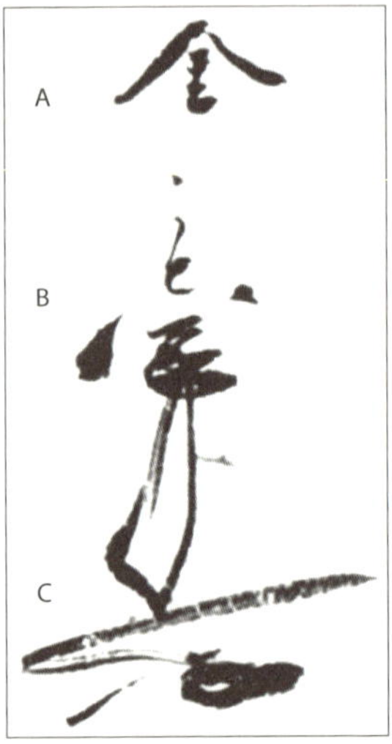

그림 8 서와 압

그림 9 각압

한다.

실제 사용된 사례를 보면, A는 사인을 한 사람의 성씨이고, B는 이름을 변형한 서, C는 일심을 변형한 압에 해당한다.그림 8

지금 풍속에 이름의 획을 생략하거나 변경하여 편지에 쓰는 것을 착명著名이라 하고, 다른 글자를 생략하거나 변경하여 패쪽 끝에 쓰는 것을 수례手例라 한다. _『남계집』 답윤자인答尹子仁 별지別紙

고려 때에는 일일이 붓으로 서명하기가 불편하다고 해서 나무에 새긴 사인을 찍게 하였다.

(공민왕) 8년1359 7월, … 또한 붓으로 일일이 쓰는 것이 불편하여 나무에

새겨서 서명을 했다. 이름을 새겨서 찍는 것은 원나라 제도를 본받은 것이다. _『고려사』 형법 1, 공식, 직제

물론 조선후기까지도 도장으로 찍는 서명이 있었으니, 이를 각압刻押이라 한다.그림 9 사인과 도장은 고대로부터 내려오던 결재 방식이었다. 우리 사회에서 얼마 전까지 도장 찍는 것을 선호하였고 불가피할 때는 지장을 찍었지만, 이제는 사인을 많이 하게 되었다. 다음은 조선 성종 때에 중요 문서를 수정할 때 도장을 찍도록 여러 관청에 지시한 내용이다.

노비나 땅의 판결, 적첩嫡妾, 본처와 첩이나 부자父子의 분간은 긴요한 일이니, 지금부터는 이와 관계되는 계본啓本, 큰일을 아뢰는 문서이나 계목啓目, 작은 일을 아뢰는 문서을 부득이 지우고 고쳐 쓰는 곳에는 반드시 도장을 찍도록 영구히 항식으로 삼으라. _성종실록 13년(1482) 3월 9일

이로부터 한 날 뒤에 공신 신숙주의 아들이 왕의 도장을 위조하여 허위 문서를 작성했다가 발각되었고, 그런 뒤에도 거짓말로 임금을 속였다가 마침내 죽임을 당하는 사건이 벌어졌다.

더욱이 이익을 탐하는 마음을 품어 임금을 속이고 사사로운 일을 행하기에 못하는 짓이 없었고, 심지어 인신印信, 도장을 위조하고 문서를 고쳐서 반인伴人, 수행원을 부정하게 점유하여 간사한 이익을 꾀하기에 이르렀다. 시정의 용렬한 무리도 차마 하지 못할 일인데 신정이 이를 모두 했으니, 내 어찌 이와 같이 극도에 이를 줄을 생각했겠는가? … 마땅히

율법에 따라 처단하여 국법을 바르게 해야 하겠으나, 신정은 일찍이 대부의 반열에 있었으므로, 차마 참수의 형을 가할 수는 없다. 그러므로 특별히 사약을 내리고, 공신 명단에서 삭제하며, 자손은 영원히 벼슬길을 차단한다. _성종실록 13년(1482) 4월 24일

중간에 생략된 곳에는 임금을 속인 세 가지 죄를 나열했다.

도장은 시간이 흐를수록 크게 만들어 실용성이 떨어졌던 것 같으니, 다소 과장된 박제가의 지적을 보겠다.

또 도장이 너무 커서 이를 담은 함이 주춧돌 만하다. 각 고을에는 도장 하나를 싣기 위해서 따로 말 한 필을 두어야 할 정도이다. 우둔하기가 이와 같으니, 전국의 도장을 모아서 전부 다시 주조해야 한다. _『북학의』 내편, 인印

글을 모르는 서민들은 다른 방식으로 서명했다.

우리나라 풍속으로 서민들은 문권에 수촌手寸을 그리고 부녀들은 손바닥을 모사했는데, 이는 모두 근거가 있는 일이다. _『청장관전서』 앙엽기 4, 하수서下手書

수촌이란 왼손 가운뎃손가락 첫째 마디와 둘째 마디 사이의 길이를 재고 그 그림을 그려서 도장 대신 사용하던 것으로서 좌촌左寸이라고도 불렀다. 여성은 손바닥을 대고 선으로 외형을 그려서 대신했다.그림 10

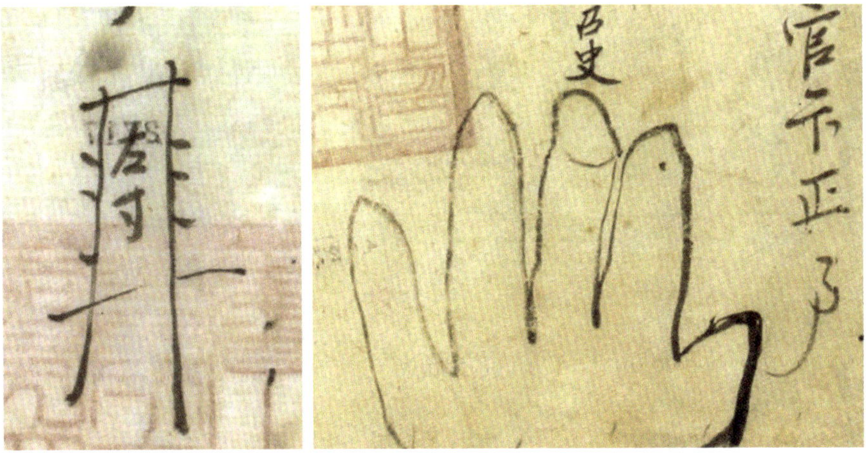

그림 10 서민의 사인

문서에 근거하여 행정을 하는 것은 정책의 일관성을 유지하기 위한 것이다. 그렇지만 어느 시대건 조령모개, 용두사미의 정책은 있게 마련이다. 특히 고려 무신정권기를 거쳐 고려말에 이르러서는 극도에 달해서 속담까지 생겨났다. 다음은 세종이 평안도 도절제사에게 말한 대목이다.

대개 처음에는 근면하다가도 종말에 게을러지는 것은 인지상정이지만, 더욱이 우리나라 사람들의 고질병이기도 하다. 그러므로 속담에 '고려공사 사흘高麗公事三日'이라고 하였는데 정녕 헛된 말이 아니다. _세종실록 18년(1436) 윤6월 22일

'고려공사 사흘'이란 정치가 어지러워 법령 개폐가 심하던 고려말기의 상황을 빗댄 말로서, 오래 가지 못하고 자주 변경되는 것을 비유해

서 이른 말이다. 임진왜란이 끝난 뒤인 광해군 2년1610에 군인 자원과 국가 재정을 확보하기 위해서 호패법을 실시했다. 이때에도 백성들은 눈치만 보고 움직이지 않았으니, 정립의 보고에서 이를 알 수 있다.

그런데 지방 사람들은 모두 "속담에 고려공사 사흘이라 했는데, 어찌 오래 가겠는가?" 하면서 중지되기만을 기다리고 있으니, 밝지 못한 인심이 이 지경에 이르렀습니다. _광해군일기 2년(1610) 11월 18일

고려공사라 했으니 고려 정책을 빗대는 말이지만, 조선의 정책도 오래가지 않는 것이 없을 리 없다. 그래서 호패법도 곧 폐기하겠지 하고 백성들이 관망만 한 것이다. 그래서인지 어느 사이엔가 '고려공사 사흘'이란 말은 '조선공사 사흘'이란 말로 바뀌어갔고, 다음과 같은 우스갯소리도 생겨났다.

서애 유성룡이 도체찰사가 되어 여러 고을에 공문을 보낼 일이 있어 글을 지어 역리驛吏에게 주었다. 사흘이 지난 뒤에 그 글을 거두어 다시 고치려고 하니, 역리가 문서를 가지고 왔다. 상공이 "너는 어째서 문서를 받은 지 사흘이 되었는데도 여태 각 고을에 보내지 않았느냐?"고 힐난하니, 역리가 "속담에 '조선공사 사흘'이란 말이 있으니, 사흘 후에 다시 찾을 것을 소인이 알아서 오늘까지 늦추었던 것입니다"고 대답했다. 상국이 벌을 주려다가 이어 생각하여 말했다. "세상을 깨우칠 만한 말이다. 내 잘못이다." 마침내 그 글을 고쳐서 보내도록 했다. _『어우야담』 학예편, 식감識鑑

지금도 차량 홀짝제니 십부제니 오부제 하면서 요란하게 실시하지만, 조금 지나면 언제 그랬냐는 듯이 잊어버리고 만다. 단속도 초기에만 반짝할 뿐이다. 그러니 정부의 지시가 잘 먹혀들 리 없다. 이런 속담에 어울리는 시책들인 것이다. 고려공사 사흘이란 속담과 같은 말로 '녹비대전鹿皮大典'도 있다. 교리 벼슬에 있던 이유징이 왕에게 아뢴 말이다.

법을 집행하는 관원도 심상히 보아 넘겨서 다만 인정人情의 깊고 낮음에 따라 법 집행의 경중이 결정되었다. 이에 사흘공사라는 꾸짖음과 녹비대전이란 조롱이 있게 되었으니【고려공사가 사흘을 넘기지 못한다는 것은 오래가지 못하는 것을 말한다. 숙녹피熟鹿皮라는 것은 녹비가 부드러워 오직 사람이 당기는 대로 가볍게도 무겁게도 넓게도 좁게도 된다는 말이다. 모두 속담이다.】진실로 한심스럽습니다. _『기재사초』 신묘년(1591) 5월 8일

법 적용이 사람의 마음에 따라 제멋대로인 것을 가리켜 녹비대전이란 말을 썼다. 녹비는 사슴가죽이고, 대전은 법전을 이른다. 부드럽게 무두질한 사슴가죽인 숙녹피는 사람이 당기는 데 따라 늘어나고 줄어든다. 이를 법 집행에 비유한 것이다.

우리나라는 그때그때 상황에 따라 대처하기에 익숙하여 매뉴얼이 발달하지 않았다. 이에 비해서 일본은 철저한 매뉴얼의 사회이다. 삼국이 각각 율령을 반포했다고 하지만 중국처럼 철저하지 않았고, 오히려 중국의 율령제도는 일본에서 발달했다. 우리나라는 법전 규정보다 관습을 중시했다. 한문을 읽을 때도 일본은 방점을 찍고 문장을 끊어서 읽

으려 했지만, 우리는 원래 한문 그대로 읽어가는 법을 배웠다. 일본은 학문을 위한 도구학이 발달해서 지금까지도 사전을 잘 만들어내고 있으나 우리나라는 암기가 중심이어서 사전이 발달하지 않았다. 이런 전통은 지금도 그대로 이어지고 있다.

우리는 임기응변과 변통에 능하여 때로는 얼렁뚱땅 넘어가기도 하고 때로는 융통성을 발휘하는 데 익숙하다. 어떤 때는 장점이 되다가도 어떤 때는 정말 큰 사고를 일으키고 만다. 2014년 4월에 벌어진 세월호 참사는 사고 처리 매뉴얼을 선장마저도 지키지 않는 우리 사회의 병폐를 여지없이 드러냈다. 잊을 만하면 반복되는 고질이 되어버렸다.

이에 반해서 매뉴얼을 잘 지키는 일본도 그 나름으로 한계가 있는 사실이 2011년 3월 일본 후쿠시마에서 원전 사고가 발생하면서 드러났다. 철저한 매뉴얼에 의존하는 일본인으로서는 규정에 없는 조치를 취할 수 없었고, 인명 구조나 생필품 공급, 가축이나 애완동물 구조 등에서 턱없이 느린 대책으로 큰 오점을 찍고 말았다. 당시 신문 보도에서는 이를 두고 '매뉴얼의 덫에 걸린 일본'으로 평했다. 우리식 생활방식에 문제가 있지만, 일본식 생활방식도 이상적인 것만은 아닌 것 같다.

한문, 이두, 한글

그림 1 중성리 신라비(2010. 5)

공식적인 기록에는 전통적으로 한문을 사용했다. 그렇지만 우리 말과 문장 구조가 다른 한문을 구사하는 것은 쉬운 일이 아니다. 6세기 전반 신라에는 "문자가 없고 나무에 새겨서 신표로 삼는다. 백제를 통해서만 언어를 소통할 수 있다"고 중국 기록에 적혀 있다.

이 무렵에 세워진 신라 비석이 포항 중성리에서 2009년에 발견되었는데, 그림 1 글자는 판독되지만 해석이 제대로 되지 않는다. 분쟁이 발생해서 국가가 개입했다는 정도는 알겠지만, 주어, 동사, 목적어가 불분명하여 분쟁의 대상이나 주체, 객체가 명확히 파악되지 않는다. 국가 차원에서 세운 비석일터인데도 이 정도의 문장밖에 쓰지 못한 것이다. 그러니 통일신라시대에 당나라 과거에 급제하고 귀국하여 대구를 정확히 맞추어야 하는 어려운 변려체騈儷體 문장을 구사했던 최치원의 자긍심은 대단했을 것이다. 지금 원어민에 가까운 영어를 구사하는 사람들과 비교할 수 있다.

우리만 그런 게 아니다. 우리와 어순이 같은 일본의 한문 실력도 신통치 않았던 것 같으니, 임진왜란 때에 일본에서 보낸 글에는 해석되지 않는 부분이 종종 있었다.

명나라 장수 유정이 또 소서행장에게 글을 보내어 타일렀더니, 소서행장이 "…"라고 답했다. 【글에 해석되지 않는 곳이 많은데, 원문을 기록해두어 아는 이를 기다린다.】 _『난중잡록』 계사년(1593) 11월

같은 책 1595년 3월 2일자에도 "글에 해석되지 않는 곳이 많다. 잘못 베껴쓴 것이 아니라면 가등청정의 문장이 변변치 않아서 그런 것이 분명하다"고 적어놓았다. 남의 글을 가져다 자기 뜻을 제대로 표현하는 것이 얼마나 어려운지 알 수 있다.

이제부터 우리가 사용했던 한문, 이두, 한글의 역사를 여행해보겠다. 고대에 이두식 표기법을 만들고 조선시대에 한글을 창제하여 우리 말을 제대로 표현하려 하였으니, 훈민정음 언해에 "나랏말쓰미 듕귁에 달아 문자와로 서르 사맛디 아니할새"라 한 것은 한문 사용의 답답함을 잘 표현한 말이다. 이리하여 조선시대에 한자, 이두, 한글을 사용하는 계층이 각기 출현하였으니, 한문은 사대부의 것이요, 이두는 서리의 것이요, 한글은 부녀자와 하층민의 것이 되었다.

한자는 중국과 접촉하면서 사용하기 시작했다. 창원 다호리 1호분에서 붓과 주머니칼이 발견되었는데,그림 2 이 당시에는 붓으로 나무에 글

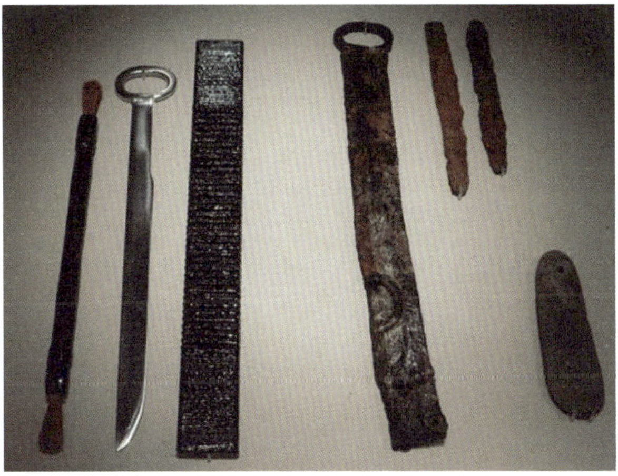

그림 2 다호리 붓과 주머니칼, 유물과 복원품(2011. 10)

씨를 쓰고 고칠 때에는 주머니칼로 깎아냈으므로 주머니칼은 지금의 지우개와 같다. 기원전 1세기 무렵에 이 주인공이 쓰던 글은 한자였을 것이다.

우리나라는 일찍부터 교육을 중시했고, 그런 교육을 받은 지배층은 한문에 익숙해야 했다.

고려는 땅이 넓지 못하지만 백성은 많다. 사농공상 네 가지 백성 가운데 선비를 귀하게 여겨서, 그 나라에서는 글을 알지 못하는 것을 부끄럽게 여긴다. _『고려도경』 민서民庶

조선시대에 사대부는 한문 문장 가운데서도 순정한 문장을 써야 했다. 진지한 옛 문장을 말한다. 그런데 정조 때에 와서 새로운 문체가 유행했으니, 감각적인 소설 문장, 우스개가 들어 있는 장난기 있는 문장,

구어체의 중국 글인 백화문을 사용한 문장 등이 그것이다. 당시에 인기가 있어서 왕도 읽었던 박지원의 『열하일기』가 대표적이었다. 이에 정조는 옛 문장으로 돌아가야 한다는 문체반정文體反正을 일으켰고, 박지원에게는 죗값으로 순정한 고문古文을 지어 바치라는 명령을 내렸다.

또 성균관 학생이던 이옥李鈺이 정조 16년1792 임금의 명에 따라 지은 글이 소설체라고 하여 날마다 사륙문, 즉 4466, 4646 등의 대구를 이루는 어려운 옛 문장을 지어 문체를 완전히 고친 후에 과거에 응시하도록 조치된 적이 있다. 3년 뒤에는 그의 과거시험 문체가 괴이하다고 하여 응시가 금지되고 지방 군적에 편입되는 벌을 받기도 했다.

한자는 진서眞書라 한 반면에 한글은 언문諺文이라 하였다. 한자는 진짜 글이요 한글은 속된 글이라는 뜻이다. 그러니 고위층에서 사용하는 것은 당연히 한문이어야 하는데, 광해군 때에 한 부인이 처음 언문으로 상언하여, 이를 받아들일 것인지 논란이 일었다.

의금부가 "죄를 지어 죽은 이홍로의 처 기씨가 언문으로 쓴 단자單子, 종이를 가지고 와서 당직청當直廳, 소송을 담당한 의금부 소속 관청에 올렸습니다. 언서로 상언하는 일은 일찍이 전례가 없기는 하지만, 대신에게 관계되고 사정이 절박하므로 받아들이지 않을 수 없었다는 뜻을 감히 여쭙습니다"고 아뢰니, "알았다"고 전교했다. _광해군일기 2년(1610) 5월 5일

한글로 된 상언上言 즉 왕에게 진정서를 올린 사건이다. 이 언서를 받아들였다고 해서 계속 논란이 일자, 의금부 관리들이 책임을 지고 왕에게 대죄하였다. 이때 왕에게 아뢴 말이다.

지난번 이홍로 처의 언서 상언을 받아들일 때에 신들도 전례가 없는 일이라서 어려운 줄은 알았지만, 대신에 관계된 일인데다 사정이 절박하기에 그 사유를 갖추어 아뢰었습니다. 지금 거듭 물의가 일어나 법을 어기고 받아들인 것이 잘못이라고 합니다. 대개 왕부王府, 의금부는 지극히 엄하고 상언은 지극히 중대하여 터럭만큼이라도 법에서 벗어난 일을 용납해서는 안 되는 것이요, 언서諺書의 출납은 일이 매우 외설스러울 뿐만 아니라 후일에 폐단이 될까 싶어서 그럴 것입니다. 신들은 모두 혼미하고 망령되어 법을 받들지 못한 죄가 한둘이 아니라 매우 많습니다. 황공함을 이기지 못하겠기에 땅에 엎드려 죄를 기다립니다. _광해군일기 2년(1610) 5월 10일

왕은 이들에 대해서 "대신과 관계되는 일이니 일반 법규에 구애될 필요가 없다. 받아들인 것이 옳으니 대죄하지 말라"고 했다. 여기서 한글 문서는 외설스럽다고 표현하였다. 외설은 하층민이나 하는 더러운 일이란 뜻이다. 한글에 대한 인식을 엿볼 수 있다. 6일 뒤에 다시 의금부 관리를 파직시키고 언서 상언은 돌려주라고 사간원이 왕에게 건의했지만, 왕은 똑같은 대답을 하고 들어주지 않았다.

이렇게 한문은 지식인의 자존심이었지만, 인간사에는 항상 예외가 있다. 조선시대만 해도 왕족이나 사대부 가운데 무식한 사람들이 있었다. 조선 정종의 차남이었던 순평군은 극단적인 경우였다.

세종이 종학宗學, 왕실 교육기관을 신설하여 왕족을 모아 글을 읽게 하였다. 순평군은 나이 40이 넘도록 한 자도 알지 못했다. 처음 『효경』을 읽을

때에 선생이 '개종명의장제일開宗明義章第一'이란 일곱 자를 가르쳤으나 도무지 읽지 못했다. 이에 "내가 지금 늙고 둔하니 '개종' 두 자만 알면 족하다" 하고는 말 위에서도 읽기를 그치지 않았다. 또 종에게 "내가 막힐 때를 대비하여 너도 '개종' 두 자를 잊지 말라" 하였다. 죽을 때 처자를 모아놓고 "삶과 죽음이 지극히 큰일이니 어찌 마음이 쓰이지 않겠는가마는, 종학을 영원히 떠나는 것이 아주 통쾌하다"고 유언했다. _『용재총화』 권6

유능한 문신이요 시 짓기에도 능했던 최숙정1433~1480은 경연 담당관으로서 말년에 실수를 해서 실록에 이렇게 적히고 말았다.

시강관 최숙정이 『고려사』 후비전后妃傳을 강의해 올렸는데, 읽으면서 구절을 이루지 못하므로 임금이 드디어 그만두게 했다. 최숙정은 시 읊기에 능했으나 성질이 탐욕스럽고 야비하여 남에게 빌린 책을 주인에게 돌려주지 않았다. _성종실록 6년(1475) 11월 13일

정조 때의 문신인 심상규1766~1838도 곤욕을 치렀다.

대교를 지낸 심상규의 서면 회답을 내각이 아뢰자, 상이 "구두가 떨어지지 않으니 언문으로 번역하고 주해를 달아 올리게 하라" 하였는데, 대체로 곤욕을 주기 위해서였다. 심상규가 글자마다 주해를 달아 올리자, 상이 연신筵臣, 경연관들에게 그의 재주를 누차 칭찬했다. _정조실록 16년(1792) 11월 3일

한자문화권에 속하는 한국, 일본, 베트남은 모두 어순이 다른 한문의 사용에 어려움을 겪었다. 외국문자를 가져와 토착화시키는 과정에서 한국에서는 향찰 및 이두가 생겨났고, 일본에서는 가나, 베트남에서는 쯔놈을 고안해냈다. 이두吏讀는 말 그대로 서리들이 쓰던 문장 형식으로서, 한국어 어순을 따르면서 한자어 또는 한자어구에 우리말 토조사나 어미를 다는 것이다. 예를 들어서 '친행작헌례교시시親行酌獻禮教是時'에서 '교시'는 '하옵실'의 뜻으로서 '친히 작헌례 이실 때'로 읽고, '십량시백호十兩是白乎'의 '시백호'는 '-이오니, -이온'의 뜻으로서 '열냥이사온'으로 읽는 식이다. 줄친 부분을 빼면 순수 한문이 되는 것이고, 합치면 이두문이 된다. 신라시대에는 향가에 보이듯이 한자의 음과 훈을 이용해서 우리 말을 표현하는 것이 두루 쓰였다. 처용가에 '밤드리 노니다가夜入伊 遊行如可'처럼 한자의 음과 훈으로 우리 문장을 표기한 것으로서, 이런 향찰은 고려전기를 지나면서 사라졌다. 반면에 이두식 표현이 서리들에 국한되어 사용되면서 고려후기에 이두란 단어가 처음 등장하게 된다.

유성룡이 "우리나라 이두는 설총이 창제한 것이라 하는데, 그 뜻을 모르겠습니다"고 아뢰니, 이헌국이 "이두가 있었기에 아전들이 모두 문자를 알고 있습니다. 만일 이것이 없었다면 알기 어려웠을 것입니다"고 아뢰었다. _선조실록 30년(1597) 5월 27일

여기서 설총이 이두를 만들었다고 하는데, 이것은 『제왕운기』에서 처음 언급한 것이다. 그렇지만 그 이전에 이두가 이미 사용되었고, 설총은 다만 이를 정리하여 표기법을 통일한 것으로 보고 있다. 조정에서

교서를 내릴 때에는 널리 읽히도록 이두나 한글로 바꾸어 공포하는 일도 모색했다. 임진왜란이 갓 일어나 마음이 급할 때 왕이 내린 지시다.

황해도에 내릴 교서를 이미 지어왔는데, 선비들은 스스로 알아보겠지만 나머지 사람들은 알지 못할 것 같다. 이 교서는 선비들이 있는 곳에 공고하여 깨우치도록 하라. 또 이두를 넣고 곁가지 말은 제거하여 조정의 방문榜文을 많이 만들고, 또한 의병장이나 감사 등에게 언문으로 번역하게 하여 시골 백성들이 모두 알 수 있도록 하는 일을 의논하여 아뢰라. _선조실록 25년(1592) 8월 1일

조선초기에 향리가 모자라는 곳에서는 문자를 아는 관노비를 임시 향리로 삼는 일도 있었다. 관노 가운데도 아전의 업무를 처리할 정도로 문자를 아는 사람들이 있었던 것이다.

임금이 "사람들이 '각 고을에 향리가 지나치게 많아서 민간에 폐단을 일으킨다'고 말하는데 믿을 수 있는가?" 하니, 이계전이 대답했다. "신이 듣건대 향리가 지나치게 많은 고을이 있는가 하면 지나치게 적은 고을도 있다고 합니다. 신이 아는 바로는 홍산현鴻山縣, 충남 부여과 같은 곳은 향리가 심히 적어서 그 관노 가운데 문자를 아는 자를 가향리假鄕吏, 임시 향리로 삼았으니, 비록 숫자의 많고 적음이 같지 않더라도 폐단을 일으키는 것은 한가지입니다. _문종실록 1년(1451) 1월 3일

이두는 행정 전문어였기에 평민이나 여성은 접근하기가 어려웠을 것

이다. 이래서 한글이 만들어진 것이다. 세종이 주도해서 한글을 만든 것은 잘 알려져 있다. 그러나 북한에서는 누가 만들었는지 가르치지 않고 있다. 봉건시대에 지배자는 자기 이익을 위해서 인민을 착취했다고 설명하다 보니, 왕이 백성을 위해서 한글을 만들었다고 설명할 수 없는 것이다. 세종이 어떻게 한글을 만들었는지는 설이 많은데, 옛날 문헌을 몇 개 찾아보겠다.

우리나라의 언문 글자는 모두 범자梵字, 고대 인도 문자를 모방한 것이다. 세종 임금 때에 처음 기구를 설치하여 만들어낸 것으로서, 교묘한 글자 제작은 실로 임금의 지혜에서 나온 것이라 한다. _『지봉유설』 기예부, 서書

이수광이 지은 『지봉유설』1614에서는 인도 문자를 모방한 것으로 설명했다. 이와 달리 나중에는 화장실에서 발명했다는 속설도 등장했다.

세상에 "상헌대왕莊憲大王, 세종의 시호이 일찍이 변소에서 측주厠籌를 배열하다가 문득 깨닫고 성삼문 등에게 명령하여 창제했다"고 전한다. _『청장관전서』 앙엽기盎葉記 1, 훈민정음

측주란 대변을 털어내는 막대기다. 과거에는 종이가 귀해서 이런 뒤처리용 막대기를 사용했다. 익산 왕궁리에서 발견된 백제시대 화장실에서 이런 막대기가 출토되었다.그림 3 용변을 보면서 똥막대기를 이리저리 놓다가 아이디어를 얻었다는 말이 될 것이다. 그렇지만 다음 기록이 더 신빙성이 있을 것이다.

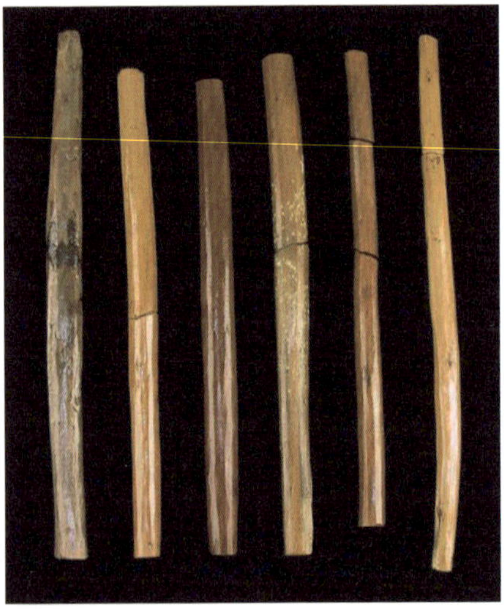

그림 3 왕궁리 출토 측주

세종은 다른 나라들에는 자기 음으로 된 문자가 있어서 자기 나라 말을 적는데, 유독 우리나라에만 없다고 생각했다. 우리나라 음운이 비록 중국 말과 다르지만, 어금닛소리·혓소리·입술소리·잇소리·목구멍소리, 소리의 청탁과 고저는 중국과 같다고 하여 언문 자모 28자를 친히 만들었으니, 대궐 안에 기구를 설치하여 성삼문·최항·신숙주 등으로 하여금 제작하게 했다. 이때에 한림학사 황찬이 죄를 지어 요동에 귀양가 있었는데, 성삼문과 신숙주로 하여금 북경으로 가는 사신을 따라가 요동에서 황찬에게 음운을 묻게 하였다. 요동에 13회나 왕래하였다. _『동각잡기』 본조선원보록

이렇게 해서 탄생한 한글은 세계에 유례가 없을 정도로 개인에 의해서 창안된 유일한 문자이다. 획을 하나씩 추가하면 다른 자음이 되어 자판 입력에 어느 문자보다 편리하다고 한다. 또 천˙, 지ㅡ, 인ㅣ 세 글자만으로 모음을 모두 표기할 수 있다. 이리하여 IT산업의 발달에 따라 더욱 주목받는 문자가 되었다. 훈민정음이 1997년에 유네스코 세계기록유산으로 지정된 것은 결코 우연이 아니다. 이제 한글은 세계에서 열세 번째로 많이 사용하는 문자가 되었다.

1593년 9월 왜란을 피해서 의주에 머물 때에 선조는 한글로 된 교서

를 내렸으니, 현재까지 전해져 보물 951호로 지정되었다.[그림 4] 전쟁 중에 왜적의 포로가 되어 협조하는 백성을 회유하는 내용이기에 이들이 읽을 수 있도록 한글로 쓴 것이다. 이렇게 백성들에게 직접 알려야 할 경우에는 한글을 사용했다.

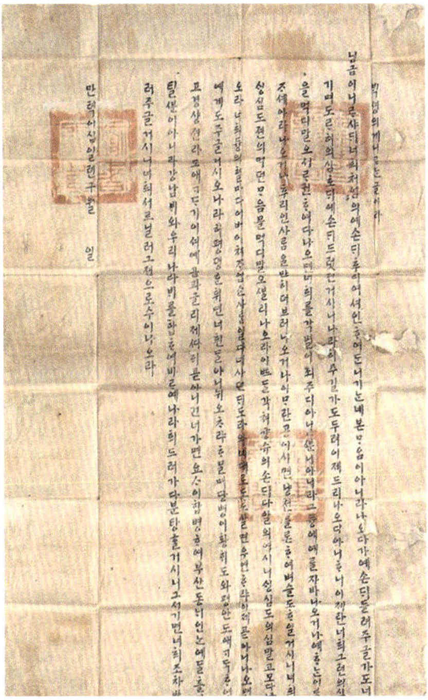

그림 4 선조의 한글 교서

근래 인심이 옛날 같지 않아서 이익 독점에만 매달리니, 도고都賈, 도거리 장사라는 말이 여기서 나왔습니다. 도고를 혁파하지 않으면 백성의 풍속이 바르게 될 수 없고 백성의 살림이 넉넉해질 수 없으며, 장사치들이 통할 수 없고 서사가 번성할 수가 없습니다. … 옛날 성군이 대궐문에 법령을 내걸었던 것처럼 지금 입법한 뜻을 진서와 언서로 써서 큰길과 네 성문에 내걸어 어린아이가 엉금엉금 기어서 우물로 빠지듯이 항간의 백성들이 잘못하여 죄에 걸려드는 근심을 면할 수 있게 하는 것이 마땅할 듯합니다. _정조실록 15년(1791) 6월 20일

채제공이 이렇게 이익을 독점하는 도거리 장사를 금지하는 법을 백성에게 알리고자 한글로도 써서 방을 붙이기를 요청했다. 온 백성들에게 수소문할 때도 역시 그러했다.

한성부의 당상관과 당하관을 불러들여 『청암집』을 찾아왔는지를 물었다. 끝내 찾을 수 없었다고 모두 대답하니, 임금이 한문과 언문으로 써서 서울과 지방에 반포하여 유시하고 상금을 걸어 찾도록 했다. _영조실록 47년(1771) 6월 3일

『청암집』은 잘못된 태조의 계보를 적어서 금서가 된 중국 책인데, 이것이 청나라에서 들어와 사단이 발생한 것이다. 이 책을 현상하여 찾아내도록 할 때에도 한문과 함께 언문으로 써서 공고하였다. 이처럼 백성에게 알릴 때에는 언문으로 공포하였다. 때로는 백성을 모아놓고 언문으로 번역하여 설명해주기도 했다. 정약용은 정부가 발표하는 글은 변려체의 어려운 문장으로 되어 있어서 백성들이 알기 어려우니, 주석을 달고 한글로 번역하여 백성들이 환히 알게 하라고 『목민심서』에 적었다.

그뿐 아니다. 손자의 육아일기인 『양아록養兒錄』을 쓴 이문건1494~1567이 부모 무덤을 만든 뒤에 자신이 직접 새긴 비석을 세웠는데, 여기에 한문과 함께 "녕흔 비라 거운 사ᄅᆞ믄 지화ᄅᆞᆯ 니브리라 이는 글 모ᄅᆞ는 사ᄅᆞᆷᄃᆞ려 알위노라"라는 한글 경고문을 넣었다. "신령한 비석이라 쓰러뜨리는 사람은 재화를 입으리라. 이는 글 모르는 사람에게 알리노라"는 말이다.그림 5 새롭게 조성한 묘역이 훼손되지 않도록 이런 문구를 적어놓아서 1990년대 초 택지개발 때에 우여곡절을 겪었다. 새 도로가 이 비석을 지나게 되어 있는데, 문화재 심의위원회의 반대로 이전하지 못하여 비석이 있는 곳에서 도로가 좁아지게 되었다. 결국 사고가 자주 발생하여 1998년 원래 자리에서 15미터 정도 뒤쪽으로 옮겼다.그림 6

그림 5 한글 영비와 복제 비문(2012. 3)

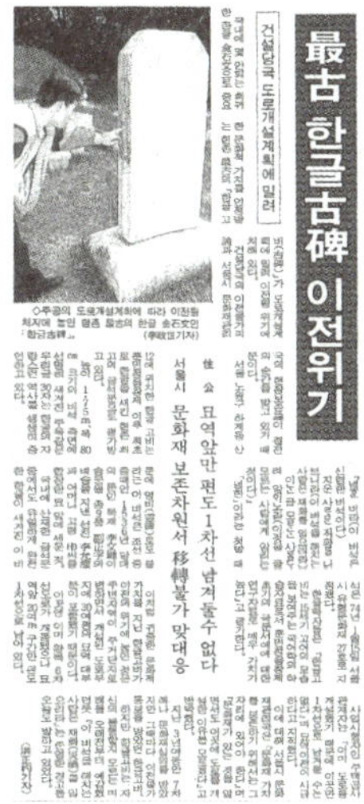

最古 한글古碑 이전위기

건설당국 도로개설계획에 밀려

서울시 문화재 보존차원서 移轉불가 맞대응

墓역앞만 편도1차선 남겨둘수 없다

그림 6 비석 이전 기사(세계일보)

1536년에 세운 이 비석은 현존하는 한글 비석 가운데 가장 오래된 것으로 2007년에 보물로 지정되었다. 서울시 노원구 하계동에 있다.

한글은 여성의 글이기도 해서 '암글' 또는 '암클'이라고 낮추어 불렀다. 첩이 유희춘에게 보낸 편지는 한글로 썼다.

첩이 여전히 언문 편지로 잇꽃紅花을 청했다. _『미암일기』 1570. 7. 24.

말린 잇꽃은 어혈을 없애거나 월경을 순조롭게 하는 약재라 한다. 임진왜란이 일어나자 김성일이 보낸 편지그림 7처럼 부인에게 보낼 때에도 한글을 많이 썼을 것이다. 2011년 6월 국립대구박물관에서는 '400년 전 편지로 보는 일상: 곽주 부부와 가족 이야기' 특별전이 열렸다. 진주 하씨 무덤을 이장하는 과정에서 한글 편지가 172점이나 출토되어, 의

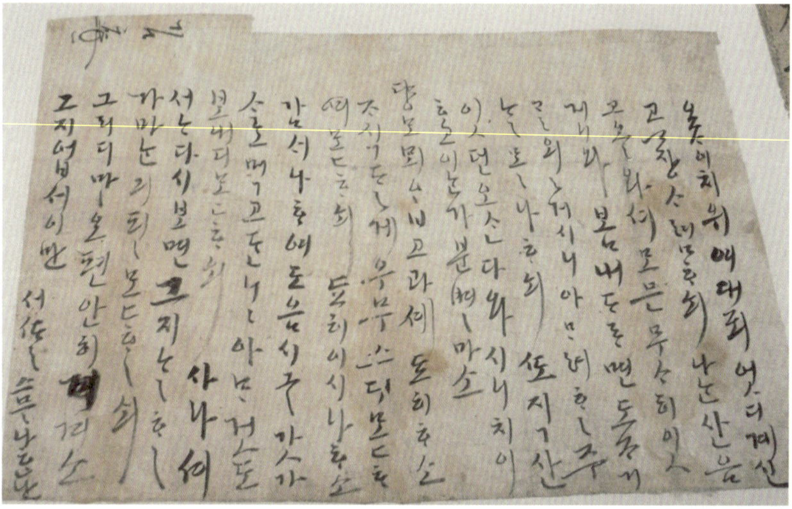

그림 7 김성일 편지(2011. 7)

병장 곽재우의 종질인 곽주1569~1617의 가족들이 일상적으로 주고받은 한글 편지를 직접 볼 수 있게 해주었다. 다음과 같은 편지도 한글로 쓰였을 것이다.

집사람을 시켜 편지를 써서 누이에게 보내게 했다. 나는 손님 만나느라고 틈이 없었기 때문이다. _『쇄미록』 1596. 12. 4.

궁궐에서도 여성은 한글을 사용했다. 여성을 위해서 만들어진 『내훈』, 『곤범』 등의 교양서나 소설, 불경 따위는 한글로 만들어졌다. 효종이 둘째딸 숙명공주1640~1699와 1650년대에 주고받은 한글 편지가 공개되었는데, 이 가운데는 이런 편지글도 있었다.

너는 시집에 가 (정성을) 바친다고는 하거니와 어찌 고양이는 품고 있느냐? 행여 감기나 걸렸거든 약이나 하여 먹어라. _『숙명신한첩』 60쪽

공주가 고양이를 애지중지했던 모양이다. 한글로 쓴 회고록인 『한중록』을 지은 혜경궁 홍씨가 내린 교서처럼 왕이나 신하들에게 지시를 내릴 때에도 언문을 썼다.

자전이 언문으로 하교했다. "역적 종친이 아직 법의 심판을 제대로 받지 않은 채 가까운 섬에 놓여 있어 처음 먹은 마음을 이루지 못하니, 이 미망인은 살아 있는 보람이 없다. 나랏일을 생각하면 밤에도 잠을 이룰 수 없다. …" 자전이 또 언문 교지를 내렸다. "조금 전에 언문 교지를 조정에 내려 협력해주기를 기다렸는데, 밤이 이렇게 깊어지도록 소식이 없으니 어찌 된 일인가? …" _정조실록 14년(1790) 11월 18일

성종이 즉위하였을 때는 13세에 불과하여 세조의 비였던 정희대비가 7년간 수렴청정을 했다. 이것이 조선 최초의 수렴청정이다. 처음에 대비는 한문을 모른다고 해서 사양을 했었다.

대비가 "나는 문자를 모르니 정사를 듣고 처리하기가 역시 어렵겠다" 하니, 신숙주가 "승지가 문자를 해석하여 아뢴다면 처리하기에 어려움이 없을 것입니다"고 대답했다. 대비가 "그렇다면 내가 마땅히 직접 들어 처리하겠다"고 했다. _성종실록 1년(1470) 1월 13일

정희대비는 광릉에 모셔졌으나, 일반적인 합장과는 달리 다른 언덕에 다른 봉분으로 만들어져서, 정자각에서 보면 V자처럼 양쪽으로 배치되어 있다. 궁중 여성들은 한문을 모르니 이들에게 전할 때에도 언문으로 썼다. 연산군의 어머니 윤씨를 폐비할 때도 그러했다.

윤씨가 폐위된 뒤에 임금은 항상 언문으로 그 죄를 써서 내시와 승지를 보내어 날마다 장막을 사이에 두고 읽어서 허물을 고치고 중궁에 복위되기를 바랐으나, 윤씨가 끝내 고치지 않으므로 마침내 사약을 내렸다. 연산군이 왕위를 잇자 그 당시의 승지들을 모두 죽였는데, 채수는 언문을 알지 못하므로 홀로 죽임을 면했다. _『연려실기술』 성종조고사본말, 윤씨 폐사

이 사건처럼 사대부 가운데는 한글을 몰라서 죄를 면한 경우가 있다. 무신인 김우증이 화살을 두세 번 쏘아서 투서한 것은 조정을 어지럽히는 행위라 하여 처벌하기를 요구하자, 중종은 이렇게 대답했다.

화살을 쏜 일을 추궁하지 않은 것은 아니다. 하지만 김우증이 이미 자신의 행위가 아니라 했고, 화살에 맨 글이 반은 예서隸書이고 반은 언문이라서 이와 비교하려고 김우증을 시켜 언문과 예서를 각각 몇 줄씩 쓰게 해보니 크게 달랐다. 언문에 대해서는 김우증의 가까운 친족이나 노비들도 모두 "알지 못한다"고 하니 그의 행위가 아닌 것 같다. _중종실록 14년(1519) 3월 4일

멸시를 받던 한글은 근대에 와서 새롭게 주목되었다. 근대적인 민족

의식이 형성되면서 우리 글에 대해 새롭게 자각하게 되었다. 최초로 종두법을 시행한 인물로 알려진 지석영1855~1935은 한글 보급에도 힘을 썼으니, 다음은 고종에게 아뢴 말이다.

지금 세계 각국은 모두 자국 문자를 가지고 자기 나라에 통용합니다. 대체로 자기가 주인이라는 뜻이 그 사이에 들어 있기 때문에 다른 나라의 각종 문학을 모두 자국 문자로 번역 출판하여 백성들을 가르치고 있습니다. 그러므로 다섯 대륙의 모든 백성이 누구나 글을 알고 시국에 통달하여 날이 갈수록 문명 세계로 나아가고 있습니다. 유독 우리나라만 통상을 맺은 지 몇십 년이 지났으나 어물어물 전진하지 못하고 있습니다. 이것은 난해한 한문에 인이 박여 이해하기 쉬운 국문을 숭상하지 않기 때문입니다. _고종실록 42년(1905) 7월 8일

하지만 국한문 혼용만 해도 당시 지식인은 따르기 어려웠다. 조병세는 국상國喪을 총괄하면서 왕에게 이렇게 아뢰었다.

조병세가 "국한문을 섞어 쓰는 서식을 신은 정말 모르겠습니다. 신이 맡고 있는 모든 보고는 마땅히 옛 규정대로 하겠습니다"고 아뢰니, 상이 "그렇게 하라" 하였다. _고종실록 33년(1896) 10월 31일

하지만 한문 전용은 국한문 혼용으로 바뀌어갔고, 점차 한자 사용이 줄어들면서 마침내 한글 전용으로 전환되는 길을 밟아왔다. 해방 후인 1948년에 "대한민국의 공용 문서는 한글로 쓴다"고 법에 명시했지만

여전히 국한문이 혼용되었다. 박정희 정권 때에 와서 한자 교육의 폐지 문제를 두고 논쟁이 붙었고, 이후에는 한글 전용론자들이 힘을 얻게 되었다. 여기에는 민족주의적인 사회분위기도 한몫했다. 마침내 1988년에 가로쓰기와 한글 전용을 추구한 한겨레 신문이 창간되고, 젊은층이 여기에 호응하면서 다른 신문들도 결국 한자를 줄여가기 시작했다. 또 1990년대에는 컴퓨터가 확산되면서 한글 전용은 대세가 되었다.

이러다 보니 기성세대와 젊은 세대 사이에 사고방식의 차이가 나타나기 시작했다. 기성세대는 단어를 사고할 때에 한자로 치환하는 버릇이 있다. 한자로 생각할 때에는 '결제'와 '결재'를 쉽게 구분하지만, 한글로만 인식할 경우에는 혼란스럽다. 젊은 세대는 'ㅔ'와 'ㅐ'를 혼동하여 쓰는 경우가 많으니, 오자를 내는 방식이 옛날 세대와 달라졌다. 심지어 어느 대학 박사 논문에서 '수포로 돌아갔다'는 말을 잘못 알고 '숲으로 들어갔다'고 썼다는 말을 들었다. '불편부당'은 공정하다는 의미인데, 불편하고 부당하다고 생각하여 오히려 불공정한 뜻으로 이해하는가 하면, 안중근 의사가 어떤 진료를 했는지 묻는 일도 발생하고 있다.

우리 문법에 한자어끼리 만나면 사이시옷을 쓰지 않는다고 되어 있는데, 한자어를 구별하지 못하는 한글 세대에겐 무의미한 규정이다. 또 과로의 '로'와 '노동'의 '노'는 모두 노勞자로 두음법칙 때문에 달라진 것이지만, 한자를 모르는 세대는 이를 알 수 없으니 두음법칙의 원리 자체를 이해하지 못한다. 라틴어를 모르면서 영어를 공부하는 격이 된 것이다.

단어를 만드는 방식도 달라졌다. '제주도에 가면 다多 있다'라고 쓰거나 '평창의 설雪레임'으로 쓰는 등 한자 사용이 매우 파격적이다. 한글로 쓰게 되면 단어가 길어져서 이를 다시 줄여 쓰는 이름도 많이 등장했다. 1980년대 전반에 등장한 노래패인 '노찾사노래를 찾는 사람들'가 그런 효시라고 생각되는데, 그후로 웃찾사, 노사모니 하는 이름들이 속속 등장했다. 이 조어법에 따라 젊은이들은 6.25 때에 '북한이 침략했다'를 '북침'으로 줄이게 되었고, 기성세대의 '남침'과 동일한 의미를 지녀서 정반대의 단어가 공존하는 기묘한 상황이 벌어졌다.

이런 가운데 중국이 부상하게 되었고, 이에 따라 중국어 붐이 일면서 다시 한자 교육에 눈을 뜨게 되었다. 그렇지만 교육 현장에서는 아직도 외면받고 있다. 남한에서 이런 길을 걸어왔다고 한다면, 북한에서는 해방후에 바로 한글 전용을 실시하면서 한자를 거의 모르게 되었다. 이러다 보니 지금 역사 연구자마저 한문을 제멋대로 해석하는 상황이 벌어지고 있다.

한자가 사라진 빈자리에 들어선 것이 영어이다. 김영삼 정권 때에 세계화란 명분을 등에 업고 초등학교에서부터 영어를 가르치기 시작했고, 마침내 영어를 공용어로 사용하자는 주장까지 나왔다. 이것은 민족주의에 경도된 사회분위기에 대한 비판이기도 했지만, 이를 반대하는 사람들은 천박한 세계주의라 비판했다. 이런 논란은 그 뒤에도 계속되었다. 과연 싱가포르가 중국어 대신에 영어를 공용어로 택하여 발전했다고 해서 우리도 그런 길을 걸어야 하는지는 판단을 잘해야 할 것이다. 이 때문에 우리의 조어 방식도 많이 바뀌었다. 과거에 일본식 조어인 만땅이니 돈가스니 하는 말이 유행하더니, 지금은 영어와 결합한 조어인 악플, 선플, 멘붕, 팀장 등이 사용되고 있다.

영어 공용론을 보자니, 조선시대에 한자를 전용하여 중국화하자는 주장을 폈던 박제가의 글이 떠오른다.

우리나라는 중국 땅에 가깝고 글자 소리가 대체로 같다. 모든 사람이 본래의 말을 모두 버린다고 해도 불가할 이치가 없다. 무릇 그런 다음에야 오랑캐란 말을 면할 수 있을 것이요, 동쪽 땅 수천 리가 저절로 주·한·당·송의 기풍을 열어갈 수 있을 것이니, 어찌 크게 유쾌한 일이 아닌가? _『북학의』 내편, 한어漢語

조보, 서점, 수례

일본 에도시대에는 우키요에浮世繪란 그림이 유행했다. 고상한 귀족보다는 상인이나 평민을 위한 그림으로서 대담한 색채와 구도를 구사한 풍속화이다.그림 1 우키요에는 1867년 만국박람회에 출품된 도자기의 포장지로 파리에 유입되어 모네, 고흐와 같은 인상파 화가에 큰 영향을 준 것도 잘 알려져 있다. 인상파 그림을 전시하고 있는 파리의 오르세 미술관에는 자포니즘Japonisme 전시실이 있고, 암스테르담의 반고흐 미술관에도 우키요에를 모사한 그의 작품들이 전시되어 있다.그림 2

그러기에 이런 미술관에는 일본인 관광객이 끊이지 않고, 일본에서는 인상파 전시회를 수시로 열 정도로 열광적이다. 우리가 인상파 그림을 좋아하는 것도 이런 일본인의 취향에서 영향을 받은 면도 있을 것이다.

일본 도쿄에는 에도도쿄박물관이 있다. 경제호황기에 지은 건물이라서 대단히 큰데다가 에스컬레이터를 타고 맨 위까지 올라간 뒤에 내려오면서 보게 되어 있어서 처음 방문했을 때 매우 인상적이었다. 2006년에 새로 개관한 중국 베이징의 수도박물관도 그런 식으로 지어서 이 박물관을 의식하며 지은 것처럼 느껴졌다. 이 박물관에서 기억에 남는 게

그림 1 우키요에

그림 2 반고흐의 그림(2013. 9)

하나 있다. 우키요에가 목판으로 대량 제작되면서 전국으로 퍼져나갔고, 신문처럼 소식을 전하는 역할도 했다는 것이다. 그뿐 아니라 이 시대에는 출판 및 서점이 활발해지고 베스트셀러까지 등장했다고 한다. 일본 근대화의 한 단면을 엿볼 수 있었다.

조선시대 역사에서도 근대적인 발달이 이루어질 뻔하다가 좌절한 아쉬운 대목이 종종 엿보인다. 여기서 말하려는 세 가지도 그런 사례이다. 하나는 정보의 확산을 상징하는 조보의 인쇄, 둘째는 지식의 공유를 촉진하는 서점의 설치, 셋째는 다량의 화물을 멀리 운송할 수 있는 수레의 사용이 그것이다.

조보朝報는 왕의 지시나 중요 현안 등 국가통치에 중요한 정보를 전하는 조정의 소식지다. 1884년 10월 18일자 조보를 보면 첫머리에 날짜를 적은 뒤 내용을 초서체로 써내려갔다.그림 3 승정원에서 중앙과 지방에 있는 전현직 고관을 대상으로 하여 제한적으로 배포한 것이었고,

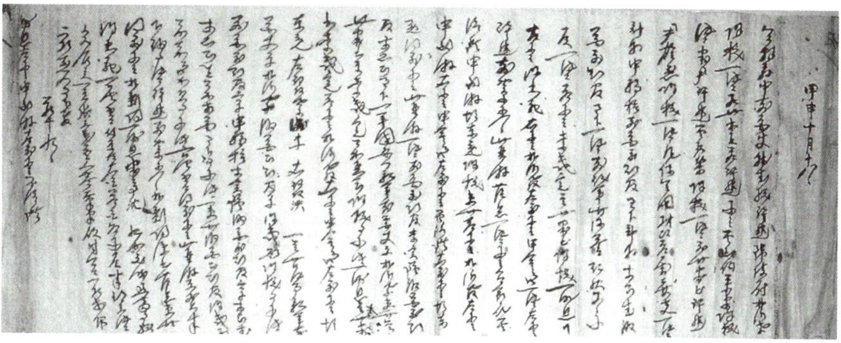

그림 3 조보

그밖의 사람들은 원칙적으로 볼 수 없었다. 선조 때에 작은 관청에서는 등사하지 못하게 금지령을 내린 적도 있다. 다음은 왕이 지시한 비망기다.

또한 우리나라의 조보는 누구나 베끼고 있는데 앞 시대에서는 이런 일이 없었다. 비록 군사기밀이 아니라 하더라도 이것은 사리나 체면에 크게 어긋나는 일이다. 더구나 중국 관리가 별로 맡은 일도 없이 도성 안에 계속 남아 있는데, 중국 사람의 속셈은 헤아리기 어려우니 모든 일을 몰래 살피지 않을 리가 없다. 지금부터는 비록 예사로운 조보라도 큰 관부官府를 제외하고 작은 관청들에서 베끼는 것은 일절 엄금할 것이니, 승정원은 비변사에 이렇게 일러라. _선조실록 29년(1596) 12월 29일

이때는 왜와 전쟁하던 기간이라 그런지 작은 관청까지도 등사하지 못하도록 엄하게 지시를 내렸다. 그렇지만 비공식적으로 일반 사대부까지 조보를 보고 조정이 돌아가는 사정을 파악할 수 있었다. 유희춘이

나 오희문의 일기에도 지방에 내려온 조보를 본 사실이 적혀 있다. 특히 유희춘은 조보의 내용을 일기에 옮겨놓았다.

저녁에 교서박사 권대덕이 종을 보내 조보를 전해주었다. 이달 5일에 세 정승이 "어제 천둥과 번개가 여름날처럼 쳤으니 변고가 매우 큽니다. 신들은 더욱 황공하오니, 청컨대 신들을 파직시켜 하늘의 꾸지람에 응답하소서"라 아뢰니, … _『미암일기』 1567. 10. 9.

지금 조보를 보니 통제사 원균이 왜선 2척을 포획하여 65명의 목을 베었다고 하니 심히 기쁜 일이다. _『쇄미록』 1597. 4. 5.

근대에 와서는 구독료를 받고 민간에까지 배포하게 된다. 중국에서는 고대부터 등장하여 송나라 때에 정식 제도로 정착되었지만, 우리나라에서는 조선 중종 때부터 기록에 조보가 보이는데, 저보邸報, 기별奇別, 寄別, 조지朝紙 등 다양한 이름으로 쓰이다가 근대에 와서 관보官報로 변경되었다. 기별은 "기별을 보낸다"는 말처럼 소식이란 의미로도 쓰이게 되었다. 이러기에 언론 역사에서는 신문의 시원적 형태로 주목하고 있다.

그런데 신문이라 하면 인쇄를 해서 대량으로 배포해야 할 터인데, 관보가 나오기 전까지는 고집스럽게 필사 방식을 고수했다. 그래서 이를 필사신문 또는 서한신문이라고도 부른다. 조보소에서 발표하면 각 기관에서 파견된 서리가 이를 베껴가고 산하 기관에서는 다시 이를 베끼는 식으로 배포되었다. 이러다 보니 조보의 크기나 형식도 일정하지 않았고, 배포 범위도 제한적일 수밖에 없었다. 중앙에서는 매일 아침에 발행되었지만, 지방에는 대개 5일마다 한 번씩 모아서 전해졌다.

그런데 16세기 후반에 조보를 인쇄하여 상업적으로 판매한 획기적인 사건이 발생하여 우연히 이를 본 선조의 노여움을 산 적이 있다.

조보를 개인적으로 인출하는 일을 금지했다. 이에 앞서 서울에서 놀고 먹는 지식인들이 중국에서 통보通報를 모두 인출한다는 소식을 듣고 이를 모방하여 조보를 인쇄하여 판매해서 생계 밑천으로 삼으려고 의정부와 사헌부에 소장을 올렸는데, 모두 허락했었다. 그러자 기인其人, 땔나무 등을 공물로 바치던 사람 등이 활자를 새겨 조보를 인쇄해서 각 관청과 외방저리外方邸吏, 지방에서 파견된 연락 담당 서울 주재원들에게 판매하니 이를 본 사대부들이 모두 편하게 여겼다.

시행한 지 몇 달 만에 상이 우연히 보고 진노하여 "조보를 간행하는 행위는 사국史局, 역사 편찬소을 사사로이 설치한 것과 무엇이 다른가? 만약 다른 나라에 흘러들어가기라도 한다면 나라의 잘못을 드러내는 것이나 마찬가지다" 하고, 대신에게 "누가 이 일을 주장했는가?" 하고 묻자, 대신들이 황공하여 명백하지 않은 말로 아뢰었다.

이에 기인을 의금부에 내려보내 제일 먼저 주창한 사람을 찾아내서 극형에 처하려 하였다. 그러나 기인 등이 누차 형문刑問을 받으면서도 자복하지 않았다. 대신과 대간이 다시 사리를 갖추어 설명하자 비로소 형문을 정지하고 먼 지방으로 유배하라고 명했다. _선조수정실록 11년(1578) 2월 1일

의정부와 사헌부에서 "이것은 우리가 관여할 일이 아니니 너희 마음대로 하라"고 허락했다가 왕이 진노하자 대신, 대간 등의 해당 관료들

은 적당히 얼버무려 책임을 면하고, 관청의 허락만 믿고 인쇄를 해서 생계를 도모했던 백성들만 잡혀가 억울하게 처벌된 사건이다. 이때 연루된 자만 30여 명이나 되었는데 수차례 맞으며 심문을 받다가 겨우 죽음을 면하고 먼 곳으로 유배되었다.

중국에서는 송나라 때에 이미 조정에서 발행한 조보와 함께 민간에서 발행한 소보小報가 성행하였다. 이들은 모두 목판으로 인쇄된 것이었다. 소보는 민간업자가 인쇄로 발행해서 공개적으로 판매되었으니 민영신문이었던 셈이다. 중국의 소식을 듣고 조선에서도 시도했다가 결국은 화만 자초하고 말았다. 이로써 일본의 우키요에나 중국의 조보, 소보처럼 조선에서도 대량으로 인쇄해서 소식을 전할 수 있는 기회를 놓치고 말았다. 정보의 공유란 측면에서 근대화의 싹이 잘리고 말았다. 정조가 즉위한 직후에도 한 번 더 인쇄 문제가 제기되었다.

임금이 "조보를 활자로 인쇄하는 것이 어떻겠느냐?"고 하니, 승지 유당이 "선조 임금 때에도 이러한 논의가 있었지만 실행되지 못했습니다"고 하였다. 임금이 "혹시 중원에 흘러들어갈까 염려한 것이지만, 남이 보지 않는 곳에서도 부끄러울 게 없도록 한다면 무슨 염려가 있겠는가?" 하였다. _정조실록 즉위년(1776) 5월 25일

그러나 이 대화를 끝으로 더는 움직임이 보이지 않았고, 결국 1894년 갑오개혁이 일어나서야 관보란 이름으로 인쇄가 시작되었고, 이듬해에 근대적인 체제를 갖추었다. 이보다 몇 해 전인 1890년에 한국에 부임해서 1년여 근무한 프랑스 외교관이며 학자인 모리스 쿠랑1865~1935

은 당시에 발행되던 조보에 대해서 이렇게 소개했다.

폭이 35센티미터이며 길이는 일정하지 않은 초서체로 쓰인 낱장의 종이.

국왕 측근에 상주하는 관리가 왕이 내린 명령을 바로 적어서 대궐 안에 있는 승정원에 보낸다. 승정원의 서리들, 여러 관청이나 고위관리들이 파견한 서리, 그밖에 승정원 서리에게 구독료를 낸 사람들이 왕실 관리가 가져온 기사를 필사하게 되는데, 어떠한 명령이라도 순번 없이 도착하는 대로 필사된다. 이러한 것이 조보를 구성하게 된다. 각 관청과 고위관리들은 원본을 가지며, 승정원 서리가 만든 사본은 그밖의 관리들 및 한 달에 한 냥 반을 조보 구독료로 낸 민간인들에게 계속 배달하는 기별군사奇別軍士, 조보 돌리는 사람에게 넘겨준다. 그밖의 조보는 월말에 한데 합쳐서 지방수령과 양반들에게 보낸다. 현재 조보는 공사관과 영사관에서도 구독하고 있다. 모든 조보의 원본은 일정하지 않으며 고위관리의 것이 훨씬 완전하다.

조보는 매일 수로 오전에 나오며, 전날 저녁의 정령政令과 그날 아침의 정령이 실린다. 각 부분의 첫머리에 날짜가 쓰여 있고, 어떠한 제목도 기재되어 있지 않다. 조보에는 청원, 진상물, 국왕의 결정, 그의 건강상태, 왕에게 보내진 사례, 궁정의 장례, 관리의 임명, 과거의 공고, 급제자의 명단이 기재되어 있다. 대신의 선발과 교체나 기근, 그밖의 대단히 중대한 사태와 관계있는 것을 제외하고, 사건은 문제시하지 않고 항상 간단하게 취급하고 있다.

몇몇 한국인은 조보가 선조 때의 연원부원군 이광정의 건의로 시작되었을 것이라고 주장한다. _박정규 논문, 126쪽 수정 재인용

조보의 인쇄 문제가 불거지기 50여 년 전에는 서점을 설치하자는 논의가 있었다. 중종 14년1519 6월에 한충이 서사書肆 즉 서점을 설치하자는 건의를 했지만, 우리는 중국과 다르니 억지로 할 필요가 없다는 결론을 내렸다. 3년 뒤에는 어득강이 다시 이 문제를 제기했다.

어득강이 "우리나라는 서적이 나오는 곳이 교서관校書館 하나뿐입니다. 학문에 뜻을 두더라도 서적을 사들일 수 없어서 뜻을 이루지 못합니다. 중국에는 서사가 있어서 배우고 싶은 사람들이 쉽게 사들여 배워 익힙니다. 지금 시장 안에 서사를 설치하면 사람마다 구매하여 이로움을 얻게 될 것입니다"고 아뢰니, 상이 "서사에 관한 일은 지난 기묘년1519에 이미 절목節目, 규정을 마련했는데 지금 거행하지 못하고 있으니 마땅히 담당 관청에 묻겠다"고 하였다. _중종실록 17년(1522) 3월 4일

교서관은 서적을 편찬하던 관청인데 민간인을 대상으로 팔지는 않았다. 그래서 민간인 대상의 서점을 설치하자는 것이다. 기묘년 이후에 왕도 잊고 있던 서점 설치 문제는 이와 같은 어득강의 건의로 재론되었다. 그렇지만 영의정 등 세 정승은 서점 설치에 반대했다.

삼공이 아뢰었다. "서점을 설치하는 일은 명분상 글을 숭상하는 것에 가까워 좋기는 하지만, 우리나라 풍속에 일찍이 없었던 일입니다. 또 과부寡婦 집 가운데 더러 서책을 팔려는 사람이 있어도 개인적으로 매매할 것이 분명하고 서점에다 내놓지는 않을 것입니다. 서책을 채우지도 않고 서점만 설치한다면, 서사에 관한 법이 어떻게 시행되겠습니까?

대저 시행될 수 있는 법은 세워야 하겠습니다만, 시행될 수 없는 법을 세우면 유익함이 없을 뿐 아니라 도리어 해가 됩니다. 신들은 설치가 부당하다고 생각합니다." _중종실록 24년(1529) 5월 26일

이로부터 4년이 지난 중종 28년1533 6월에도 왕이 "우리나라에 서점이 없어서 책을 사고 싶어도 살 수가 없으니, 세 정승이 논의하라"는 지시를 내렸다. 이에 대해서 영의정 장순손과 좌의정 한효원은 긍정적으로 답변을 올렸다.

국가가 교서관에서 책들을 인출하여 팔게 하는 것은 서점과 같은 역할을 하는 것입니다. 그러나 이 관청에서 인출하는 책은 한정되어 있어서, 비장된 책을 두루 보려면 어려운 점이 많습니다. 만약 서점을 세우면 개인 집에서 쓸모없이 쌓아둔 책도 팔 수 있으니, 담당 관청으로 하여금 절목을 마련하게 하는 것이 어떻겠습니까? _중종실록 28년(1533) 6월 17일

이런 논의에도 5년 뒤인 중종 33년1538 3월에 왕이 다시 서점을 설치하라는 지시를 내린다. 이때에는 매매 수단까지도 언급했다.

서책에 대한 일이다. 중국에는 서사가 있어서 여염에서도 배우고 싶은 자는 구하여 얻지 못할 책이 없다. 그러나 우리나라는 아직 서사가 없어서 선비들도 필요한 책을 모두 가질 수 없고, 빌려보려 하다가 얻을 수 없으면 이 때문에 학업을 그만두는 자도 있다. 이는 서울이나 지방이나 매한가지다. … 한 장소에 서사를 설립하고 관청에서 매매를 관리

하면 널리 보급할 수 있을 것이다. 이것은 지극히 아름다운 일로서 현재만 아니라 후세에까지 이익이 미칠 것이다. 담당 관서로 하여금 절목을 마련하여 매매 규정으로 삼도록 하라.

서책의 대금을 곡식이나 면포로 받는다면 종이가 크게 귀해질 것이다. 관상감에서 책력冊曆을 인쇄하는 규정에 따라 종이를 받거나 곡식, 면포를 받아서, 종이는 서책을 인쇄하는 데 쓰고 곡식이나 면포는 종이로 바꾸어서 인쇄하면 매우 편리할 것 같다. _중종실록 33년(1538) 3월 11일

이런 지시에도 또 실행되지 못하여 4년 뒤인 중종 37년1542 7월에 어득강이 상소문에서 다시금 호소하였다.

신은 마땅히 서사를 설치해야 한다고 하는데, 답하는 사람은 "나라에서 어찌 책을 널리 찍어 서사에 보낼 수 있겠는가?"라고 합니다. 이것은 오늘 서사를 설치하여 내일 책을 가득 채우려 하기 때문입니다. 그러나 서사를 한번 설치해놓으면 서적들이 저절로 모여드는 것이 마치 온갖 물건이 시장에 폭주하는 것처럼 된다는 사실을 몰라서 그런 것입니다.
_중종실록 37년(1542) 7월 27일

이상과 같이 수차례에 걸쳐 서점을 설치하기로 했지만, 규정만 마련하고 지지부진하여 후속조치 없는 공염불이 되고 말았다. 명종이 즉위해서도 서점 설치 논의가 재연되었다.

사헌부가 아뢰었다. "우리나라에는 온갖 물건을 매매하는 점포가 있는

데 서점만 없어서 서적이 있어도 팔 수가 없습니다. 이리하여 서책이 매우 귀하고 글을 숭상하는 풍습도 더욱 쇠퇴해갑니다. 담당 관서로 하여금 특별히 서사를 설치하여 서적을 쉽게 사고팔 수 있도록 하소서." 왕이 답했다. "서사에 관한 일은 새로 마련해야 할 듯하니 대신들에게 의논하게 하라."

사신이 논한다. … 서사는 건국 이래 200년 동안 없었는데, 새로 법을 세우고자 하는 것은 제멋대로 권세를 부리려는 빌미로 삼으려 한 것이다. _명종실록 6년(1551) 5월 26일

정치적으로 해석한 사관의 지적을 보면 아직도 서점 설치에 대해서 부정적인 분위기를 감지할 수 있다. 다음날 사헌부가 다시 요청하자 보고한 대로 실행하라는 지시를 내렸다. 이 뒤에 과연 서점 설치가 제대로 실행되었는지는 언급이 없다. 하지만 19세기까지도 서점이 활성화되지 않은 것이 분명하다. 이 사실은 이규경1788~1863의 글에서 찾을 수 있다.

우리나라의 풍속은 예로부터 서적을 귀하게 여기지 않아서 서점이 없었다. 기축년1829과 경인년1830에 익종翼宗, 순조의 세자이 대리청정할 때 묘당廟堂, 의정부에서 서점을 설치하도록 백성들에게 권하여 도성 안 보은단동報恩緞洞에 열었다가 곧 문을 닫아버렸다. 그 까닭을 물으니 무뢰배들이 재상집에서 왔다고 속이며 뒤져서 훔쳐가거나 대낮에 강탈하는 바람에 견딜 수 없어 그만두었다고 한다.

살펴보니, 중종 14년 기묘년1519에 중국에서 서사를 설치한 사례를

보고 소격서의 놋그릇과 폐기된 절의 종 등을 녹여 활자를 주조하여 서책을 인쇄하되, 공적이건 사적이건 따지지 않고 주조하게 했다. 중종 17년1522에 장령 어득강이 … 하였으나 아무런 조치가 없었다.

이런 점으로 보면 성스런 임금께서 학문을 숭상하는 정치를 정말 지극하게 하셨던 것을 알 수 있다. 아마 당시에는 임금 뜻을 받들어 실행했겠지만, 우리나라 사람들은 매사에 나태해져서 좋은 결과를 얻는 일이 적으니, 언제 폐지되었는지 모르겠다. _『오주연문장전산고』 경사편, 서적방사변증설書籍坊肆辨證說

보은단동은 지금의 서울 중구 을지로1가, 남대문로1가 일대에 해당한다. 모리스 쿠랑이 서울에 머물렀을 때에 종각에서 남대문까지 이어지는 거리에 서점들이 자리잡고 있었다. 양반 차림의 서점 주인은 한문으로 된 좋은 책들을 진열하고 손님을 기다린 반면에, 한글로 된 값싼 소설책들은 세책점貰册家에서 취급했다고 한다. 서울에서도 이런 세책점이 전보다 많이 줄어들었고, 개성, 대구, 평양 같은 지방 대도시에는 이런 것이 없었다고 한다. 우리 어렸을 때에는 동네에 만화나 소설을 대여하는 대본소가 있었다. 만화방에 가서 앉아있다가 외할머니한테 들켜서 혼난 적이 한두 번이 아니었던 기억이 있다. 그런데 대본소란 말은 일본어에서 유래된 것이고, 이전에는 이렇게 세책점이라 했다.

서울 광화문 앞에는 흥미로운 교통표지판이 하나 달려 있다. 시청 앞에서 광화문 앞까지 우마차 통행을 금지한다는 표시다. 서울에서는 이미 사라지고 시골에서도 보기 어려운 우마차의 통행에 관한 표지판이 아직도 서울 도심에 남아 있는 것이 신기하다.

우리나라는 산이 많아서 평탄한 도로 개설이 어렵고, 수레를 사용하기도 쉽지 않았다. 1123년 고려에 사신으로 왔던 서긍1091~1153은 이렇게 적었다.

고려는 산이 많고 도로가 험준하여 수레 운송이 불편하다. 또 낙타로 무거운 것을 끄는 것도 없고, 사람들이 매우 가벼운 것이나 지고 간다. 그래서 이것저것 싣는 데는 말을 많이 쓴다. _『고려도경』 삽재雜載

그렇다고 수레가 아주 없었던 것은 아니다. 빨리 달릴 여건이 되지 않았기에 말 대신에 소가 끄는 간단한 수레가 있었다.

소달구지는 아주 간단히 제작하여 특별한 법도가 없다. 아래에 바퀴가 두 개 달려 있고, 앞에 달린 끌채는 소에게 씌운다. 수레 위에 물건을 실을 때마다 새끼줄로 꿰어 묶어야만 뒤집어지는 것을 면할 수 있다. 더구나 그 나라는 모두가 산길이라서 길을 가면 울퉁불퉁 흔들리니, 다만 예를 갖추는 도구일 뿐이다. _『고려도경』 우차牛車

길바닥이 고르지 않고 돌까지 있는 도로에 완충이 전혀 되지 않는 나무바퀴가 달린 수레가 끊임없이 덜컹대며 가는 모습을 상상해볼 수 있다. 몇년 전에 중국에서 유적 답사를 하면서 이런 수레를 타본 적이 있다. 타이어가 달린 것이었지만, 온몸이 흔들려 결국은 타기를 포기하고 땡볕에 걸어가는 것을 택했다. 이런 소달구지는 함경도에서 과거시험을 치르는 모습을 그린 '북새선은도' 함흥방방도1664에도 보이는데, 이

그림 4
조선시대 달구지

그림 5
근대 시기 달구지

그림에는 함흥성으로 통하는 성천강 만세교 아래에 두 대의 달구지가 그려져 있다.그림 4 이런 달구지는 근대까지 경기 이북 지방에서 면면히 이어져왔다.그림 5

조선시대에 와서 수레를 널리 사용해야 한다는 말이 여러 차례 나왔지만 역시 제대로 실행되지 못했다. 수레는 평시에 짐을 운반할 뿐 아니라 전시에는 전차로 사용할 수 있다. 광해군 때에는 시험적으로 전차를 만든 적이 있었다.

이항복이 아뢰었다. "전차戰車를 만들어 두었는데, 어떤 사람은 '아주 좋다. 많이 만들어 쓰지 않을 수 없다' 하고, 어떤 사람은 '왜적 방비에 좋지만 오랑캐 방비에는 마땅하지 않다' 합니다. 한교가 전법을 잘 알므로 훈련도감에서 그를 교훈관으로 삼아 전차를 만들게 했습니다. 유형이 평안도에 있을 때에도 한교를 불러다가 시험삼아 전차를 만들게 했는데 아주 좋았다고 합니다."

왕이 "우리나라에서도 전차를 쓸 수 있는가?" 하자, 이항복이 "이것은 평지에서 시험해볼 수 있고 사용할 수 있는 법이지, 산천이 험준한 곳에서는 결코 쓸 수 없습니다. 6, 7년 전에 사간원에서도 차자를 올려 전차 사용을 요청한 적이 있습니다만, 대개 이것은 총을 장치한 전차가 아니니 이와 유사한 듯하나 사실은 같지 않습니다. 담장 같은 것을 둘러서 방비하는데 한 사람이 밀고서 갈 수 있습니다" 하였다.

왕이 "전차에는 몇 사람이나 탈 수 있는가?" 하자 이항복이 "많이 탈 수는 없고, 대체로 방패와 같습니다. 뒷날 교외에서 시험볼 때에 가지고 오겠습니다" 하였다. _광해군일기 4년(1612) 9월 18일

이따금 이런 시도가 있었지만, 조선후기까지도 수레나 전차는 발달하지 않았다. 이에 따라 조정에서는 수레 사용을 건의하고, 학자들도 목소리를 높였다. 유수원1694~1755도 그런 실학자였다.

또 임진왜란 때 명나라 군사를 보더라도 군량과 병기를 모두 수레로 실어 날랐으니, 8년간 주둔하면서 수레바퀴 자국을 삼남 지방에 두루 남겼다. 『병자일기』에도 청나라 사람들이 소 한 마리로 수레를 끄는데 그

제도가 아주 훌륭하여 대들보 두 칸만한 대포를 적재한 수레들이 길에 줄을 이었다고 적었다. 그렇다면 이들 수레가 다른 길을 만들어왔는가, 아니면 길을 수리하고서 왔겠는가? 동북 지방의 아주 험한 곳에서는 수레 이용이 쉽지 않다고 하더라도, 삼남과 양서兩西, 평안도와 황해도의 큰 도로나 그밖에 수륙水陸의 길이 모이는 평야지대에서는 어찌 수레를 사용하지 못할 리가 있겠는가? _『우서』 총론사민總論四民

수레 사용은 유통을 활성화하고 대규모, 다량의 화물을 운송할 수 있게 해준다. 박제가와 유득공의 숙부인 유금은 이렇게 진단했다.

유금은 "우리나라에 수레가 없어서 백성들의 집이 모두 작다. 말 한 마리의 등에 실을 수 있는 정도의 목재만 사용하기 때문이다"고 말했다. 내 생각으로는 신발값이 뛰는 것도 수레가 없기 때문이다. _『북학의』 내편內編, 거車

그렇지만 도로가 험하고 마소가 적다는 이유로 수레 사용이 활성화되지 못했다. 상인들은 등에 지거나 머리에 이고 다녔고, 기껏해야 말이나 노새 등에 얹어 물건을 운반했다.그림 6 화물 유통이 발달할 리가 없었다. 근대에 와서도 이런 사정은 나아지지 않았으니, 말에 짐을 실은 상인들이 나무로 얼기설기 엮은 섶다리를 건너가는 모습은 이를 상징적으로 보여준다.그림 7

다른 한편으로는 대륙으로부터의 침입로가 될 것을 우려했기 때문이다. 조보를 인쇄하게 되면 우리나라의 허점이 중국에 노출될 것을 우려

그림 6
장터 가는 길(김득신)

그림 7
다리를 건너는 상인들

했던 것처럼, 근대화의 길목에는 종종 중국에 대한 두려움이 가로막고 있었다.

이에 더하여 국내에 있는 은광을 개발하지 못한 것도 중국에 대한 두려움 때문이었다.

호조에서 은을 채굴하자고 요청하니, 상이 답했다. "바다에서 소금을 끓이고 산에서 금은을 주조하는 것은 백성과 국가를 부유하게 하는 것이어서 뜻은 좋다. 다만 이익의 원천이 한 번 열리면 폐단이 반드시 그림자처럼 따르기 마련이다. '삼추三秋에 핀 계수나무 꽃'이라는 한갓 시

그림 8 안개 낀 서호(2010. 11)

구가 오히려 금나라 오랑캐들이 오산吳山에 말을 세울 뜻을 불러일으켰는데, 하물며 우리나라 각처에 은광이 있다는 말이 적국에 전해지면 어찌 침을 흘리며 많은 군사를 낼 뜻을 두지 않겠는가? 지금 중국에서는 태감太監, 환관들이 13성을 나누어 차지하여 크게 은광을 열어서 아주 조그만 이익까지 독차지하고 있다. 만약 우리나라에 은이 나는 산이 있다는 말이 중국에 들리게 되어, 그들이 관청을 두고 광산을 열기를 고려 때의 행성行省이 하던 것처럼 한다면, 이때를 당해서 감히 어떻게 조처할 수가 있겠는가? 하나의 이익을 일으키는 것은 하나의 해를 제거하는 것만 못하고, 하나의 일을 만드는 것은 하나의 일을 줄이는 것만 못하니, 거행하지 마라." _선조수정실록 35년(1602) 11월 1일

중국 저장성 항저우杭州는 남송의 수도였다. 유영柳泳이 '삼추에 핀 계수나무 꽃, 십 리에 핀 연꽃'이란 구절로 경치를 노래했더니, 금나라 황제가 이를 전해 듣고 항저우를 점령할 생각을 하게 되어 '서호西湖 위에

서 군사 백만을 이끌고, 오산 제일봉에 말을 세우리라'는 시를 지은 다음 전쟁을 일으켰다고 한다. 오산은 항저우의 아름다운 호수인 서호 그림 8 부근에 있는 산이다.

중국에 대한 두려움은 그들의 팽창과 함께 지금 다시 우리 가슴 속에 자라고 있다. 예나 지금이나 중국은 배워야 할 대상이면서 다른 한편으로 경계와 두려움의 대상이었다.

4

법과 처벌

과거와 지금의 법 | 검거와 심문
처벌과 처형 | 감옥과 죄수

과거와 지금의 법

조선시대에 만든 코끼리 모양의 술잔인 상준象樽이 많이 전해진다. 그런데 그 모습에 코끼리라기보다는 돼지나 두더지처럼 생긴 것들이 있으니,그림 1 이것은 분명 코끼리를 보지 못했기 때문일 것이다. 경희대학교 박물관에 소장된 청화백자에 그려진 코끼리도 상아와 기다란 코가 있지만, 코끼리 모습과는 거리가 있다.그림 2 이 역시 코끼리를 상상의 동물로 그린 것이다.

그런데 코끼리가 실제로 조선에 온 적이 있다. 조선 태종 때에 일본에서 코끼리를 보내와서 우여곡절을 겪은 것이다. 이우란 사람은 이 기이한 동물을 구경 가서 추하다고 침을 뱉었다가 노한 코끼리에 밟혀죽었다. 이렇게 사람들에게 해를 끼치자 마침내 서울에서 전라도의 섬으로 추방했다.

코끼리를 전라도의 섬에 두도록 명했다. 병조판서 유정현이 "길들인 코끼리를 일본에서 바쳤는데, 주상께서 즐기는 것도 아니요 나라에도 이익이 없습니다. 두 사람에게 해를 끼쳤으니, 만약 법으로 따진다면 사람을 죽였을 경우라서 마땅히 죽여야 합니다. 또 1년간 먹이는 꼴과 콩

그림 1 백자 상준

그림 2 청화백자 코끼리 문양

이 거의 수백 석에 이릅니다. 청컨대, 주공周公이 코뿔소와 코끼리를 몰아낸 고사를 본받아 전라도의 섬에 두소서"라고 아뢰니, 임금이 웃으면서 따랐다. _태종실록 13년(1413) 11월 5일

이렇게 해서 순천의 장도獐島로 유배 아닌 유배를 보냈다. 그러자 코끼리가 먹지도 않고 사람을 보면 눈물을 흘리며 슬프게 울어서 몇 개월 만에 다시 서울로 되돌려보냈다.

여기서 유정현은 사람을 죽이면 마땅히 죽여야 하는 법을 동물에도 적용하고 있다. 다만 일본에서 보낸 것이기에 죽이지 않고 섬으로 보낸 것 같다. 현행법에서 동물이 아니라 그 소유주가 피고인이 되는 것과 다른 점이다. 곰이 우리를 탈출해서 사람을 물었다면 곰이 아니라 그 주인이 처벌을 받게 된다. 동물은 민사소송의 원고나 피고가 될 수 없기 때문이다. 몇 년 전에 충주환경운동연합이 황금박쥐, 수달, 고니 등을 원고로 하여 도로공사를 하지 못하게 소송을 제기했으나, 이들은 원고가 될 수 없다고 해서 패소한 적이 있다.

이렇게 지금과 과거의 법에는 다른 점이 있기도 하다. 중국 한나라

때의 학자요 정치가로서 한 무제로 하여금 유교를 국교로 삼게 설득한 동중서董仲舒, 기원전 176?~104는 『춘추결옥春秋決獄』이란 책을 써서 동양적인 판결을 내리는 중요한 지침을 마련했다. 복잡한 재판사건이 발생했을 때에 동중서가 내린 판결을 모은 판례집 성격이라 한다. 그 지침의 하나로서 원심정죄原心定罪 또는 논심정죄論心定罪라는 것이 있으니, 행위자의 심정이나 동기에 기초하여 판결을 내리도록 한 것이다. 다시 말해서 좋은 뜻으로 한 경우는 법을 어겨도 용서해야 하고, 나쁜 의도로 한 경우는 법을 어기지 않아도 처벌해야 한다. 결과보다 동기가 중시되는 것이다. 이 원칙에 따라 미수 단계라 해도 기수나 예비·음모와 형량이 같았다.

이를 잘 대변하는 것이 모반죄謀反罪이다. 국가에 반기를 든 경우에 대역이니 모반이니 반란이니 하는 말을 흔히 쓰는데, 과거에는 각각의 구별이 있었다. 『대명률』에 적힌 열 가지 큰 죄, 즉 10악惡에서 그 차이를 알 수 있다.

십악대죄는 모반謀反, 모대역謀大逆, 모반謀叛, 악역惡逆, 부도不道, 대불경大不敬, 불효, 불목不睦, 불의, 내란이다.
사직을 위태롭게 하는 것은 반反이요, 나라를 등지고 가짜를 따르는 것은 반叛이니, 반反은 국내에서 꾸미는 흉계이다. 대역은 종묘, 산릉, 궁궐을 침해한 것이요, 악역은 조부모, 부모, 백부모, 숙부모, 고모, 형제자매, 외조부모, 남편의 조부모와 부모를 거스르는 것이요 … _『성호사설』 인사문, 십악대죄

그림 3 역적 참수하기(김윤보)

모반謀反은 내부에서 전복을 꾀하는 것이요, 모반謀叛은 본국을 배반하고 외국과 일을 꾀하는 것이다. 후자는 매국이란 뜻으로 쓸 수 있겠다. 반면에 대역죄인은 최고지배자와 관련된 시설을 훼손하는 행위를 이른다. 여기서 모謀자를 붙인 것은 반역행위가 일어나기 전의 음모 단계를 가리켜서, 역사서에는 모반謀反, 謀叛과 반反, 叛이 구분되어 기술되어 있다. 그렇지만 죗값에서는 같기에 점차 혼동되어 동일시하게 되었다.그림 3 지금 내란죄는 최고 사형이고, 내란음모죄는 3년 이상 유기징역에 처하는 것과 다르다.

삼성죄인三省罪人 갑생의 자백을 받고 죽였다. 삼성에서 심문할 때에 갑생이 성난 김에 제 어미를 욕하고 이어서 낫으로 쳐서 찌른 정상을 이미 다 승복하였으므로, 법부法府에서 "율문律文, 법조문에는 어미를 찌르려

그림 4 한성부 청사

한 것에 관한 규정이 없습니다. 이미 부모를 모살한 자는 참수한다고 하였는데, '모' 자에 차이가 있는 듯하기는 하나 그 마음가짐은 같은 죄에 해당하니, 같은 율을 적용하는 것이 마땅합니다"고 말하니, 임금이 그대로 따랐다. _숙종실록 16년(1690) 5월 28일

이처럼 살해하고자 한 욕살欲殺, 살해하고자 모의한 모살謀殺, 살해한 살殺은 마음가짐에서 마찬가지인 것으로 판단하여 참수에 처했다. 삼성죄인이란 의정부, 사헌부, 의금부가 모여서 합의할 만큼 중한 죄인을 이르고, 법부는 법과 관련된 형조, 사헌부, 한성부그림 4를 가리킨다. 또 율은 형률이라고도 하는데, 지금으로 따지면 형법에 해당되는 것으로서 범죄와 형벌에 관한 규정을 담고 있다.

2013년 2월에 전주에서 가족을 살해한 조카의 증거인멸을 도와준

외삼촌을 처벌할 수 있는지 논란이 되었다. 우리나라 형법에는 "가족이 증거인멸을 한 경우 처벌하지 않는다"고 규정되어 있다. 국가의 형벌권보다 가족 관계가 우선한다는 입법 취지라 한다서울신문 2013. 2. 7. 이것은 조선시대의 법 정신이 살아 있는 것이다. 또 다른 예로 자식의 부모 고발 문제를 들 수 있다. 조선에서는 아버지를 고발한 아들은 처벌되었다.

자전慈殿, 임금 어머니께서 발을 내리고 함께 정사를 처리했다. 임금도 주렴 안에 앉았다. 좌부승지 주세붕이 청도淸道의 죄수인 일수日守, 관아 하인 이세원의 추안推案, 심문조서【아비 이선손이 와서 그의 처를 간통했는데, 쫓아가서 붙잡아 억지로 옷을 벗기고 이웃 사람을 증인으로 불러 고의로 일이 발각되게 함으로써 아비의 죄를 다스리려 하였다. 그 죄가 교부대시絞不待時인데 초복初覆이다.】을 가지고 아뢰어 죄인 심사를 마쳤다.

자전이 "이 사람의 죄상이 어떠한가?" 이르니, 이기가 "아비에게 비록 악행이 있더라도 아들은 아비를 위하여 숨겨야만 이치에 맞습니다. 이 사람은 아비 죄를 다스리려고 명분을 침범했습니다. 율에 따라 단죄하더라도 애석할 것이 없습니다" 하였는데, 자전이 율대로 하라고 일렀다. _명종실록 2년(1547) 11월 19일

명종이 어려서 대왕대비가 수렴청정하던 때이다. 죽을죄를 지은 자는 세 번에 걸쳐 재심했는데, 초복은 그 첫번째이다. 아버지를 고발한 죄는 교부대시라 했는데, 교는 교수형이고, 부대시는 정해진 시기를 기다리지 않고 중죄인을 급히 처형한다는 말이다. 아버지가 죄를 지었다

해도 자식은 이를 숨기는 것이 순리라고 했듯이, 당시에는 효가 우선이었다.

지금도 형사소송법 224조에는 자기 또는 배우자의 직계존속을 고소하지 못한다고 되어 있다. 그런데 한 지방대 교수가 어머니를 무고 혐의로 검찰에 고소하면서, 이 규정에 대해 헌법 소원을 낸 적이 있다. 구시대의 유물인 봉건적 가부장제의 전통에 따라 직계존속의 권위를 유지하고 효도를 강요하는 것에 불과하다는 이유에서였다. 이에 대해서 합헌 4, 위헌 5로 과반수가 되었지만, 재판관 6명 이상이 위헌 의견을 내야 했기 때문에 가까스로 합헌 결정이 났다. 유교적 전통이 고유한 의식으로 남아 있는 사실을 인정한 것이지만, 고소권 박탈이 가족제도의 기본질서를 유지하기 위한 수단이 될 수 있느냐에 대해서는 반대 의견도 있었다고 적었다.조선일보 2011. 2. 25, 그림 5 이 판결로 보아서 조만간에 다시 제기되면 위헌 결정이 날 가능성이 커 보인다.

2011년 2월 25일 금요일 53판 A11

간신히 살아남은 '어머니 고소 금지법'

헌법 재판관 4대5 의견
직계존속 고소 제한 '합헌'

자식은 부모를 고소할 수 없게 한 현행 형사소송법은 헌법에 위반되지 않는다는 헌법재판소 결정이 나왔다.

헌재는 24일 지방대 교수 서모(50)씨가 "자기 또는 배우자의 직계존속(부모)을 고소하지 못하도록 정한 형사소송법 224조는 헌법이 보장한 평등권과 재판받을 권리를 침해한 위헌"이라며 낸 헌법소원 사건에서 재판관 4(합헌) 대 5(위헌) 의견으로 합헌 결정했다. 위헌 의견이 과반수였지만, 위헌 결정하려면 재판관 6명 이상이 위헌 의견을 내야 하기 때문에 가까스로 합헌 결정이 난 것이다.

서씨는 어머니 오모(76)씨로부터 "딸에게 맞았다" "딸이 죽은 남편의 재산을 가로채려 한다"는 이유 등으로 수십 차례 고소를 당했다. 하지만 법원은 모두 무죄를 선고했다.

이번엔 서씨가 어머니를 무고 혐의로 검찰에 고소했지만, 검찰은 '자기 또는 배우자의 직계존속을 고소하지 못한다'는 형사소송법 224조에 따라 고소를 기각했다. 서씨는 "범죄의 종류와 피해 정도에 관계없이 직계존속을 고소하지 못하도록 한 것은 구시대의 유물인 봉건적 가부장제의 전통에 따라 직계존속의 권위를 유지하고, 효도를 강요하는 것에 불과해 평등원칙에 위배된다"며 헌법소원을 냈다.

헌재는 "유교적 전통은 고유한 의식으로 남아있어 '효'라는 고유의 전통규범을 수호하기 위해 비속이 존속을 고소하는 행위의 반윤리성을 억제하고자 이를 제한하는 것은 합리적 근거가 있는 차별"이라고 판시했다.

그러나 이공현·김희옥·김종대·이동흡·목영준 재판관은 "고소권을 박탈하는 것만이 가족제도의 기본질서를 유지하기 위한 유일하고 불가결한 수단이라고 할 수 없다"고 반대 의견을 냈다. 안준호 기자 libai@chosun.com

그림 5 겨우 합헌이 된 어머니 고소 금지법 (조선일보)

충주 사람 이허국의 첩은 임경업의 얼매孼妹, 서누이이다. 임경업이 도주하자 그의 족속을 체포할 것을 명하니, 이허국이 그의 첩과 함께 충주로 도망갔다. 그의 아들 이여후를 붙잡아 아비의 소재를 물으니 이여후가 죽기를 작정하고 말하지 않았다. 충주에 명하여 다시 더 심문할 것을 비변사가 요청하니, "자식이 아비를 위해 숨기는 것은 곧 하늘의 이치다. 더 심문하지 말아서 그 효성을 보전하게 하라"고 했다. _인조실록 20년(1642) 윤11월 13일

임경업1594~1646이 명나라와 내통한 사실이 알려져 청나라로 잡혀가다가 황해도 금천에서 탈출하여 도피했다. 조정에서는 청나라의 독촉에 이기지 못해서 그의 처와 형제 등 가족을 체포해서 청나라로 압송했고, 그의 처 이씨는 1643년 9월에 심양에서 자살했다. 이런 과정에서 가족을 체포하려 했던 것이다.

실수로 부모를 죽인 죄도 용서받지 못했다.

광주廣州 백성 이상신이 일찍이 집 뒤의 마당에서 활쏘기를 익혔는데, 그 어미가 때마침 울타리 안에 앉아 있었다. 이상신이 활을 당겨 쏘려고 할 때에 손에 낀 깍지가 벗겨져 떨어지면서 잘못 발사되어 화살이 활시위를 벗어나 어미의 허리와 등 사이를 바로 맞혔는데, 사흘 만에 죽었다. 염습하여 장사지낸 뒤에 이상신이 관가에 나아가 스스로 신고하고 죽음을 청하자, 광주부에서 그를 추궁하여 사실을 확인했다. 그 아비도 또한 이상신이 변을 만난 뒤에 여러 번 스스로 목매는 것을 겨우 풀어서 구해내어 죄를 관가에서 받게 하였다고 말했다.

사건을 형조에 내려 대신들에게 의논하게 하니, 허적 등이 의논하여 "어미가 치사한 것이 이상신이 쏜 화살에 잘못 맞았기 때문이라면, 그의 도리로 보아서 하루라도 천지간에 스스로 용납할 수 없으니, 마땅히 즉시 자결하여 조금이라도 망극한 심정을 풀어야 합니다. 당초 스스로

목맬 때에 그 아비가 겨우 구했다고 하지만 지금까지 죽지 않고 있으니, 형편없이 완악하고 어리석은 것을 볼 수 있습니다. 자손이 부모를 과실로 죽인 자는 장杖 1백, 유流 3천 리라는 본래의 율이 있으니, 다른 비슷한 율로 갖다댈 수는 없습니다. 조정에서 법을 집행할 때에 본래의 율을 버리고 벌을 줄 수는 없습니다"고 답하니, 임금이 그대로 시행하도록 명했다. _숙종실록 즉위년(1674) 10월 20일

잘못으로 부모를 살해한 경우지만, 지금도 자기 부모나 배우자의 부모를 살해하거나 다치게 하거나 폭행했을 경우에는 보통의 죄보다 무겁게 처벌하도록 형법에 규정되어 있다. 2011년에 이 법이 평등권에 어긋난다고 해서 폐지를 추진하려 하자 논란이 일었다중앙일보 2011. 4. 20. 찬성론자는 윤리만 강조하던 시대는 이미 지났고, 더구나 1973년에 일본에서 위헌 결정이 났다는 이유를 내세웠고, 반대론자는 우리 사회의 효 관념을 고려하지 않은 것으로 자칫 사회의 근간인 가정이 붕괴할 수 있다는 이유를 내세웠다.

부부간의 의리 특히 부인의 남편에 대한 의리도 강조되었으니, 부인이 남편을 죽이면 자신뿐 아니라 해당 고을까지 변을 당할 정도로 엄히 다스렸다.

국청鞫廳에서 "남편을 시해한 죄인 유영은 이미 승복하여 정형正刑, 사형에 처했으니, 정해진 법에 따라 집을 헐어 연못을 파고 읍호를 강등시키고 자녀는 노비로 삼으소서"라고 아뢰니, "그리하라"고 비답했다. _영조실록 5년(1729) 4월 22일

국청은 중죄인을 심문하기 위해 임시로 설치한 관청이다. 하지만 아내의 간음 현장에서 간부를 살해한 경우에는 죄가 되지 않았다.

대언 등이 아뢰었다. "어떤 사람이 남의 아내를 간통하고 겨우 방문 밖으로 빠져나왔을 때에 본 남편이 따라가 죽인 사건이 있습니다. 담당 관청에서 '율문에는 간음 현장에서 살상한 자는 논죄하지 않는다는 말이 있을 뿐이다. 그러므로 만약 그 현장이 아니고 밖으로 따라가 죽였다면, 마땅히 투구살인鬪毆殺人, 싸우다가 때려죽임한 자와 동일하게 처리해야 한다'고 말합니다."

임금이 말했다. "서로 간통한 뒤에 본 남편이 쫓아가 죽였으면, 비록 간음 현장에서 잡아 죽인 것은 아닐지라도 현장에서 살상했다고 말할 수 있겠다. 투구살인한 자는 사면령을 만나면 죽음을 면할 수 있으나, 사면령이 없으면 죽임을 당하게 된다. 지금 쫓아가 밖에서 죽인 자를 투구살인에 견주어 벌을 준다면 사람의 정리에 맞지 않는 것이 아니겠느냐? 다시 상고하여 아뢰라." _세종실록 10년(1428) 윤4월 15일

이처럼 여성의 정조는 조선시대에 특별히 강조되었다. 정조를 지키려고 살인한 경우에도 오히려 칭찬의 대상이 되었다. 지금 모든 살인은 범죄가 되는 것과 다르다. 강진에서 일어난 은애의 살인 사건이 그러하다.

전라도 강진현에 사는 은애라는 여인이 이웃 여자 안소사를 찔러 죽였는데, 현감 박재순이 검시해보니 사실이었다. 그 까닭을 심문하니, 은애가 이렇게 진술했다. "제가 혼인하기 전에 이웃사람 최정련이란 자

가 나와 몰래 간통했다고 소문을 퍼뜨리고, 안소사를 중간에 내세워 청혼해왔으나 허락하지 않았습니다. 다른 사람에게로 시집을 가자 최정련은 안소사와 함께 더욱 심하게 추잡한 말로 무고했습니다. 이 때문에 그 분을 참지 못하고 밤중에 칼을 들고 안소사의 집에 몰래 들어가 먼저 그 목을 찌르고 다시 난자하였으며, 이어 최정련의 집으로 가려 했으나 제 어미가 말리는 바람에 그만두었습니다. 관청에서 최정련을 때려죽이기 바랍니다."

관찰사 윤시동이 이 사실을 보고했는데, 형조가 재심하여 "은애가 이미 사실을 자백했습니다. 목숨을 걸고 원한을 풀었다 하여 그 죄를 높이거나 낮출 수는 없습니다"고 아뢰니, 상이 "은애의 죄가 국법으로 보면 어찌 털끝만큼이나 달리 의심할 것이 있겠는가? 그렇지만 그 정상이나 그 자취, 사건이 일어난 원인이나 손을 쓰지 않을 수 없게 된 사정을 볼 때에, 죄를 추가할 조건이 되는지 아니면 죄를 용서할 만한 자료가 되는지 하는 문제는 일개 옥관獄官이 단정할 일이 아니니, 좌의정에게 물어서 보고하라"고 일렀다. …

상이 판결을 내렸다. "세상에서 살을 에고 뼈에 사무치는 원한치고 정조를 지키는 여자가 음란하다는 무고를 당하는 것보다 더한 일은 없다. 잠시라도 이런 누명을 쓴다면 곧 천만 길 깊은 구덩이나 참호에 빠진 것과 다름없다. 구덩이는 기어오를 수 있고 참호는 뛰어서 나올 수 있지만, 이 누명이야 해명하려 한들 어떻게 해명할 것이며 씻으려 한들 어떻게 씻을 수 있겠는가? 원한이 절박하고 통분이 사무칠 때에 스스로 구렁텅이에서 목매어 죽음으로써 자신의 마음과 사실을 드러내는 자가 간혹 있었다.

은애란 자는 18세를 넘지 않은 여자이다. 그는 정조를 지키는 결백한 몸으로 갑자기 음탕하다는 더러운 모욕을 당했으며, 소위 안소사란 여자는 처녀를 겁탈했다는 헛된 말을 지어내 수다스럽게 추잡한 입을 놀렸다. 설사 시집을 가기 전이라 하더라도 오히려 목숨을 걸고 진위를 밝혀 깨끗한 몸이 되기를 원할 것이다. 하물며 새 인연으로 혼례를 치르자마자 악독한 음해가 다시 물여우처럼 독기를 뿜어내는 데서랴? 한마디 말이 입에서 튀어나오자 수많은 주둥이가 마구 짖어대어 사방에서 들려오는 소리로 사면초가가 되었으니, 원통함과 울분이 복받쳐 한 번 죽는 것으로 결판을 내려고 한 것이다. 다만 그저 죽기만 해서는 헛된 용맹이 될 뿐 알아주는 사람이 없을 것이 염려되었을 것이다. 이에 식칼을 들고 원수의 집으로 달려가 통쾌하게 설득하고 통쾌하게 꾸짖은 다음, 끝내 대낮에 추잡한 일개 여자를 찔러 죽임으로써 마을 사람들로 하여금 자신에게는 하자가 없고 원수는 갚아야 한다는 것을 환히 알게 하였다. 평범한 부녀자이지만 살인죄를 범하고는 도리어 이리저리 변명하여 요행으로 한 가닥 요행수를 비는 부류를 본받지 않았다. 이는 실로 피끓는 사내라도 결단하기 어려운 일이고, 편협한 성격의 연약한 여자가 그 억울함을 숨기고 스스로 구렁텅이에서 목매어 죽는 것에 비할 바가 아니다. 만약 이 일이 중국 전국시대에 있었더라면, 그 생사를 초월하여 기개와 지조를 숭상한 것이 섭정聶政, 협객 이름의 누이와 사실은 달라도 명예는 같은 것으로서, 태사공 역시 이를 취하여 유협전遊俠傳에 썼을 것이다.

수십 년 전 해서지방에 이와 같은 옥사가 있었는데, 감사가 용서해주기를 청하므로 조정에서도 이를 칭찬하여 알리고 즉시 놓아주게 했다.

그 여자가 출옥하자 중매쟁이가 구름처럼 모여들어 천금을 내놓고 그 여자를 데려가려 하였고, 결국 시골 양반의 며느리가 되어 지금까지 미담으로 전해지고 있다. 지금 은애는 이 일을 이미 시집간 후에 결단했으니 더욱 뛰어난 소행이 아니겠는가? 은애를 특별히 석방하라. 일전에 장흥 사람 신여척을 살려준 것도 윤리와 기개, 절개를 소중히 여기는 뜻에서 나온 것이요, 이번에 은애를 특별히 방면하는 것 역시 이런 경우이다. 두 사건의 줄거리와 판결 내용을 등서하여 도내에 반포하여 모르는 사람이 없게 하라. 사람으로서 윤리와 기개, 절개가 없는 자는 짐승과 다름이 없으니, 이것이 풍속 교화의 일조가 되지 않을 수 없을 것이다." _정조실록 14년(1790) 8월 10일

임금은 은애가 풀려난 뒤에 혹시 최정련마저 해칠까 걱정이 되어서, 그에게 손을 대지 않겠다는 다짐을 받도록 지시했다. 여기에 안소사安召史란 말이 나오는데, 소사는 양민의 아내나 과부를 일컫는다. 조이라고도 읽는데, 콩쥐 팥쥐의 쥐는 조이에서 나온 말이라고 한다. 신여척은 이웃집 형제가 싸우는 것으로 보고 의분을 참지 못해 뛰어들어 발로 차서 죽게 했으니, 형조가 법에 넘길 것을 청했지만 정조는 오히려 기개 있는 일이라고 해서 방면하였다. 왕이 같은 날에 처결하여 실록에는 은애 사건 바로 다음에 등장한다.

정조를 지키지 못한 누이를 목 졸라 죽인 명예살인자도 감형하였다.

황해도 해주에 장찬주라는 사람이 있어 그 누이가 김세기의 아내가 되었는데, 그와 정을 통한 남자가 김세기를 살해하였다. 장찬주의 어미가

그 딸의 더러운 행동을 통분하게 여겨 스스로 목을 매어 죽었다. 장찬주는 그의 누이 때문에 어미가 죽었다고 하여 그 아비에게 고하고 자기 누이를 목 졸라 죽였다. 형조판서 조현명이 의거할 만한 율문이 없다고 아뢰니, 임금이 대신들에게 의논하도록 명했고, 마침내 사형에서 감형했다. _영조실록 11년(1735) 7월 14일

그림 6 파키스탄 여성들의 명예살인 반대 시위

지금은 이런 명예살인 사건이 우리 사회에서 사라졌지만, 인도, 파키스탄 등 남아시아와 중동지역에서 아직도 많이 남아 있어 때때로 매스컴에 오르내리곤 한다.그림 6

2009년 6월 캐나다에서 아프가니스탄 출신 남성과 둘째부인이 첫째부인과 딸 셋을 명예살인 한 사건이 발생했다. 첫째부인이 이혼을 요구하였고, 딸은 화려한 옷을 입고 파키스탄 청년과 연애를 하여 마찰을 빚은 것이 원인이었다. 심지어 아버지를 존중하지 않는다고 오빠가 여동생과 약혼자를 살해하거나, 히잡을 쓰기 싫어하는 딸을 아버지가 아들과 함께 살해한 사건도 캐나다에서 벌어졌다. 유엔 통계에 따르면 이렇게 명예살인으로 죽는 사람이 연간 5천 명에 이르는 것으로 추산될 정도이다문화일보 2012. 2. 3.

형벌 가운데 동해형同害形이란 게 있다. 이에는 이, 눈에는 눈처럼 가해자에 대해서 똑같은 방법으로 해를 되돌려주는 행위이다. 지금 파리 루브르박물관에 전시된 함무라비 비석그림 7에는 282조로 이루어진 기

그림 7 함무라비 비석 전면(2013. 5)

원전 1700년대 고대 바빌로니아의 법전이 새겨져 있는데, 제196조에 "다른 사람의 눈을 상하게 하면 그의 눈을 상하게 한다", 제197조에 "사람의 뼈를 부러뜨리면 그의 뼈를 부러뜨린다", 제200조에 "같은 신분에 있는 사람의 이를 상하게 하면 그의 이를 상하게 한다"고 하였고, 제195조에는 "아들이 부모를 때리면 그의 손가락을 자른다"고 적혀 있다. 그런데 이 규정을 동일한 피해를 되갚음한다는 의미가 아니라 그 이상으로는 해를 끼치지는 못한다는 상한선으로 해석하는 경향도 있다고 한다.

마침 박물관에 갔을 때에 실물을 보니 높이가 2.25미터 정도가 되어 생각했던 것보다 컸다. 한 바퀴 휘돌아 보니 후측면에서 본 외형이 언뜻 작은 광개토왕비처럼 느껴졌다. 동해형의 전통은 "살인자는 즉시 죽인다"고 한 고조선시대의 기자8조교에도 살아 있다. 이러다 보니 조선시대의 복수 문제가 연상된다. 지아비의 원수를 잡아서 관가에 고발하는 것은 가장 합법적인 처리 방법이었다.

중화中和의 교생校生, 향교 학생 김애격의 아내 봉생의 마을에 정문을 세우도록 명했다. 김애격이 남의 무함을 받아 살인죄로 사형을 당했는데, 살해되었다는 사람은 실은 죽지 않았다. 봉생이 자기 남편이 억울하게 죽은 것을 슬퍼하여 기어이 복수하고자 하여 남자 옷차림으로 절이나 들판, 마을을 돌아다녔다. 그런 지 14년 만에 마침내 그 원수를 찾아내어 관가에 고발하여 죽이게 함으로써 남편의 원한을 깨끗이 씻었다. 원근에서 이 소문을 들은 사람들이 모두 감탄하면서 과거에도 드문 일이라고 하였는데, 감사 민유중이 이 사실을 아뢰자 이 명령을 내렸다. _현종개수실록 10년(1669) 7월 27일

지금 사사로운 복수는 동기 여하를 불문하고 엄격히 금지되어 있지만, 조선시대에는 예외적인 것들이 있었다. 아비의 원수를 갚은 신용개에 대해서 그의 사망 소식 다음에 사관이 이런 인물평을 덧붙여놓았다.

사신은 논한다. 신용개는 고령부원군 신숙주의 손자인데, 그의 성품은 뜻이 커서 남에게 구애되지 않고 의협심이 강했다. 아버지 신면이 함경도감사로 있다가 이시애의 난 때에 죽었다. 그때 공은 나이가 아직 어렸으나 분연히 꼭 보복하려는 뜻을 가져 와신상담하며 잊지 않았다. 가해한 사람을 찾다가 서울에서 만나자 힘센 사람에게 부탁하여 기어코 죽이고야 말았다. 사람들이 그 의리에 감복하여 기개로 이름이 났고, 그와 교유한 선비들은 다 한때의 뛰어난 사람들이었다. _중종실록 14년(1519) 10월 3일

이 평가에는 복수에 대한 비난이 전혀 담겨 있지 않다. 어미를 위해

복수한 인물에 대해서도 이렇게 평가했다.

황해도 곡산 땅에 김이재란 자가 어린 나이에 장시 한복판에서 사람을 찔러서 그 어미를 죽인 원수를 갚았고, 이내 관가에 출두하여 함부로 사람을 죽인 죄를 청했다. 도신道臣, 관찰사이 급히 보고하자, 형조에 내려 대신에게 의논하게 하였다. 여러 대신이 모두 "마땅히 포상할 것이요, 벌을 줄 수는 없습니다"고 하니, 임금이 분간分揀, 용서하라고 명했다. _숙종실록 26년(1700) 12월 26일

이밖에도 부모의 복수를 갚은 사건이 실록에 다수 보이는데, 다음도 그 하나이다.

평강 사람 이자봉이 아비의 원수를 죽였는데, 사형을 감면하여 장형으로 결정했다.

이자봉의 아비가 이천伊川에 사는 백성과 서로 싸우다가 살해되자, 그가 이 사실을 듣고는 10여 명을 이끌고 아비가 죽은 곳으로 달려가 그 원수를 붙잡았다. 아비를 장사지낸 다음에 그 원수를 끌고 관가로 나오다가 중도에서 이자봉이 "여기서 관가까지는 거리가 제법 멀다. 관가에 도착하기 전에 놓쳐버리면 원수를 갚을 길이 없겠다"고 하면서, 드디어 칼로 찔러 죽이고 머리의 가죽을 벗겨서 관가에 가서 고했다.

감사 이만영이 이 사실을 급히 보고하면서 해당 관청에서 처리해주기를 요청하자 형조에 내려보냈다. 형조가 심사하여 "아비가 다른 사람에게 피살된 것을 원통하게 여겨 이자봉이 원수를 잡아 관가에 고하려

다가 도망칠까 걱정이 되어 중도에서 찔러 죽여 지극한 정을 폈습니다. 그리고는 즉시 관가에 고하여 복수하는 의리를 제대로 다했습니다. 『대명률』의 부조피구조父祖被毆條에는 '조부모와 부모가 다른 사람에게 살해되어 자손이 그 흉악한 짓을 한 사람을 함부로 죽였을 경우에는 장杖 60에 처하고, 그 즉시에 죽인 경우에는 논하지 않는다'고 하였습니다. 지금 이자봉이 범한 바는 그 즉시 죽인 것이 아니니, 율문 가운데 장 60이 바로 그에 해당합니다. 이것으로 답하소서"라고 아뢰니, 상이 이를 따랐다. _현종개수실록 5년(1664) 12월 1일

이처럼 현장에서 즉시 부모의 원수를 죽이면 죄가 되지 않았고, 시일이 지난 뒤에 죽이면 장형에 처했다. 그러나 형제를 위해 복수한 것은 사정이 달랐다.

풍천豊川, 황해도 송화 사람 김팔립의 형 김육립이 장련長連, 은율의 수군水軍 박진에게 살해당했는데, 박진은 도주하였다. 김팔립이 거짓으로 그와 사사로이 화해하는 것처럼 하여 박진을 유인해 찔러 죽이고 풍천부에 스스로 갇혔다. 감사가 직접 "너는 형제가 셋인데 너만이 형의 원수를 갚았다. 사람을 죽인 자는 사형이라는 것은 상식적인 법인데, 너는 응당 죽을 줄 알면서 죽였는가?"고 물으니, "네 살 때 어미가 죽고 다섯 살 때 아비가 죽어서 형 김육립의 집에서 자랐습니다. 이름은 형제지만 은혜는 부모와 같습니다. 몸을 떨쳐 원수를 갚으면서 응당 죽을 줄을 알았습니다"고 대답했다.

이에 감사가 "김팔립이 형을 위해 원수를 갚으려고 거짓 화해하는

체하면서 원수를 꾀어 직접 찔러 죽이고, 즉시 관가에 달려가 고하여 스스로 형벌을 받으려 하고 있습니다. 그가 원수를 갚은 정상이 이처럼 명백하니, 함부로 살해한 죄와 동일하게 논할 수는 없습니다"고 아뢰므로, 사건을 형조에 내려보냈다. 형조가 "저희 관청에서는 법대로 집행할 뿐 법 밖의 일을 가지고 처벌을 높였다 낮췄다 할 수는 없습니다" 하고, 김팔립을 참대시斬待時, 때를 기다려 참함로 해당시켜 아뢰었다. 삼복三覆, 세 차례 심리하여 아뢰니, 상이 정리로 보아 용서할 만한 점이 있다고 하교하고, 특별히 사형을 감하여 정배定配, 유배하게 하였다. 김팔립의 당시 나이 23세였다. _현종개수실록 1년(1660) 7월 8일

이처럼 형제를 위한 복수는 부모를 위한 복수와 다르게 생각하여 처벌했다. 사적으로 복수한 사람에 대해서 감형을 하거나 무죄 처분을 내린 것은 법 규정 외에 도덕성이란 또 하나의 잣대가 있었기 때문이다. 조선에서는 이 두 가지 기준이 상호 보완적으로 운용되면서, 때로는 법보다 의로운 동기를 더 중시하였던 것이다. 이 점에서 일체 법에 의거하는 지금과 다르다고 할 수 있다.

검거와 심문

범죄 유형은 어느 시대건 위로 반역죄에서부터 아래로 살인, 간음, 위조, 도둑질, 도박그림 1에 이르기까지 다양하게 마련이다. 조선의 법전인 『경국대전』 형전에는 중국 명나라의 형률서인 "대명률을 사용한다"고 간단히 규정되어 있고, 따로 독자적인 형률을 마련하지 않았다. 『대명률』에는 도적, 살상人命, 구타鬪毆, 욕설罵詈, 무고訴訟, 뇌물受贓, 사기詐僞, 간음犯奸, 잡범으로 나뉘어 있다. 특이하게도 모반대역죄는 나라를 훔친

그림 1 도박꾼 잡기(김윤보)

죄라서 그런지 도적에 들어 있다. 지금은 내란죄나 외환죄와 같이 국가 법익을 해친 죄, 범죄단체조직죄나 소요죄와 같이 사회 법익을 해친 죄, 살인이나 폭행 등 개인 법익을 해친 죄 세 가지로 나뉜다.

이제 역사 기록에 등장하는 몇 가지 흥미로운 범죄 사례를 보겠다. 고려시대에는 뇌물죄에 걸린 관리들이 대대적으로 다시 뇌물을 모아서 구명 운동을 벌인 적이 있다.

> 무술년1178에 재상 송유인, 이광정 등의 건의로 10도에 찰방사를 파견하여 지방 관리들에게 상벌을 내리게 한 적이 있다. 그때 뇌물죄에 걸려 관직에서 쫓겨난 자가 990여 명에 달했는데 모두 범죄자 명부에 올렸다. 이에 은 50여 근을 공동으로 갹출하여 정중부에게 뇌물을 주고 명부에서 삭제하려 했으나, 정중부가 실행하지 못한 채 실권하고 말았다. 이로부터 권세가들에게 뇌물을 크게 먹이면서 이름을 빼달라고 하였으나, 국가 법령이 면면히 살아 있어서 여러 해 동안 삭제하지 못했다.
>
> 이때에 이르러 일을 꾸미는 자들이 "하늘의 징벌이 빈번하고 유언비어가 횡행하는 것은 억울한 죄인이 넘치기 때문입니다"고 지적해 말했으므로, 왕이 조서를 내려 이들의 죄를 용서하였다. 그런데 대각臺閣, 사헌부와 사간원에서는 한마디도 하지 않았으니, 양식 있는 사람들은 이를 탄식했다. _『고려사』 명종 11년(1181) 9월 병자일

조선시대에는 양반들이 남의 집을 빼앗는 사가탈점私家奪占이 종종 벌어졌다.

예전에는 사대부들이 살 만한 여염집을 골라 역병을 피한다거나 집을 빌려 혼사를 치른다고 핑계대고는 곧바로 식솔들을 이끌고 안채로 들이닥쳤다. 그러면 부녀들이 혼비백산 도망치고, 새로 들어온 사람은 원래 자기 집처럼 태연히 거처했다. 그 집에 비축해 둔 곡식과 가마솥을 그대로 쓰면서 혹은 해가 바뀌도록 나가지 않는데, 집주인은 밖에서 노숙하면서도 괴롭다는 말 한마디 못했다. 이렇게 집을 뺏긴 여염집 사람들은 조석으로 끼니를 때울 뿐 아무것도 비축할 수가 없어서 살아갈 길이 막막했다. _『청성잡기』 성언醒言

이런 악습에 관한 사례가 실록에 종종 보이는데, 사대부들이 집주인을 매질하면서 쫓아내기도 했다. 또 현종 때에는 부인 차림으로 꾸민 뒤에 교자를 타고 백성 집에 들어가서 그냥 눌러앉아 생활하고 있다는 보고도 있었다현종실록 1663. 5. 22. 여성이 탄 가마를 감히 손대지 못했기 때문이다. 심지어 정조 때에는 사가탈점을 금지하되 초가집은 불문에 붙이고 기와집은 10칸까지는 금지하지 말라는 예외적인 지시를 내렸을 정도이다정조실록 1791. 7. 16. 영조도 이 폐단을 잘 알고 있어서 남의 집을 함부로 빼앗아 들어가면 3년간 유배를 보내는 조치를 내렸다. 물론 사가탈점은 불법이었으나 근절시키지 못했다.

네덜란드의 화가 렘브란트의 명작 가운데 '야경night watch'그림 2이란 그림이 있다. 암스테르담의 국립미술관에 전시되어 있는데, 많은 관람객으로 항상 붐빈다. 가운데 두 사람의 장교가 이끄는 민병대의 모습을 담은 그림이다. 이를 보니 범죄나 화재를 예방하기 위해서 야경꾼이 돌던 기억이 난다. 이들이 딱따기를 두드리며 다니던 시절이다. 때로는

그림 2 야경(2013. 9)

도둑을 쫓는 호루라기 소리가 적막한 밤을 뒤흔들기도 했다. 중종의 다음 지시에서 알 수 있듯이 조선시대에도 도둑을 막기 위해서 순찰을 하였다.

다만 서울의 도적이 지금처럼 횡행하던 때가 없었다. 이전에는 오가작통법五家作統法을 시행하여 방울을 흔들면서 도둑을 금지했으나, 근래에는 그 폐단을 우려하여 거행하지 않고 있다. 지금 도둑이 이렇게 치성하니, 오가작통법은 시행할 수 없을지라도 십가작통법을 시행해서 전례에 따라 방울을 흔들면서 순경을 돌게 할 것이다. 이 일에 대해서 다시 공무 규정을 만들어 보고하도록 하라는 취지를 의정부 낭관을 불러 전하도록 하라. _중종실록 21년(1526) 5월 5일

오가작통법이란 다섯 집을 1통으로 삼은 것으로 가장 기초적인 주민 조직 단위이다. 이들이 하나가 되어 도둑을 감시하고 혹시 도둑을 숨기게 되면 전체가 처벌을 받게 했다. 급기야 범죄가 발생하게 되면 범인을 잡기 위해서그림 3 방문을 붙이거나 밀고용 상자를 설치했다.

그림 3 범인 잡아들이기(김준근)

전날 밤에 도둑이 태평관太平館, 서소문에 있던 명나라 사신을 접대하던 영빈관 부근의 인가에 들어가서 재물을 겁탈했는데, 순장巡將, 야간 순찰 군관이 도둑 한 명을 잡아서 가두었으나 나머지 무리는 모두 숨어버렸다. 임금이 금군禁軍, 궁궐 호위병을 발동하여 성 안을 수색하도록 명했으나 마침내 잡지 못했다. 또 광주·과천 등지에서도 도둑 무리가 있어서 진무부장鎭撫部將, 군관 등에게 군사를 거느리고 가서 잡게 하였다.

이에 도승지 노사신·좌부승지 윤필상 등을 불러 도둑을 멈추게 할 계책을 의논하였고, 드디어 궁궐 문 밖에다 궤를 두고서 곁에 방문을 붙였다. "전국의 모든 백성으로서 도적을 고발하려는 자는 거처와 사건 정황을 갖추어 적어서 밀봉하여 궤 속에 넣어라. 사실이면 후한 상을 받을 것이요, 비록 사실이 아니더라도 죄는 가하지 않을 것이다. 만약 원한 때문에 무고하는 자는 엄중히 논죄하겠다."

이를 의금부의 당직낭청이 주관하게 하여, 저녁마다 밀봉을 거두어서 승정원에 올려보내면 승정원에서 왕께 보고한 뒤에 펴보게 하였다. 방문을 팔도에 나누어 보내어, 궤를 읍의 문 밖에 설치하게도 하였다. 이렇게 도적을 잡는 밀봉을 받아서 고발된 자를 재차 헤아린 다음 덮쳐 잡게 하였다.

당시에 도적이 날로 치성해도 관리가 남형금지령에 저촉되어 장신杖訊, 형장을 가하며 심문함할 수가 없었다. 비록 도둑을 그치게 하는 방략을 많이 냈으나 마침내 효과가 없었다. _세조실록 11년(1465) 2월 4일

때로는 현상금을 내걸기도 했으니, 의금부에서 아뢰어 왕의 허락을 받은 내용이다.

이제 이석산의 시체를 반송정 아래서 찾았는데, 칼로 난자하고 눈을 빼고 음경을 잘라서 잔인함이 막심했습니다. 모름지기 사건을 끝까지 밝혀 다스려야 하겠습니다. 청컨대 이달 그믐날을 기한으로 하여, 잡을 수 있게 고발하는 자가 있으면 여자 종 백이를 살해한 자를 고발한 예에 따라, 양인은 2자급을 뛰어올려서 관직을 상으로 주고, 천인은 면포 100필을 주고, 주모자를 제외하고 종범으로 자수한 자는 죄를 면해 주고, 이웃 관령管領, 구역 책임자으로 사실을 알고 고발하지 않은 자는 가족 전체를 변방에 옮기게 하되, 이런 사실을 전국에 두루 유시하소서. _세조실록 1년(1455) 12월 16일

때로는 살인사건의 실상을 확인하기 위해 검시를 실시했다.그림 4 위의 사건에 의심을 품은 왕은 다시 검시하게 했으니, 바로 이어서 이런

그림 4 검시하기(김준근)

대목이 나온다.

조금 후에 임금이 의심하여 "대개 사람이 죽으면 얼굴빛이 변하여 달라지는데, 이석산의 시체라고 하는 것이 진짜인 것을 어찌 알았는가?" 말하고, 동부승지 이휘에게 명하여 본부本府, 의금부와 같이 복검覆檢, 두번째 검시하게 하였다.

이휘가 시체가 있는 반송정에 이르러 검시를 마치고 돌아와 "신 등이 이석산의 시체를 보니, 눈을 빼고 음경을 베었고, 창으로 찌른 흔적이 몸에 두루 있었습니다. 신 등이 매우 의심스러워서 바로 민발의 첩 막비의 집에 가서 보니, 대청에 뿌려진 피가 벽에 가득한데 종이로 바르거나 피 흔적을 닦기도 했으며, 대청 흙바닥은 깎아버린 흔적이 있고 모래로 피를 덮은 곳도 있었습니다. 이것이 무슨 피냐고 물으니, 그 집 사람이 '말을 치료할 때 흘린 피입니다'고 황급히 대답했습니다. 또 작은 쇠창을 찾았는데 창으로 찔린 구멍과 맞추어보니 서로 합치했습니다. 또 이석산이 신었던 신 한 짝이 없어졌는데, 막비의 집 방석 아래서 전정氈精, 털신 한 짝을 찾아내어 비교해 보니 바로 그 한 짝이었습니다. 또 이석산의 친모와 유모, 신간 등을 불러서 이석산의 몸에 무슨 증거가 될 만한 곳이 있느냐고 물으니, 그 어미가 이르기를 '발꿈치에 검붉은 흔적이 있고, 일찍이 병으로 인하여 머리털이 모두 빠졌다'고 하기에 확인해 보니, 과연 그러했습니다. 또 신간이 시체를 보고 눈물을 주르륵 흘렸으니, 민발이 죽인 것이 명백합니다. 청컨대 민발을 가두고, 막비를 고신拷訊, 고문하게 하소서"라고 보고하니, 그대로 따랐다. _세조실록 1년(1455) 12월 16일

검시 결과에서도 민발의 짓임이 분명했지만, 세조는 그가 공신이라고 해서 놓아주게 했다. 공신 집안은 처벌하지 않았던 것이다. 피해자인 이석산도 공신의 후손이니 안 된다고 했으나, 왕의 고집으로 덮어버리고 말았다.

지금 미국의 과학수사대를 다룬 CSI 시리즈 드라마가 세인의 관심을 끌고 있지만, 조선시대에도 과학적인 방법으로 사건을 수사했다. 사망 사건이 발생하면 지방에서는 수령이 수사를 총괄했다. 당시에는 행정권과 사법권이 분리되어 있지 않아서 수령이 모든 것을 도맡았다. 사건 현장에 도착해서는 증인을 확보하고 사망 원인을 밝히기 위해 검시를 했다. 중국에서 간행된 검시서인 『무원록無寃錄』이 우리나라에서도

지침서로 활용되었다. 책 이름 그대로 '억울함이 없게 한다'는 취지를 담고 있다.

이 책을 토대로 시신의 머리부터 발끝까지 일일이 살펴서 기록했는데, 당시에는 해부를 하지 않았으므로 시신의 색깔이 특히 사인을 밝히는 데 중요했다. 예를 들어 시신이 푸르스름하게 변했으면 질식사이거나 독살일 가능성이 높고, 붉은색이면 구타 등으로 살해되었을 가능성이 높았다. 또 백색은 살해 후 위장한 경우에 나타난다고 한다. 그뿐 아니라 술이나 식초, 소금, 은비녀 등을 활용하여 사인을 밝히기도 했다. 예를 들어서 『무원록』에는 "독약을 먹고 죽은 시체의 경우는 은비녀를 목구멍 안에 깊이 넣어두었다가 잠시 후에 꺼내면 비녀의 색이 검어지니, 이와 같으면 중독되어 죽은 것이다"고 적혀 있다. 지금도 은수저를 사용하는데, 이것은 독을 방지하려는 과거의 전통이 이어져온 것이다.

승정원이 "가위장 이곤이 창덕궁에서 숙직하다가 지난 5일 아침에 만두를 먹고서 갑자기 죽었습니다. 그때 먹은 몇 사람도 토하고 정신이 혼미해졌는데, 신들의 생각에는 독을 넣은 듯합니다"고 아뢰니, 왕이 "만두를 함께 먹은 사람이 다 인사불성이 되었다면 독을 넣은 것이 분명하다. 즉시 의금부를 시켜 이곤의 집종을 가두고 그 만두가 어디서 왔는지를 묻게 하고, 한성부를 시켜 은비녀로 독을 시험하라"고 전교했다.

이곤을 검시한 단자單子, 문서를 승정원에 내리고, "은비녀에 희미한 흑색과 황색이 있을 뿐이고 달리 상한 데가 없다고 했으니, 어찌하여 실인實因, 직접적인 사망 원인이 보이지 않는가?" 하니, 승지 윤인경이 "독이 없으면 은은 변색되지 않는데, 이제 흑색과 황색이 있다고 하였으니 독을

넣은 것이 분명합니다"고 아뢰었다. _중종실록 19년(1524) 2월 6일

이렇게 해서 처음 작성한 것을 초검初檢이라 하고, 의심스러우면 다시 복검, 삼검, 사검을 시행한다. 위의 사건에 복검이 나오는 것은 바로 두 번째 검시를 가리킨다.

당시에 종신인 이하가 아들을 죽인 옥사獄事, 중대 범죄가 있었는데, 의금부에서 복검한 문서를 덧붙여서 아뢰었다. "초검에서는 '목에 남은 흔적이 굳고 단단하다'고 하였고, 복검에서는 '부드럽고 연하다'고 하였습니다. 또 초검에서는 목을 맨 것이 실인이라고 기록했고, 복검에서는 몽둥이로 맞은 것이 죽은 원인이라고 하였습니다. 이와 같이 서로 다르니, 옥사의 정황으로 헤아린다면 삼검하는 것이 마땅합니다. 다만 일전의 비망기에 '생시에 스스로 목을 매지 않은 것이 명백한데 초검에서 목을 맨 것이 실인이라고 기록했으니, 매우 놀랍다'고 이르시고는 초검관을 파직하라는 명이 있었으므로, 감히 전례에 따라 삼검을 앙청하지 못하겠습니다."

임금이 "이하가 아들을 때려죽인 뒤에 새끼줄로 목을 매어 스스로 죽은 것처럼 한 것이 명백하고 의심할 여지가 없음을 삼검을 기다리지 않고서도 알 만하다. 이로써 그를 엄중히 문초하여 자백한 공사供辭, 심문서에 따라 다시 삼검하도록 하라"고 판부하였다. _숙종실록 37년(1711) 1월 12일

이처럼 중대 범죄는 국왕이 최종 판결을 내렸다. 검시와 더불어 죄인을 문초하는 것도 중요한 일이었다. 예전 드라마에 고을 원이 죄인을

잡아 묶고 매질하면서 "네 죄는 네가 알렸다"며 추궁하는 장면이 많이 나왔지만, 사실은 객관적인 증거에 따라서 사건을 밝히고 범인을 검거했다. 그렇다고 해서 어처구니없는 심문이 없었던 것은 아니다. 옥사를 처리하는 수령의 자질에 대해서 조석문이 성종에게 아뢴 말이다.

대저 옥사를 처리하는 방도는, 모름지기 범인의 말을 듣고 낯빛을 관찰하며 장물을 캐묻은 다음에야 가능합니다. 지금 여러 도의 수령들은 술 마시기를 좋아하는 것으로 일을 삼아 손님을 대접하면서 반드시 크게 취합니다. 이리하여 마땅히 죄수를 심문해야 할 것이라도 해당 아전에게 맡겨서 기분대로 공초를 받아 한 번 읽어볼 뿐이고, 심한 자는 종이 끝에 서명만 할 뿐입니다. 태형이나 장형의 죄라 하더라도 오히려 살피지 않을 수 없는데, 하물며 대벽大辟, 사형 죄수이겠습니까? _성종실록 5년(1474) 12월 17일

이렇게 수령은 문초를 아전에게 맡겨버리는 일도 있었다. 심문한 것이 의심스러우면 재삼 심문하게 했다. 매를 못 이겨 거짓으로 자백한 사람을 풀어준 사건이 그러했다.

형조에서 "곡산谷山에 사는 양인 여자인 약노가 저주로 살인한 사건은 이미 문초에서 자백했습니다. 이에 그 술법을 닭과 개에게 실행해 보았으나 죽지 않았습니다. 그 까닭을 물었더니 '여러 해 갇혀 있어서 저주의 신이 내 몸에 붙지 않아 영험이 없습니다'고 하므로, 법대로 처리하기를 청합니다"고 아뢰었다. 임금이 좌부승지 정분에게 명하여 "전에

유정연이 나에게 '저주하는 일은 참으로 허망한 것입니다. 만약 이 술법을 믿는다면 무고한 백성이 억울하게 죽는 자가 많을 것이므로 믿지 말기를 원합니다'고 말하기에, 나도 역시 그런 이치가 있을 수 없다고 생각했다. 이제 약노의 사건을 의금부에 내려보낼 터이니, 그대가 제조와 함께 가서 국문하여 보고하라"고 일렀다.

그가 가서 국문하니 거의 숨김없이 저주하는 술법을 설명했다. 또 "빨리 나를 죽여 주오" 하므로, "전번에 곡산 유후사와 형조에서 처음 물을 때에 모두 숨기더니, 이제 와서는 어찌 쉽사리 자복하느냐?"고 물으니, 약노가 "처음에는 죽음을 면하려고 애써 변명했지만, 이제는 덮을 수가 없게 되었습니다"고 말했다. 두세 번 따져 물어도 끝내 말을 바꾸지 않았는데, 그의 말이 애처롭고 간절하였다. 갇혀 있기 10년이 되었으나 보호하여 부양할 자가 없어서, 예빈시에 명하여 먹을 것을 주고, 제용감에 명하여 입을 것을 주게 하였다.

정분에게 명하여 다시 가서 추궁해 따져 물으니, 대답이 처음과 같았다. 정분이 "임금께서는 네가 여러 해 갇혀서 매질에 고통당하는 것을 불쌍하고 딱하게 여기시어 사정의 실상을 알고 싶어 하신다. 네가 과연 저주로 살인했다면 죽임을 당해도 마땅하겠지만, 만약 매질에 못 이겨 거짓으로 자백했다면 진실로 가엾고 딱한 일이다. 그러니 사실대로 대답하라"고 말하니, 약노가 하늘을 우러러 크게 울며 "본래 저주하는 일은 알지 못합니다. 그 사람이 마침 제가 밥을 먹여줄 때에 죽었습니다. 이로써 저를 의심하여 큰 형벌을 끝없이 가하며 기필코 자백을 받으려 하므로, 매질을 이기지 못하고 거짓으로 자백했습니다. 이제 사실대로 아뢴데도 또 형장을 쓸 것이니, 제가 어찌 견디겠습니까? 죽기는 마찬

가지입니다. 태장笞杖, 태형과 장형을 당하는 것이 한 번 죽는 것만 같지 못하니, 빨리 저를 죽여주십시오"라고 말하고 통곡하므로, 정분이 돌아와 아뢰었다.

임금이 듣고 측은하게 여기니, 지신사 안숭선 등이 "이제 약노가 이미 문초하는 형장을 11차례나 맞았고, 의금부에서 또 15차례나 형장을 쳤습니다. 그 실상을 알기 위해 애매한 일에 이와 같은 혹독한 형벌을 어찌 가할 수 있겠습니까? 또 옛사람이 '죄가 의심스러우면 모름지기 가볍게 해야 한다'고 하였으니, 신 등은 그냥 덮어두고 논하지 않는 것이 가하다고 생각합니다"고 아뢰었다. 임금이 그대로 좇아서 제집으로 돌려보내라 하고, 귀로에 먹을 죽과 밥을 주게 하였다. _세종실록 15년(1433) 7월 19일

심문하여 제대로 자백하지 않으면 고문을 했다. 고문은 근대에 와서 쓰인 말이고 조선시대까지는 고신拷訊, 고략拷掠 등으로 불렀다. 『고려사』에는 고문하는 일에 대해서 이렇게 규정해놓았다.

감옥을 감찰하는 모든 관원은 먼저 오청五聽을 갖추고 모든 증거를 검토한 후에, 사실에서 의심나는 점이 있는데 본인이 진실을 자백하지 않으면 고략을 가할 것이다. 범인 심문은 매번 20일 간격을 두어야 한다. _『고려사』 형법지, 공식, 직제

오청이란 심판관의 다섯 가지 판단 방법이니, 말이 많거나 얼굴이 붉거나 숨이 차거나 말을 잘못 알아듣거나 눈이 흐릿하면 거짓일 가능성

이 높다는 뜻이다. 이와 함께 증거까지 검토하여도 의심나는 점이 있으면 고문을 하게 되어 있다. 다만 세종이 형조에 지시한 것처럼, 어린이와 노인은 구속이나 고문을 금지했다.

형조에 전지했다. "옥에 갇히는 것과 매질을 당하는 것은 누구나 고통스러운 일이다. 그중에도 늙은이와 어린이는 더욱 불쌍하다. … 지금부터 15세 이하와 70세 이상 된 자에게는 살인·강도를 제외하고 구속을 허락하지 않는다. 80세 이상과 10세 이하는 아무리 죽을죄를 지었더라도 구속하거나 고문하지 마라. 모두 사람들의 증언에 의거하여 죄를 결정하라. 어기는 자에게는 죄를 줄 것이다. 이를 중앙과 지방에 두루 알려라." _세종실록 12년(1430) 11월 27일

'매 앞에 장사 없다'는 말처럼 매를 맞으면 사실이건 아니건 자백할 수밖에 없다. 공식적인 고문은 길이 1미터 정도가 되는 신장訊杖이라는 매로 때리는 것이었다. 이것으로 종아리나 볼기를 때리고 정강이는 때리지 못하게 했으나, 실제로는 정강이를 때리는 일도 다반사였으니,그림 5 그 고통은 상상만 해도 끔찍하다. 그뿐 아니라 자백을 받기 위해서 법률에서 정한 것 외에 다른 잔혹한 고문들도 실행했다. 고려 무신정권 시대에 무인이었던 송길유가 그런 악행을 저질렀다.

죄인을 국문할 때면 매번 두 손의 엄지손가락을 묶어서 들보에 매달고, 두 발의 엄지발가락을 한데 묶고 큰 돌에 달아매서, 지상에서 한 자 남짓 떨어지게 하였다. 그 밑에는 숯불을 피워놓고 두 사람을 좌우에 세워

그림 5 정강이 때리기(김준근)

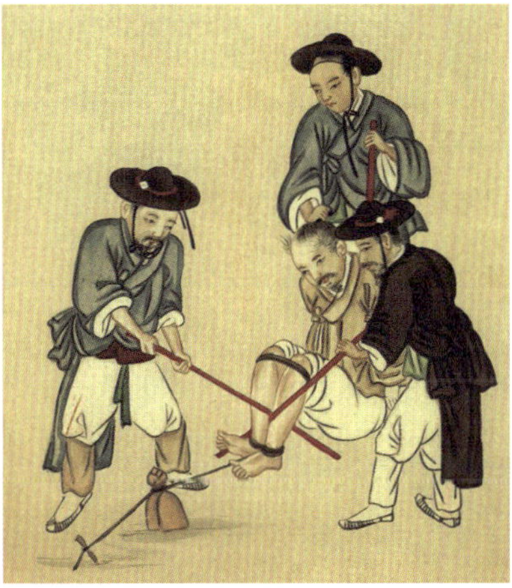

그림 6 주리 틀기(김준근)

서 형장刑杖을 가지고 허리와 등을 교대로 때리게 하였다. 그러면 죄수는 그 독한 형벌을 이기지 못하여 곧 허위자백하였다. _『고려사』 송길유 전기

법 밖의 고문으로는 무릎을 꿇게 하고 그 위에 널을 올려놓아 짓밟는 압슬壓膝, 사금파리를 깨서 땅에 깐 다음에 사람을 그 위에 꿇어앉히고 무거운 물건으로 누르면서 밟는 압사壓沙, 양다리를 묶고 양손은 뒤로 묶은 다음에 달군 쇠막대기로 지지는 포락炮烙, 신장으로 마구 때리는 난장亂杖, 다리 사이에 끼운 두 개의 몽둥이를 엇갈리게 벌려서 고통을 주는 주리周牢 등 다양했다. "주리를 튼다"는 말은 맨 뒤의 주리에서 나왔다.그림 6 다음은 이에 대해서 지적한 이익의 글이다.

우리나라 관청의 형벌에는 가벼운 죄인은 종아리를 매질하고 무거운 죄인은 볼기를 형장으로 치는데, 종아리는 세워놓고 볼기는 엎어놓고

때린다. 또 중한 자는 앞에서부터 정강이뼈를 때리고, 정국廷鞠, 궁중에서의 죄인 국문에 이르러서는 벌렁 뉘여 다리를 오므리게 하고 위로부터 정강이뼈를 때린다. 이는 역신 김자점이 처음 한 것이라 하는데, 고금에 듣지 못했다.

도적을 다스리는 데 쓰는 난장이라는 것이 있으니, 두 엄지발가락을 묶은 다음 두 정강이 사이에 나무를 끼우고 발을 위로 매달아놓은 다음 발끝을 때리는데, 열 발가락이 다 빠지기도 한다. 또 주리·압슬·화락포락이란 것이 있지만, 형전刑典, 형조 법전에는 실리지 않은 것이다. _『성호사설』 인사문, 형刑

압슬은 광해군 때의 역모 사건에 이렇게 적혀 있다.

황보신이 마침내 맘대로 지껄이며 승복하겠다고 하고 공초했는데, "먼저 개성을 범하고 이어 서울을 범하기로 했다"고 운운하였다. 그러나 형벌을 가하면 승복하겠다고 했다가 늦추면 도로 숨기고 다 실토하지 않았다. 압슬했다 중지했다 하면서 여러 가지로 반복해서 심문하니, 우두머리가 송상인이라고도 하고 정호선이라고도 하고 이호민이라고도 했다.

【압슬은 고문 중에서도 가장 가혹하여, 이를 당하면 허위자백하지 않는 이가 별로 없다. 그래서 반드시 여러 차례 형장을 가하여 심문한 뒤에 압슬하는 것이 상례이다. 형장도 가하지 않고 압슬하니 사람들이 더욱 견디지 못하기 때문에, 당시 이것으로 승복을 받은 경우가 많았다.】 _광해군일기 4년(1612) 2월 21일

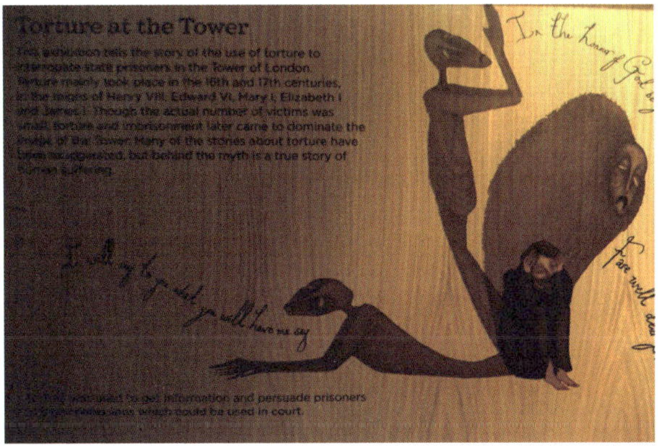

그림 7 학춤 추기(김윤보) (왼쪽)
그림 8 고문 전시실 입구의 그림(2013. 8) (오른쪽)

고문이 실제로 어찌 이루어졌는지는 인조 때 왕을 저주한 일에 대한 옥사 기록으로 알 수 있다.

이들이 신술한 뒤에 국청에서 모두 형장을 가할 것을 청했다. 기옥에게 고문 여섯 차례, 압슬 한 차례, 낙형烙刑 한 차례를 가하고, 소아에게 고문 여섯 차례, 압슬 한 차례를 가하고, 서향에게 고문 일곱 차례, 압슬 한 차례를 가하고, 차귀현에게 고문 여섯 차례를 가했으나, 모두 자복하지 않고 죽었다. _인조실록 17년(1639) 9월 2일

이밖에도 곤장 모서리로 정강이뼈나 발뒤꿈치를 치는 것, 형틀에 묶어놓고 곤장의 두 끝으로 문질러서 볼기의 가죽을 벗기는 것, 나무집게로 죄인의 급소를 짚어 누르는 것, 양다리를 묶어 나무 위에 거꾸로 매

달고 잿물을 콧구멍에 부어 넣는 것, 죄인을 매달고 다리를 때려서 학이 춤추듯 하게 하는[그림 7] 등등 매우 다양했다. 법률에서는 이런 고문을 한 관리는 처벌을 받게 되어 있었지만, 제대로 지켜지지 않았다. 더구나 고문은 형벌과는 다른 것이었음에도 조선시대까지는 형벌의 한 형태가 되었다.

서양에서도 고문[torture] 박물관에서 기구 등을 전시한 곳을 종종 볼 수 있다. 예를 들어 런던 타워에도 여기서 행해지던 고문을 전시해놓은 방이 따로 있어,[그림 8] 항상 많은 사람이 줄 서서 기다리며 관람하고 있다.

고문은 근대에 폐지되었지만, 박종철 사망 사건처럼 불과 얼마 전까지도 공공연히 행해지던 악행이었다. 심지어 경찰에는 음성적으로 고문을 전담하는 고문기술자까지도 있었다. 다행히 1990년대에 사회가 민주화하면서 이제는 옛날 얘기가 되었다.

처벌과 처형

중국 낙양에서 1964년에 500여 개의 무덤이 발굴된 적이 있다. 여기서 발굴된 인골을 분석한 결과 남성이 390구, 여성이 7구로 남성이 압도적이었고, 25세에서 34세 사이가 가장 많았다. 일반적인 공동묘지에 비하면 성비와 연령비가 맞지 않을 뿐 아니라 흉기로 머리를 맞고 비정상적으로 죽은 사람들이 많은 것이 주목되었다. 바로 후한시대에 노동형을 받고 복역하던 사람들이 묻힌 곳이었다. 시신 옆에는 매장자의 출신지 등의 이력이나 형벌을 새긴 벽돌이 놓여 있기도 했다. 비록 강제노동형에 처해 모질게 닦달을 당했겠지만, 죽은 뒤에는 목관에 넣어지고 간단하나마 벽돌에 기록까지 남겼다. 이에 관한 책을 읽은 적이 있는데, 마침 중국 베이징의 고고연구소 전시실에서 그 자료를 볼 수 있었다.그림 1

동양의 법은 율령律令으로 이루어져 있다. 율은 형법이고 영은 행정법이다. 중국에서 발달한 율령제도는 우리나라와 일본에도 큰 영향을 끼쳤다. 다만 일본은 중국의 율령을 적극 받아들여 고대에 율령제 국가를 이루었지만, 한반도에서는 그만큼 적극적이지는 않았다.

형刑으로는 죄지은 자를 징벌하고, 법法으로는 죄짓기 전에 방지한다.

그림 1 형도 무덤과 묘지명(2010. 6)

죄지은 자를 징벌하여 사람들에게 두려움을 알게 하지만, 죄짓기 전에 방지하여 사람들이 이를 피할 줄 알게 하는 것만 못하다. 그러나 형이 없으면 법이 시행될 수 없다. 이것이 옛 임금들이 형과 법을 병용하면서 어느 한 가지도 없애지 못한 까닭이다. _『고려사』 형법지 1

형과 법을 병용했다고 하지만, 실제로 동양에서는 율령 가운데서 맨 앞에 나와 있는 율, 즉 형법이 특히 발달하여, 법이라 하면 일반적으로 형법을 가리킬 정도였다. 형법은 진·한 때에 이미 발달하기 시작하였고, 당나라 때에 당률로 완성되었다. 이것은 유럽의 획기적인 형법전인 카롤리나Carolina 법전이 1532년에 공포된 것에 비하면 900년 이상 앞선 것이다. 당률은 19세기 유럽의 형법전에 비해도 손색이 없을 정도라 한다.

중국의 형법이 우리 역사에도 큰 영향을 끼쳤지만, 그 이전으로 시간을 거슬러 올라가면 독자적인 형벌들이 보인다. 다음은 중국 사람이 기

그림 2 동단산 유적(2005. 7)

록한 2천여 년 전 부여국의 형벌이다.

형벌 적용은 매우 엄하다. 살인자는 죽이고, 그 가족은 몰수하여 노비로 삼는다. 도둑질을 하면 12배를 변상하게 한다. 남녀가 음란하거나 부인이 투기하면 모두 죽인다. 투기를 더욱 미워하였으니, 죽인 뒤에 시체를 그 나라의 남산 위에 두어 썩게 한다. 친정집에서 이를 가져가려면 소와 말을 바쳐야 내준다. _『삼국지』 부여 전기

투기한 여자의 시신을 산 위에 두어 사람들에게 투기죄의 무서움을 알게 하려 한 것 같다. 부여국의 남산은 중국 지린성 지린시에 있는 동단산東團山으로 생각된다.그림 2 고대국가에서는 중국의 형벌제도를 받아들이되 덜 조직화되어 있었고, 고려시대에 와서야 중국의 당률을 본받

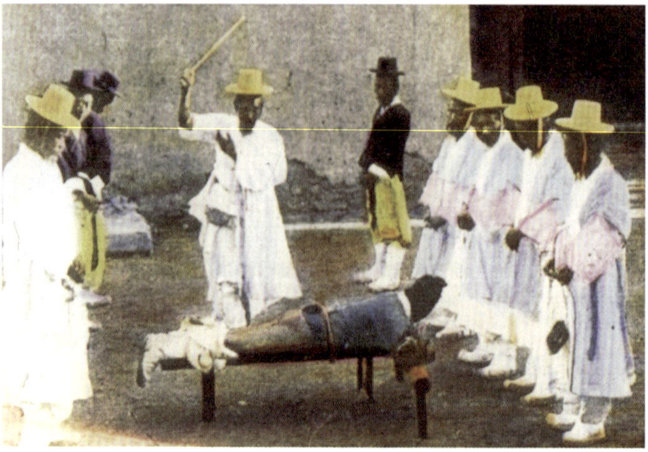

그림 3 매질하는 모습

아 태형, 장형, 도형, 유형, 사형의 5형제도가 확립되었다. 그 결과 중국의 형벌제도와 고유한 형벌제도가 공존하는 양상을 띠게 되었다.

먼저 중국의 5형제도이다. 태형笞刑은 길이 1미터, 지름 1센티미터 정도의 가는 매로 볼기를 치고, 장형杖刑은 이보다 굵은 매를 사용했다. 그림 3 태형은 10대부터 50대까지 5등급, 장형은 60대부터 100대까지 5등급이 있었다. 도형徒刑은 강제 노동에 처하는 것이고, 유형流刑은 벽지로 쫓겨나 거주지가 제한되는 귀양이다. 목숨을 끊는 사형死刑에는 교수형과 함께 이보다 더욱 무거운 참형이 있었다. 형벌은 등급에 따라 관할권이 달랐다. 고려말인 우왕 14년1381 9월에 법률을 담당하던 전법사에서 우왕에게 아뢴 말이다.

다만 지방 수령이 벌을 줄 때에 태형에 해당하는 것은 형률에 따라 직접 시행하고, 장형에 해당하는 것은 관찰사에게 보고한 뒤에 명령을 받아서 시행할 것입니다. 사형에 대해서 전시에 장군이 시행하는 것 외에는 모두 죄상을 갖추어 도관찰사都觀察使에게 보고하면 도관찰사는 전법사에 보고하고, 전법사는 형률에 비추어 사형이 합당하면 도평의사에게 보고하고, 도평의사는 왕에게 갖추어 보고하고, 왕은 이를 검토한 다음 전법사에 명령하되 형률에 의거하여 지시를 하달한 뒤에 집행하게 하면 억울하게 죽는 사람이 없을 것입니다. _『고려사』 형법지 1, 공식, 직제

형벌은 규정을 어기고 남용하기 쉽다. 다음은 규정을 지키지 않은 두 현감을 처벌한 사례이다.

"덕산현감 이문형이 형벌을 남용했으므로 영원히 서용하지 말 것과 해미현감 양응태가 임금을 속였으므로 먼저 파직한 다음 추궁할 것으로 의금부에 내리라"고 전교했다.【덕산에 사는 내수사의 종 희손이 도적 와주窩主, 우두머리로 갇혔는데, 심문할 때는 으레 난장亂杖, 마구 때림을 치게 되므로 이문형이 그의 발바닥을 쳐서 죽게 하였다. 또 양응태는 검시관으로서 직접 가보지도 않고 병사했다고 보고했다. 이 때문에 임금이 진노하여 이와 같은 벌을 주었다.】 _명종실록 8년(1553) 3월 25일

광해군 때에는 압슬형을 남발했으니, 사관이 이렇게 적었다.

왕이 "이 아이는 어리니 압슬형을 무겁게 가하지 말고, 조용하게 천천히 국문하도록 하라"고 하였다.【압슬형은 사람이 감당하기 어렵다. 무겁게 누르면 사람이 갑자기 기절하여 입을 벌리고 인사불성이 된다. 하

지만 가볍게 누르면 아우성을 쳐서 용이하게 실없는 말을 자복받을 수 있다. 그러므로 반드시 가볍게 누르도록 하여 마치 형벌을 신중히 쓰는 것처럼 한다. 과거에도 이 형벌이 있기는 하였으나, 큰 옥사가 났을 때 괴수 한두 사람에게만 사용하되 두 번은 하지 않았다. 그런데 지금은 사람마다 이 형벌을 가하는가 하면, 심지어는 네 번이나 다섯 번을 하기도 하고, 때로는 형장을 사용하지 않고 곧바로 압슬형을 가하기도 한다. 오강 같은 어린아이가 압슬형을 받았으니, 그가 실없는 말로 거짓 자복할 것은 당연하다.】_광해군일기 5년(1613) 6월 9일

정조 2년1778에는 형구刑具, 형벌 도구의 규격을 정해서 책을 인쇄하고 유척鍮尺, 놋쇠 자을 만들어 전국에 반포한 적이 있다. 이 책이 『흠휼전칙欽恤典則』이다. 이에 조정에서는 이를 어기는지 형구를 조사하여 처벌하기도 했다.

이보다 앞서 선전관에게 여러 고을의 형구를 조사하여 적발하라고 명했는데, 선전관이 용인에 이르러 창고를 봉했다. 경기도관찰사 이면응이 파면해서 쫓아내야 한다고 아뢰자, "용인 등 다섯 고을의 형구가 규격에서 벗어나기는 하지만, 그 정도가 그리 심하지 않다. 태笞의 길이가 규격보다 조금 긴데, 이것은 짧아서 폐단이 되는 것보다는 낫다. 해당 고을 원을 용서해주도록 하라"고 지시했다. _정조실록 20년(1796) 11월 5일

일찍이 세조도 남형을 금지하고자 태와 장의 크기를 점검하게 한 적이 있다. 그렇지만 남형을 과도하게 제재하면 그 또한 부작용을 낳았으

니, 중용의 도를 찾기가 쉽지 않았다.

그림 4 효수

이때에 관리들이 잔혹하게 형벌을 써서 함부로 사람을 죽이기까지 하는 사실을 왕이 중하게 여겼다. 비록 태 한 대, 장 한 대라도 만약 불법으로 때린다면 모두 남형으로 간주하여 일반 사면에서도 제외하였다. 이리하여 관리들이 팔짱을 낀 채 서로 바라만 보니, 간사한 백성들을 징계할 길이 없었다. 심지어 도적까지도 모두 사나운 무리가 되어서, 비록 장물 증거가 드러나도 사실을 캐낼 도리가 없었다. _세조실록 10년(1464) 4월 18일

오형 이외에도 각종 형벌이 부가되었다. 죄인의 시신을 저자에 내걸어 본보기를 보이는 기시棄市, 참수한 머리를 매달아 공개하는 효수梟首, 그림 4 얼굴 등에 문신하는 자자刺字 등이 그런 것이다. 자자는 도둑을 다스리는 형벌로서 경형黥刑이라고도 하니 '경을 칠 놈'이란 말은 여기서 유래했다.

도둑을 다스리는 형률은, 초범은 팔뚝에 자자하고 재범은 얼굴에 자자하고 삼범은 처형했는데, 영조가 모두 폐지했다. _『청성잡기』 성언醒言

실제로 도둑에게 자자한 사례이다.

형조에서 "임원준이 약재를 훔쳤으니, 죄가 장 70대에 해당합니다. 그런데 일이 발각되어 도망했으므로, 청컨대 췻값을 물리고 뒤쫓아 잡아서 자자하소서"라고 아뢰니, 그대로 따랐다. _단종실록 즉위년(1452) 윤9월 11일

이상은 중국에서 유래된 형벌들이다. 조선시대에는 500여 년간 대명률이 기본법으로 적용되어 중국의 형법이 크게 영향을 끼쳤다. 그러면서도 대명률의 형벌을 변용하거나, 여기에 없는 형벌을 새로 만들어 사용하였다. 유배는 최대 3천 리까지 있었는데, 국토가 좁은 한반도에서는 이를 적용할 수가 없었다. 세종 때에는 거리에 따라 유배 장소를 지정했으니, 유3천 리는 경상도나 함길도 등의 바닷가로 보내는 식이었다. 정조 때에는 3천 리를 채우기 위해 빙빙 돌아 유배지로 보낸 적이 있다.

김약행을 직산현稷山縣, 천안에 유배시켰다. 김약행은 뇌물죄로 잡혀 심문을 받고 처벌을 받은 것이었다. 하교하기를 "우리나라 땅은 사방 3천 리가 안 되어 3천 리 유배소의 경우에 반드시 두루 도는 것으로 계산하였다. 김약행에게 사형죄를 감하여 유배하게 한 것은 그에게 가벼운 처벌이라 할 수 있으니, 유배하도록 정한 고을이 1천 리에도 차지 않는다. 3천 리를 두루 돌게 하는 전례에 따라 다시 유배소를 정하고, 이 뒤로는 이런 예를 적용하지 말라"고 하였다.

의금부에서 처음 정한 유배소인 기장현機張縣, 부산에서 출발하여 두루 돌게 한 다음 단천부端川府, 함경도로 압송하기를 아뢰니, "처음에는 유배소를 900리가 되는 곳에 정했는데, 이는 유3천 리의 뜻이 없었다. 그래서 옛날 사례에 의거하여 두루 돌아 압송하게 함으로써, 김약행 같은

도깨비들에게 조정에 유3천 리의 법제가 있는 것을 알게 하려 한 것이다. 그러나 두루 돌게 한 것도 너무 고통스러운 일인데, 유배소를 단천으로 정한 것은 심한 것이 아닌가? 단지 옛날 사례에 따라 기호지방 사이에서 갈 만한 곳을 유배소로 정하도록 하라"고 판결을 내렸다. 의금부에서는 기장에서부터 호남의 여러 고을을 거쳐 3천 리의 숫자를 채운 다음에 직산현으로 보낼 것을 아뢰었다. _정조실록 즉위년(1776) 10월 9일

내용으로 보아서 이리저리 돌려서 거리를 채우는 것이 옛날과 달리 정조 때에는 특별한 사례였던 것 같다. 평소의 공로를 참작하여 유배지로 가는 도중에 머물러 있게 하는 중도부처中道付處도 있었고, 유배된 죄인이 거처하는 집 둘레에 가시 울타리를 쳐서 두문불출하게 하는 위리안치圍籬安置도 있었다.

태형과 장형은 규정에 있는 것이지만, 이보다 큰 매로 다스리는 곤형棍刑, 즉 곤장형은 중국에 없는 형벌로서 임진왜란 이후에 처음 등장한다. 태나 장과 비교되지 않을 정도로 무겁고 두터웠기에 인명피해가 큰 악형 중의 악형이었다. 여러 종류의 곤장 가운데 하나가 도둑을 다스리는 데 쓰던 치도곤治盜棍이었으니,그림 5 '치도곤을 당하다'고 하면 큰 곤욕을 치렀다는 말이 된다. 도둑을 다스리는 형벌로는 발뒤꿈치의 힘줄을 끊는 단근형斷筋刑이 있었는데, 이 또한 중국 대명률의 오형에는 없는 것이다. 다음은 형조에서 아뢰어 세조의 허락을 받은 내용이다.

절도를 금지하고 막는 법이 지극히 상세하고 엄밀하나, 도적은 아직 종식되지 않고 있습니다. 청컨대 이제부터 절도 초범으로 도둑질한 것이

그림 5 치도곤 치기(김윤보)

관청 쌀의 경우 3석, 개인 집 쌀의 경우 6석 이상인 자는 단근하고, 우마를 훔친 종범은 모두 이를 기준으로 물건 값을 계산하여 단근하고, 베나 잡물은 시가를 기준으로 계산하게 하소서. 서울은 내년 정월 초하루, 가까운 도는 2월 초하루, 먼 도는 4월 초하루를 기한으로 정하여 알리소서. _세조실록 11년(1465) 11월 8일

불에 달군 쇠로 지지는 형벌을 단근질이라 하는데, 이것은 원래의 뜻이 와전된 것이다. 사람의 목숨을 빼앗는 사형은 대명률에 교형과 참형 두 가지만 규정되어 있다. 교수형의 모습은 19세기 후반에 서울에서 감옥생활을 했던 프랑스 선교사의 체험기에 생생히 실려 있다.

잠시 후에 모든 옥간의 문을 닫더니, 그때가 거의 저녁을 먹는 때였는데, 옥졸들이 도둑 옥간 안으로 들어가서 어느 죄수에게 "나와! 목매러 가자" 하였다. 벼락같은 이 말에 도둑들은, 이런 종류의 사형 집행에 익숙해져 있음에도 불구하고 또 굶주림으로 애타게 기다렸던 밥인데도 모두 밥알 한 알도 삼키지 못하고 밥사발을 내려놓았다. 그 가련한 자가 붙들려 나와 시체방으로 끌려들어가면, 거기서 옥졸이 죄수의 목을 맨 다음 밖으로 나와 방문을 닫는다. 그러고 나서 옥졸 네 명이 마치 닻을 끌어올리듯 아무런 감정도 없이 올가미 줄을 잡아당긴다. 줄을 팽팽하게 당긴 다음에는 묵직한 나무토막을 가져와 거기에 줄을 묶어놓는다. 이렇게 하면 형 집행이 모두 끝난 것이다. _펠릭스 클레르 리델 책, 143쪽

더 비참하게 교수형을 집행하는 예도 있었다.

집행인들은 죄수의 팔뼈와 갈비뼈 사이에 대막대기를 집어넣어 이 뼈들을 차례로 부러뜨린 다음, 마지막으로 비단끈을 사용하여 죄수의 목을 졸라 죽여 시체를 질질 끌고 나갔다. _아손 그렙스트 책, 286쪽

참수형은 죄인과 감옥을 관리하고 시신을 만지는 일을 하는 말단 아전인 오작인仵作人에게 뇌물을 주어야만 고통을 줄일 수 있었다.

장차 사형을 받으러 나가려는데 형 집행자가 돈을 요구했다. 윤준이 그 아내에게 주지 말라고 했더니, 집행자가 어찌 참혹하게 죽였던지 듣는 사람이 슬퍼했다. … 【『조야첨재』에는, "윤준이 수레에 실려서 나갈 때

그 아내가 길가에서 울고 있었더니, 오작인 몇 명이 돈을 요구했다. 윤준이 아내를 돌아보고 '돈을 준다고 내가 죽음을 면하겠는가?' 했더니, 오작인이 노해서 지극히 참혹하게 형을 집행했다"고 하였다.】 _『연려실기술』 명종조고사본말, 을사사화

사후에 죄상이 밝혀진 경우에는 무덤을 파헤쳐 관을 쪼개고 시신의 목을 베는 부관참시를 했다. 이것도 법전에 기재되지 않은 형벌이었다. 유희춘의 일기에는 무오사화 때에 점필재 김종직1431~1492이 부관참시의 화를 면한 일을 이렇게 적었다.

점필재의 증손 김천서가 왔다고 하기에 내가 다시 경럼을 시켜 자세하게 물었다. "점필재가 무오사화로 부관참시를 당할 때에 서울의 문하생이 급히 달려 알림으로써 시신을 옮겨 화를 면한 일이 있는가?" 하니, 답하기를 "공이 홍치 임자년1492에 작고했는데, 7년 뒤에 부관했을 때에 피가 나왔다고 합니다. 이 일을 칠팔십 세 늙은이에게 들었습니다"고 한다. 이는 화를 면한 것이 분명하다. 이것은 내가 평생에 조금씩 듣곤 했지만 자세히 알 수 없어서 궁금했는데, 이제 듣고 보니 기쁘고 위안되기 그지없다. _『미암일기』 1576. 10. 11.

7년이 지난 시신에서 피가 나올 수 없으므로 시신을 바꿔치기한 것이다. 이밖에 조선에서는 다른 독특한 방식도 채택했으니, 사형을 대시待時와 부대시不待時로 구분해서 집행했다. 음양설에서 형벌은 음의 영역에 속하므로, 처형은 만물이 움츠러드는 음의 계절인 추분부터 춘분 사

이에 실행하였다. 이렇게 때를 기다려 처형하는 것을 대시라 하고, 아주 막중한 죄인은 이를 기다리지 않고 처형했으니 이를 부대시라 한다. 예를 들어서 역적은 부대시로 참형에 처했다.

임금을 무고한 부도죄인 목호룡과 김일경을 당일에 당고개에서 부대시 처참하였다. _영조실록 즉위년(1724) 12월 8일

당고개는 서울 지하철 4호선의 종착역 이름이기도 한데, 노원구 상계동에 있는 고개이다. 죄인 가운데 참형이나 교수형은 도성 밖인 당고개에서 이루어졌고, 능지처사는 도성 안에서 이루어졌다. 능지처사陵遲處死는 능지처참이라고도 하는데, 천천히 고통을 극대화하면서 사형에 처하는 것이면서, 극악무도한 죄인이기에 부모에게서 받은 신체를 훼손한다는 의미를 지닌다. 중국에서는 죄인이 살아 있는 상태에서 사지를 하나씩 베어내고 마지막에 목을 베어서 여섯 토막을 내어 죽였는가 하면, 살을 저며 내기도 했다. 그렇지만 조선에서는 중국과 달리 수레에 죄인의 팔다리와 목을 매단 다음 수레를 끌어서 찢어 죽이는 거열車裂로 대신했다. 능지처사를 거열처사로 바꾼 것이다. 다만 효종 때에 김자점1588~1651은 산 채 능지처참하는 법을 만들었다가 스스로 이 형벌을 당했다고 전해진다.

심기원이 김자점과 권력을 다투어 서로 원수가 되었는데, 심기원이 역적으로 몰려 죽임을 당할 때에 김자점이 수상으로 있었다. 이에 산 채로 능지하는 법을 시행할 것을 청했다. "이 역적은 보통 형률로 단죄해

서는 안 되니, 먼저 팔과 다리를 자른 뒤에 죽여서 반역을 징계하소서."

심기원이 형을 받을 때에 집행자가 먼저 다리를 자르려 하자, 심기원이 형틀에 엎드려 있다가 놀라며 "이것이 무슨 형벌이냐?" 물었다. 집행자가 "김상공의 명입니다"고 하니, 심기원이 탄식하며 "나를 위해 김자점에게 말해주오, 당신도 반드시 이렇게 당할 것이라고" 했다. 김자점이 처벌될 때에 과연 산 채로 능지되었다. 이 법은 이내 폐지되었다.

_『청성잡기』 성언

거열은 환형轘刑이라고도 한다. 태종 때에 부인 내은가이를 저자에서 거열한 것이 그러한 경우이다.

연산에 사는 부인 내은가이를 저자에서 환형에 처했다. 충청도 연산현 백성 우동의 아내 내은가이가 이웃 남자 강수와 정을 통했다. 하루는 우동이 6일치 양식을 싸 가지고 이웃 고을로 일하러 가니, 내은가이가 강수에게 "도중에 기다렸다가 죽이는 게 좋겠다"고 말했고, 강수는 "도중에는 감히 못 하겠다. 네가 만일 중간에 머물러 같이 잔다면, 내가 죽일 수 있다"고 대답했다. 우동이 돌아오려 하자, 내은가이가 술과 안주를 가지고 도중에 그를 맞이하여 술을 먹이고, "오늘 저녁은 밭 가운데서 같이 자며 벼를 지키는 게 좋겠다" 하니, 우동이 믿고 따랐다. 내은가이는 남편이 깊은 잠에 빠진 것을 엿보고, 슬그머니 일어나 강수를 데리고 와서 "지금이 바로 그때다" 하니, 강수가 마침내 죽여서 부근에 묻었다. 사람들이 자못 의심하자 다른 곳에 옮겨 묻다가 일이 발각되었다.

형조에서 아뢰니, 임금이 "처첩이 남편을 죽인 사건으로 이처럼 끔

찍한 일은 없었다" 하고, 황희에게 "이 여자가 범한 것 같은 죄를 지방 수령은 어떻게 형벌하는가?" 물으니, 황희가 "곧 목을 벱니다" 하였다. 임금이 "형률에는 능지하는 법이 없느냐?" 하니, "이전에는 거열로 능지를 대신했습니다"고 대답했다. 임금이 "한 고을에서 죽이면 누가 알겠느냐? 서울로 잡아 올려서 저자에 세워 사람들을 깨우친 뒤에 사지를 절단해서 여러 도에 보이게 하라" 하였다. _태종실록 7년(1407) 11월 28일

이렇게 사람들이 많이 보이는 저자에서 처형하는 것은 중국 고대부터 관례가 되어왔다. 심지어 신하들까지 동원하여 역적 처형을 참관하게도 하였다.

임금이 "윤광철은 전례대로 처형할 수는 없다. 마땅히 숭례문에 직접 가서 왕법을 통쾌하게 바로잡아 도성의 백성으로 하여금 모두 보도록 하겠다"고 하교하고, 이에 보련을 타고 선인문으로 나오면서 왕세자에게 뒤따르도록 명했다. 이어서 숭례문에 나아가 백관에게 차례대로 서도록 명하고, 윤광철을 청파 앞길에서 참수하고 법에 따라 노적孥籍, 처자까지 연좌하고 재산을 몰수하는 것하게 하였으며, 역적 남태징의 예와 같이 머리와 사지를 돌려가며 보이도록 했다. _영조실록 31년(1755) 3월 8일

여기에 보이는 연좌제는 1894년 갑오개혁 때에 폐지되었으나, 해방 후에도 반공법 등에는 살아남아 있었다. 공개 처형은 이를 구경하는 만인에게 경고하는 의미를 지니고 있었지만, 중종과 신하의 대화에서는 이렇게 해석했다.

그림 6 군기시터 발굴(2009. 12)

대사헌 심언광과 사간 윤풍형 등이 들어와 "저자에서 죄인을 처형하는 것은 사람들과 더불어 그를 버린다는 뜻입니다. 이런 중죄인은 저자에서 드러내는 것이 예에 맞습니다. 이 사람은 대역부도요 종사宗社, 국가의 역적이니, 옛법에 의거하여 저자에서 처형하는 것이 마땅합니다"고 아뢰니, "이제 아뢴 뜻을 보니 과연 그렇다. 대역부도한 죄인은 의당 저자에서 버려야 하니 군기시 앞에서 처형하라"고 전교했다. _중종실록 28년(1533) 8월 18일

다만 세종 때 부인의 처형은 성 밖에서 집행하고 시신은 찾아가게 하여 밖에 드러내지 못하게 하란 조치를 내린 적이 있다세종실록 1430. 10. 26. 시내에서의 처형은 반드시 정해진 장소가 있었던 것이 아니지만, 이처럼 군기시 앞길이 가장 많이 이용되었다. 군기시는 지금 서울시청 자리에 있었다. 신청사를 짓기 위해서 발굴을 하니,그림 6 조선시대에 흘렀던

개천과 함께 군기시 건물터, 그리고 조선 시대의 무기들이 드러나 지금은 박물관으로 꾸려놓았다.

한편, 사약을 내리는 것도 법전에 기록되지 않은 비공식 형벌이었다. 비소를 가공해서 만든 비상이 주된 재료였을 것으로 보이는데, 왕족이나 고관대작을 처형할 때에 이들의 명예를 존중하여 왕이 직접 사약을 내려 스스로 죽게 한 것이다.그림 7 신체를 훼손하지 말라는 유교 이념 때문이다. 사대부를 신체 훼손형으로 처형하는 것은 아주 큰 모욕을 주는 것이었다. 성종 13년1482에 신숙주의 아들 신정을 처형하면서 "일찍이 대부의 반열에 있었으므로, 차마 참수의 형을 가할 수는 없다. 그러므로 특별히 사약을 내린다"고 한 임금의 말에서 이런 생각을 느낄 수 있다. 사약보다 자결의 기회를 주는 것은 죄인을 좀 더 배려한 일이었다.

그림 7 사약받는 양반(김윤보)

의금부가 "죄인 유영경을 유배소에서 자결하도록 하였습니다. 그런데 전례에는 사사賜死를 받는 사람에게 의금부의 낭청이 약물을 가지고 가서 임금의 뜻을 전하고 사약을 주어 죽게 하였습니다. 자결하게 하는 경우는 근거할 만한 전례가 없으며, 또 옛일을 들어서 아는 사람도 없습니다. 단지 의금부 낭청만을 보내어 임금의 뜻을 전하고 자결하도록 해야 합니까? 감히 여쭙니다"고 아뢰니, 이처럼 전교했다. "유영경은 비단 선왕 때의 대신일 뿐 아니라, 과거에 내 사부였다. 공론에 몰려서 내가 시종 두둔하지 못하지만, 그렇다고 차마 사약을 내리지는 못하겠다. 낭청을 보내어 이 말을 전하고 자진하게 하라." _광해군일기 즉위년(1608) 9월 5일

사약은 재빨리 전달되어야 했으니, 다음은 그러지 않아서 문제가 된 사건이다.

의금부가 "사사의 명령은 성화星火, 유성보다 빨라야 하니, 이 명을 받드는 자는 밤낮을 가리지 않고 달려가는 것이 바로 그의 직분입니다. 그런데 도사 이정신은 왕명을 받은 지 7일이 지나서야 북청에 도착했고, 또 눈길을 뚫고 조금씩 앞으로 나가고 있다고 말하고 있습니다. 이는 신들이 직무를 제대로 수행하지 못한 죄에 해당합니다. 지금부터 의금부 도사는 명망이 있는 생원 진사로 갖추어 추천할 일을 주상의 명을 받들어 시행하는 것이 어떻겠습니까?"고 아뢰니, 이렇게 전교했다. "윤허한다. 이정신은 먼저 파직한 뒤에 추궁하라." _광해군일기 8년(1616) 12월 9일

감옥과 죄수

이란에서 돌팔매로 여성을 처형하는 것이 국제적인 관심사로 떠오른 적이 있다. 42살의 여성이 간통죄로 사형이 확정되었는데, 이슬람 율법에 따라 목만 내밀고 땅에 묻힌 채 처형 참가자들이 돌을 던져 사형을 집행하는 투석형이 선고된 것이다한겨레 2010. 7. 8. 너무 잔인하다는 여론에 따라 근래에는 거의 집행되지 않는다고 하지만, 이따금 전통 율법에 따라 이런 처형이 이루어지는 것 같다.

이처럼 처형하는 방법이 나라마다 달랐다. 서양의 잔다르크처럼 화형그림 1에 처하는 것은 전 세계에 보편적으로 나타나고 중국이나 일본에서도 확인된다. 일본에서는 고대에 천황이 백제 지진원池津媛과 사통한 여자 둘을 팔다리를 벌려 나무에 매달고 임시로 만든 단 위에 올려 불태워 죽인 일이 있다. 화형은 에도시대까지 이어져 기독교도나 방화범 등을 처형하였다.

중국에서는 전국시대까지 화형을 실시했으나 그 뒤로는 사라지고, 우리나라도 대체로 고대에만 흔적이 나타난다. 고구려에서 반역자는 기둥에 묶어 불사른 다음에 목을 벴다고 하는데, 화형의 한 모습이라 할 수 있다. 신라 김유신은 남편 없이 몰래 임신한 여동생을 나뭇단 위

그림 1 화형되는 잔다르크

에서 불태워 죽이려 한 적이 있다. 공식적인 처형은 아니지만, 화형의 관념이 남아 있었던 것 같다.

그렇지만 고려부터는 화형에 관한 규정도 없고 실시된 기록도 없다. 이와 비슷한 것으로 사람을 솥에 넣고 삶아 죽이는 팽형烹刑도 우리나라에서는 시행된 적이 없다. 다만 조선시대에는 시늉만 내서 범인의 명예를 실추시켜 사회적으로 매장하는 형벌로 사용했다. 종로 거리에 큰 솥을 걸어놓고 탐관오리를 잡아다가 넣은 뒤에 죄목을 낭독하고 불을 피우는 형식을 취했는데, 그러면 죄인은 죽은 것으로 간주하여 가족이 그를 인계하여 형식적인 장례를 치렀다고 한다. 결국 살았으나 죽은 것이 되어 세상을 등지고 살 수밖에 없게 된다.

중국과 우리나라에서는 죄인의 집을 헐고 물을 대서 못을 만들던 파가저택破家瀦宅을 시행했는데, 이와 비슷한 형벌이 서양 중세에서도 보인다.

가족이 무거운 죄를 지어 명예를 상실하면 그 집도 마치 벌을 받는 것처럼 파괴된다. 여성이 집 안에서 폭행을 당한 경우, 그 현장이 된 집이 파괴되는 동시에 그곳에 있던 모든 생물도 목이 잘린다. _아베 긴야 책, 109쪽 그런데 고려와 조선에서는 패륜범죄가 일어난 고을의 등급을 강등한 독특한 형벌도 부과했다. 신라 때에 모량부 익선의 횡포를 이유로 효소왕이 모량리 출신 관리를 모두 쫓아내게 한 적이 있지만, 읍호를 강등하는 일은 보이지 않는다. 지역공동체에 연대 책임을 지우는 읍호 강등은 고려 때에 많이 시행되었고, 조선도 이를 이어받았다. 예를 들어서 인조 24년1646에는 역적의 출신지라 해서 공주목을 공산현으로 삼고, 이산·연산·은진 3현을 합쳐서 은산현으로 삼고, 공주와 청주의 이름을 딴 공청도는 '공'자를 바꾸어 홍청도로 바꾸었다. 또 숙종 10년1683에 철산부에서 지아비를 죽인 사건이 발생하자, 죄인을 사형하고 철산현으로 강등하였다. 그런데 가끔은 대상이 되는 곳이 출생지인가 거주지인가 하는 문제로 논란이 일기도 했다.

형조판서 허적이 "… 이번에 양구에서 지아비를 죽인 죄인의 경우, 스스로는 포천 태생이라고 하는데, 포천 사람들은 본읍 태생이 아니라고 하면서 소장을 올려 변론까지 하였습니다. 그러나 우리 형조에서 심리를 허락하지 않았는데, 지금 또 와서 '그 어미는 금화 태생이라 합니다'고 소장을 냈습니다. 대체로 읍호 강등은 밝게 교화를 못 시켰기 때문이니, 현재 거주하는 고을을 해당시켜야 할 듯합니다"고 아뢰니, 정태화도 허적의 말이 옳다고 하여 왕이 따랐다. _현종실록 4년(1663) 6월 16일

변고가 일어난 고을의 수령을 파직하는 일도 있다.

심리를 마치고 조복양이 "양주는 지아비를 죽인 죄인이 태어난 곳이라

서 장차 그 수령을 파직해야 하겠는데, 변고는 지난해에 일어났고 목사는 올봄에 부임하였으니 어찌해야 하겠습니까?"고 아뢰니, 상이 "변고가 일어난 당시의 수령을 파직하라. 앞으로는 이것을 영구히 법식으로 삼으라"고 일렀다. _현종개수실록 11년(1670) 5월 6일

강등된 읍호는 10년의 기한이 되면 복구시키는 것이 관례였다. 그런데 이러한 일들은 법에 규정되어 있는 것은 아니었다. 중종과 승지와의 대화에서도 이를 알 수 있다.

승지 권응창이 "교동喬桐 죄인 호세장과 원주 죄인 유석은 이미 형을 집행했는데, 형조에서는 법률 준수만을 고집합니다. 처자를 노비로 삼는 것과 집을 헐어 못을 파는 일은 전례에 따라 승전을 받들어 시행하게 하소서. 또한 아비를 시해한 아들이 있으면 그 고을의 읍호를 강등시키는 전례가 있는데, 이는 형조에서 독단할 수 있는 일이 아니어서 아울러 여쭙니다"고 아뢰니, 이렇게 전교했다. "집을 헐고 못을 파는 일, 처자를 노비로 삼는 일, 읍호를 강등시키는 일에 대해서는 나도 이미 생각했었지만, 이는 법 밖의 일이다. 전에는 별도로 의논이 있었기 때문에 이렇게 했었는데, 근래에는 온당하지 못하다는 의견이 있어서 하지 않았으니, 거론할 필요가 없다." _중종실록 35년(1540) 6월 28일

교동은 강화도 옆에 있는 섬으로 연산군 등 왕실 인물들이 많이 유배되었던 곳이다.그림 2 홍문관이 읍호 강등은 전례가 없는 일이라고 상고하여 보고했다.

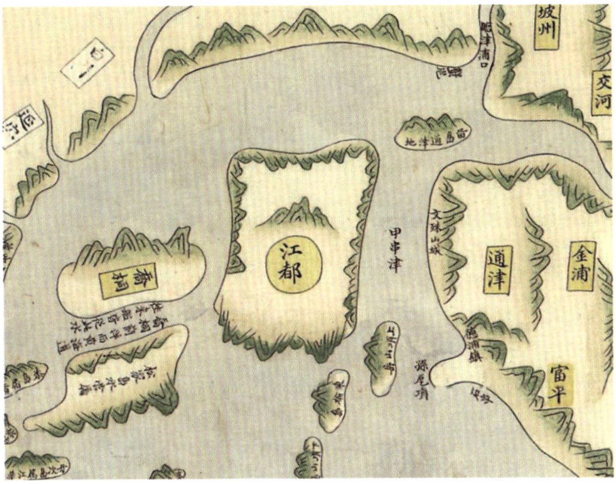

그림 2 강화도와 교동도

또 『고려사』에는 인종 7년1129에 중서문하가 "충주 사람 유정이 아비를 시해하였으니 그 목수牧守, 수령와 주리州吏, 관리를 모두 하리下吏, 아전로 강등시키고, 주를 낮추어 군으로 삼기를 청합니다"고 아뢰었다. 왕이 좌우에게 물으니, 좌우가 "『예기』에는 주루邾婁의 정공定公 때에 아비를 시해한 자가 있어서 그를 죽이고 집을 헐어서 그 터를 웅덩이로 만드는 데 그쳤을 뿐이고 살았던 고을에 대해서는 언급하지 않았으니, 주를 군으로 강등하는 것은 옛 법이 아닙니다"고 대답했습니다.

뒷날의 『통감강목』에서는, 당 태종 정관 14년640에 대주자사 가숭이 담당하던 곳에서 십악十惡을 범한 자가 있다고 어사가 탄핵하니, 상이 "옛날에 당우唐虞와 같은 큰 성인이 존귀한 천자가 되어서도 자식을 제대로 교화하지 못했는데, 하물며 가숭이 자사가 되어서 그 백성들로 하여금 집집마다 선하게 할 수야 있겠는가? 만일 이 일에 연좌되어 좌천되거나 쫓겨난다면, 주와 현이 서로 은폐하여 죄인을 놓아줄 것이다.

지금부터는 탄핵하지 말고, 다만 밝게 규찰하여서 법에 따라 죄를 시행하게 하라" 하였습니다. _중종실록 38년(1543) 4월 16일

파가저택은 『예기』 단궁편에 나오는 고사에 의거한 것이지만, 여기에 더해서 읍호 강등의 형벌을 내리는 것은 중국에서는 시행하지 않았다는 말이다. 만일에 연대 책임을 물으면 결국 공동체 처벌을 피하려고 죄인을 감출 우려가 있다고 했는데, 실제로 조선에서는 그런 우려가 현실로 나타났다.

내가 민간에 오래 있었기에 무릇 살인의 옥사에서 고발되는 것은 열 가운데 두셋뿐이고 일곱 여덟은 모두 숨기는 것을 알고 있다. 진실로 한 번 사건 조사를 당하면 1년도 안 되어 폐촌이 되어 쇠락하고 흩어지게 된다. 이 때문에 고주苦主, 피해자는 비록 슬프고 원통함이 가슴에 가득하지만, 마을의 원로들과 힘 있는 자들이 고발하지 못하게 한다. 이에 범인을 쫓아내고 고주에게는 뇌물을 주어 급히 매장하고는 그 입을 봉해버린다. 혹시 힘 있는 아전과 군교들이 이를 알아내고 위협하면, 마을에서 공동으로 돈 2, 3백 냥을 모아 뇌물로 주고 역시 끝내 고발하려 들지 않으니, 이들의 해독이 큰 것을 여기서 알 수 있다. 수령이 된 자는 깊이 유의해야 할 것이다. _『목민심서』 형전刑典, 단옥斷獄

이익1681~1763도 고려 인종의 사례를 든 다음에 도의 이름을 바꾸는 것은 무익한 일이라고 비판했다.

지금 팔도의 명칭은 도내의 큰 고을 둘을 합쳐서 부르는데, 삼강오륜을 범한 큰 죄인이 있으면 문득 도의 이름을 바꿔버린다. 예를 들면 충청도를 공홍도라고도 하고 청홍도라고도 한다. 그 호칭이 일정하지 않고 몇 해 후면 다시 본래의 것으로 되돌아가니, 과연 무슨 유익이 있겠는가? 어떤 이는 "도의 명칭을 호남·영남·관서·영북처럼 고치면 이런 번복이 없을 것이다"고 한다. 그러나 사람에게 벌을 주는데 어찌 땅까지 벌줄 수 있겠는가? 진실로 고려 왕의 제도를 따르면 이런 걱정은 없을 것이다. _『성호사설』 인사문, 개역도명改易道名

도의 명칭과 관련된 고을이 범죄에 연루되면 이를 변경하지 않을 수 없기 때문이다. 지금도 그러거니와 죄를 지으면 감옥에 갇히게 마련이다. 우즈베키스탄을 여행할 때에 안내인이 그곳 말이 한국어와 유사한 것이 많다고 하면서 예를 든 것이 카목qamoq이었다. 우리말의 감옥과 같다는 것이다. 우연의 일치이거나 혹시 둘 다 한자어에서 유래되었기 때문일지 모르겠다.

서울 고척동에 있는 영등포교도소가 65년 만에 철거된다고 해서 2014년 4월 하룻동안 주민에게 개방되었다. 기사를 보니 6명 수용실이 고시원 방 한 개 면적보다 작아 보였고, 악명 높던 독방은 한 사람이 누워도 옴쌀달싹하기가 어려울 정도로 비좁았다고 한다. 영국 에딘버러에서 이보다 더 혹독한 감옥을 본 일이 있다. 한 교회 마당에 있는 '언약파의 감옥Covenanters' Prison, 그림 3이 그것이다. 개신교도를 핍박하여 천장 없는 감옥에 가둔 곳이라 한다. 눈과 비를 맞으며 꼼짝없이 갇혀 있었으니, 얼마나 고통스런 징벌이었을지 상상이 된다.

그림 3 에딘버러 언약파의 감옥(2013. 7)

지금은 감옥이 일반적인 용어지만, 조선시대까지는 그냥 옥이나 형옥刑獄 등으로 불렀다. 또는 둥글게 만들어졌다고 해서 원옥圓獄이라 했는데, 사람들은 억울하게 갇혀서 원옥冤獄이나 원옥怨獄이라고 불렀다. 경상도 청도의 지도를 보면 성 밖에 둥근 표시가 있고 형옥이라 쓰여 있으니,그림 4 이곳이 청도의 감옥이다. 고창읍성에서는 북문 안쪽에 감옥이 복원되어 있다.

죄수를 관장하던 전옥서典獄署는 관리의 범죄를 담당하던 의금부그림 5 와 함께 지금의 종각역 부근에 있었다.그림 6 다음은 이 전옥서의 감방 상황에 관한 기록이다.

박승종이 "전옥서 죄수들을 살펴보니, 형조에서 가둔 자가 무려 80여 명에 이르고, 의금부에서 옮겨 가둔 자가 60여 명이나 됩니다. 그런데

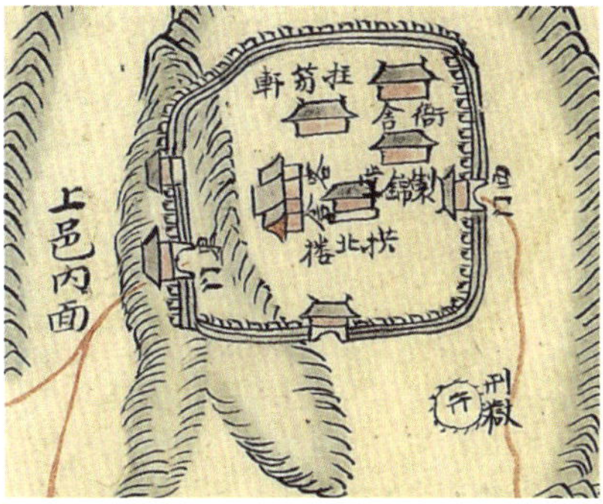

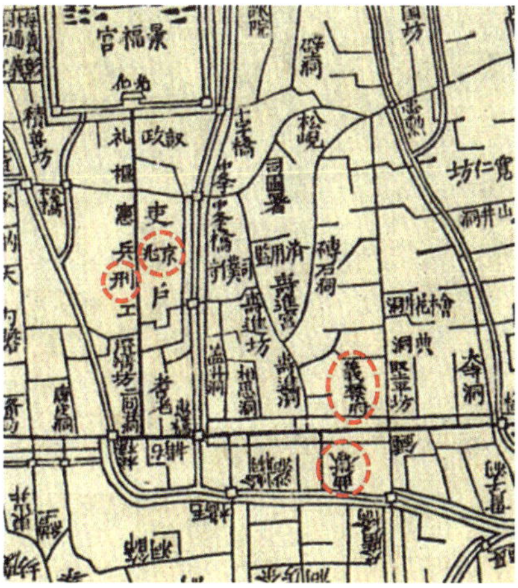

그림 4 청도의 원옥 (위 왼쪽)
그림 5 의금부(정선) (위 오른쪽)
그림 6 형벌 담당 기관들(수선전도) (아래)

감방은 새로 지은 것까지 합쳐서 아홉 칸입니다. 이처럼 죄인들이 많이 갇혀 있어서 절반은 야외에 거처하는데, 맑은 날에는 땡볕 아래 앉아 있고 비 내리는 날에는 옷을 도롱이로 삼고 있어서 병을 얻은 자가 매우 많습니다. 의금부의 감방은 그리 비좁지 않으니, 김호 등을 그냥 의금부에 가두는 것이 마땅하겠습니다"고 아뢰니, 왕이 "아홉 칸의 옥에 200명의 죄수가 어떻게 견딜 수 있겠는가? 형조에게 말해서 죄질이 가벼운 자를 가려내서 보증인을 세우게 한 다음 석방하도록 하라"고 일렀다. _광해군일기 5년(1613) 6월 13일

그림 7 감옥에 식사 넣기(김윤보)

감옥은 주로 사건 판결이 나기 전에 미결수들을 가두는 역할을 했다. 그러나 판결이 나기까지 시간이 너무 지체되어 심지어 10년, 20년씩 걸리기도 했다. 다음은 경상도 삼가에 사는 유학자가 올린 상소문이다.

> 심지어 형옥의 경우에 시비를 가리지 않은 채 죄수들을 감옥에 구금시켜 두고 시일만 끌기 때문에, 간혹 10년, 20년간 갇혀 있다가 감옥에서 죽기까지 합니다. 죄수의 집에서도 옥바라지[그림 7]에 여념이 없어 봄갈이, 여름갈이, 추수의 농사일에 힘쓰지 못하고 있으니, 위로는 부모가 근심하고 아래로는 처자가 원망하고 있는 실정입니다. 이리하여 죄가 있건 없건 모두 한곳으로 귀결되니, 하늘에 사무치는 원한치고 이보다 더한 것이 없습니다.
>
> 급기야 어사가 온다는 소식이 들리면 반드시 장부를 옮기고 죄수를 내보내고서 기다립니다. 어사가 지나가고 나면 다시 감옥은 만원이 되고 문서는 책상 위에 가득해지니, 나라를 속이는 것을 어찌 이루 다 말할 수 있겠습니까?” _중종실록 21년(1526) 5월 10일

이와 달리 사형을 기다리는 기결수는 남간옥南間獄에 가두고 관청에서 음식을 장만하여 주었으니, 이것은 외부인과 연계하여 독을 마시고 자살하는 것을 방지하기 위한 것이었다[숙종실록 1690. 1. 25]. 이밖에는 유배를

그림 8 낙안읍성에서의 형벌 체험(2005. 10)

보내는 형벌이나 매질하는 형벌로 대신하였고, 지금처럼 감옥에 오랜 기간 갇혀 있는 징역형은 따로 없었다.

지금 관아가 있는 유적지에 가면 형장을 치거나그림 8 칼을 쓰는 형벌을 체험하는 시설이 인기를 끈다. 칼은 중죄인에게 씌우는 것으로서 작은 칼, 이보다 더 긴 큰 칼이 있었다. 옛날의 큰 고통이 지금은 재미있는 놀이가 되어버렸다. 영조는 죄수의 고통을 생각하여 이렇게 지시했다.

옛날 사람은 여름에 물을 마시면서도 갇힌 죄수를 생각했다고 하는데, 더구나 임금이 된 자이겠는가? 이제 추관秋官, 형조이 진달한 바로는, 온몸에 한 조각의 옷도 걸치지 못한 자가 있다고 하니, 그 말을 듣고서 측은한 생각이 든다. 작년에 이 때문에 감옥에서 죽은 자가 10명에 가깝다고 한다. 감옥에서 형구를 찬 가운데 몸에 옷을 걸치지 못하고 여러 날 굶주리면, 비록 죽지 않더라도 이는 목석木石을 치죄하는 것과 같으

그림 9 칼을 차고 있는 죄수들

니, 어찌 임금이 된 자가 차마 이렇게 하겠는가? 이후 이런 무리는 추관이 비변사에 보고하여 구제해 살림으로써 왕이 흠휼하는 뜻을 보이도록 하라. _영조실록 21년(1745) 2월 7일

칼을 차는 것은 중국에서 유래된 것이지만, 중국보다는 인간적이었던 것 같다.그림 9 근대에 독일인의 목격담이다.

원래 고문실인 감옥의 앞뜰에서 나무로 만든 이상한 형틀을 보았다. 중국에서 캉이라고 부르는 이 형틀은 일정한 범죄자들의 목에 며칠이나 몇 주 동안 채워진다. 가운데만 목이 들어갈 수 있도록 잘라낸 널빤지 모양의 형틀은 중국에서는 워낙 무거워서 그 무게만으로도 고통스럽다. 거리에서 치욕스럽게 매고 돌아다녀야 하는 죄인은 손으로 머리를 만질 수도 없을 만큼 형틀이 아주 넓다. 캉칼을 쓴 죄인은 혼자 먹을 수도 없으며 눈과 입가에 몰려드는 파리를 쫓아낼 수도 없다. 일반인들도 파리, 모기는 참을 수 없는 어려운 고통인데, 더운 나라에서 이렇게 칼을 메고 다니는 것은 그 자체만으로도 엄청난 고문이다. … 육지에서 방문한 적이 있는 다른 조선의 감옥처럼 제주 감옥의 칼은 상당히 가볍고 중국 것에 비해 무게도 3분의 1이 채 안 되는 튼튼한 판자로 짜 맞추어져 있다. 모든 면에서 조선인의 잔인성은 중국인에 비해 훨씬 덜한 것으로 보인다. _지그프리트 겐테 책, 293쪽

그는 이렇게도 적었다.

조선인은 중국인에 비해 훨씬 인간적이란 생각이 든다. 죄수들이 굶주려 죽어가는 중국 감옥에 비하면 제주도의 감옥은 친근한 인상을 주는 것이 분명하다. 밝고 통풍이 잘 되는 두 개의 공간에서 열네 명의 죄수들은 별 불편 없이 지내는 것 같다. 마치 자기 집처럼 편안히 담배를 피우며 서로 웃고 잡담을 나누고 있었다. 모두들 발이 묶여 있어 밖에서처럼 자유로이 움직일 수는 없지만, 그들은 건강하고 활기차 보였다 _같은 책, 292쪽

죄수를 보호하기 위해서 날이 너무 차거나 너무 더우면 죄가 가벼운 죄수는 방면하곤 했다. 더위에 옥문을 열어놓아 열기를 식히는 조치도 내렸고, 겨울에는 술지게미와 부스러기 탄을 모아서 지급하거나 겹옷을 주어 죄수들이 추위에 떨거나 동상에 걸리지 않게도 했다. 때로는 농사철에 가뭄이 들면 옥중 죄수들의 원망 때문이라 하여 풀어주게 하

그림 10 근대의 감옥

였다. 또 감옥그림 10 내부를 청결히 하도록 점검을 하게 하고, 때로는 왕이 죄수들에게 술과 고기를 하사하기도 했다.

지금도 그러거니와 감방에 들어가면 먼저 신고식을 했다. 정약용이 지적한 다섯 가지 괴롭힘이 그것이다.

매양 새 죄수를 맞을 때마다 다섯 가지 포학한 형벌을 섞어 사용한다. 문에 들어서면 '문턱넘이 턱踰門禮'이 있고, 방에 들어서면 '낯디밀이 턱知面禮'이 있고, 칼을 벗으면 '몸통 보이는 턱幻骨禮'이 있고, 며칠 경과하면 '신참떼기 턱免新禮'이 있다. 밥이 들어가면 밥을 빼앗고, 옷이 들어가면 옷을 빼앗는다. 깔개에는 깔개값이 있고, 기름과 땔감에는 추렴이 있다. 여러가지 괴롭고 혹독한 것을 이루 다 쓸 수가 없다. 위에서 이를 금지해도 비웃기만 하고 금해지지 않는다. 아래에서 죄수가 고발하면 더욱 학대하니 고발할 수도 없다. 캄캄한 암흑 속에 하나의 세계가 생

겨나서 살필 수가 없다. _『목민심서』 형전, 휼수恤囚

법에 금지되어 있음에도 차지次知, 죄인의 친척를 가두는 폐단이 계속되어, 남편 대신 아내를 가두고 아들이나 동생 대신 아비나 형을 가두기도 했다정조실록 1788. 7. 11. 때로는 탈옥 사건이 벌어지기도 했다.

오씨 성을 가진 조정 관원이 담오죄에 걸려 사형을 당하게 되었다. 형조에서 세 번 복계한 뒤에 이미 판결이 났으므로, 다음 날에 처형이 예정되어 있었다. 그의 아내 허씨가 은밀한 계책을 짜내서 한 사내종에게 부인의 옷을 입게 하고 모자로 머리를 싸고는 옥리에게 나아가 "죄인 오 아무개의 처 허 아무개가 남편이 내일이면 형장으로 나간다는 말을 듣고 왔으니, 원하건대 한 번 서로 결별하게 해주시오"라고 고했다. 옥리가 불쌍하게 여겨 이를 허락하자, 한구석으로 가서 울며 부부가 영원히 결별하는 모습을 하고 있었다. 이때 사내종이 미리 휴대한 칼과 톱으로 손닿는 대로 사슬과 수갑을 끊어버려서 제 몸에 씌웠다. 곧 부인 옷을 남편에게 입힌 뒤에 옥문을 밀고 나오며 "허씨가 고별하고 갑니다"고 말했다. 그런 다음에 밖에 따로 준비해두었던 준마를 타고 바로 달아났다. 얼마 후에 옥졸이 들어가 보니, 죄인이 아니고 바로 사내종이라 뒤쫓아 체포하려 했으나 미치지 못했다. 세종대왕은 그 종을 의롭게 여겨 사형을 면하게 하였다. _『필원잡기』 권2

이것은 주인을 종과 바꿔치기한 사건이지만, 역사에서는 아이를 바꿔치기한 얘기도 종종 보인다. 다음도 그런 경우이다.

박팽년은 평양平陽, 순천 사람이다. 세종 때에 급제했지만 육신六臣의 우두머리가 되어 죽임을 당했다. 그의 며느리가 홀로 죽지 않았는데, 마침 임신 중이었다. 세조가 "아들을 낳으면 함께 죽여라"고 지시했다. 박팽년의 여종 한 사람이 역시 임신 중이었는데, 며느리에게 "마님께서 딸을 낳으시면 아주 다행이겠지만, 만약 둘 다 아들을 낳게 되면 제 자식으로 대신 죽음을 받게 하겠습니다"고 말했다. 주인은 아들을 낳고 종은 딸을 낳았다. 종이 자식을 바꾸어 자기 아들로 삼았으니, 지금 동지 박충후가 바로 그의 후손이다. 대구부에 산다. _『장빈거사호찬』

회덕현의 홍순은 옥졸에게 뇌물을 주고 병사한 것처럼 꾸며서 숲 속에 내다버리게 하여 탈옥을 감행하였다가 다시 잡히기도 했다세조실록 1445. 윤6. 20. 진주에서는 도둑 70여 명이 옥문을 부수고 집단으로 탈주한 사건도 벌어졌다경종실록 1722. 11. 16.

옥사가 일어나면 뇌물을 바쳐서 빠져나오기도 했다. 광해군 때에는 옥사가 자주 일어나 뇌물을 바치는 일이 잦았는데, 이를 송경誦經이라 불렀다고 사관이 전한다.

이보다 앞서 옥사獄事에 뇌물을 쓰는 길이 크게 열렸으나, 역적의 옥사에는 뇌물을 그리 심하게 쓰지 않았다. 이때에 이르러 권순성은 왕이 총애하는 희첩의 조카이기에 형벌의 문초를 면했다. 붙잡혀 온 자들이 모두 서울의 사족으로 궁궐과 서로 연관되어 있어서 경쟁적으로 뇌물을 썼다. 상의 뜻이 꼭 죽이고자 하면 궁궐 사람들이 감히 뇌물을 받지 못했고, 그 나머지 죄질이 가벼운 경우에는 모두 은으로 궁궐에 뇌물을 써서 풀려났다. 김질은 100금, 정경업은 50금, 김신립은 300금을 써서 면했는데, 모두 거리낌 없이 드러내놓고 말했다. 이로부터 역적의 옥사가 해마다 일어나 갇힌 자들이 다투어 농지와 집과 노비를 팔았는데, 이를 송경이라고 불렀다. 송경은 민속에서 사용하는 말로 이른바 '신에게 기도하여 명을 구한다'는 뜻이다. 그 뒤로 값이 점차로 높아져서 3, 4백금을 써야 형벌 추궁을 면하게 되었고, 천금을 써야 죽음을 면하게 되었다. 정온·조우인 같은 사람들도 그의 자제들과 친속들이 재물을 다 팔아 금을 모아서 뇌물을 쓴 뒤에 풀려났다. 말년에 이르러서는 극도에 달하였다. _광해군일기 5년(1613) 6월 11일

지금도 이따금 사면령이 있듯이 때로는 사면령으로 풀려나는 혜택을 입었다. 백성 전체를 대상으로 한 일반 사면령의 대상자와 제외자를 나열한 한 예를 보겠다. 아버지를 추존하는 칙명을 중국으로부터 받은 것을 기화로 인조가 내린 대사면령이다.

이달 7일 새벽 이전을 기준으로 모반謀反·대역·모반謀叛을 범한 자, 자손으로서 조부모나 부모를 모살謀殺, 모의하여 죽임하거나 구타한 자, 처첩으로서 남편을 모살한 자, 노비로서 주인을 모살한 자, 고의로 살인을 꾀한 자, 독약이나 저주로 사람을 해친 자, 국가나 강상綱常, 윤리에 관계된 자, 장물·강도·절도자를 제외하고, 이밖에 잡범으로 사형죄에 해당한 자, 도형·유배형에 처한 자, 중도에 부처 된 자, 안치된 자, 충군充軍, 죗값으로 군에 충당됨된 자로서 이미 유배지에 이르거나 이르지 않았거나, 결정되었거나 결정되지 않았거나, 발각되었거나 발각되지 않았거나 상관없

이 모두 죄를 용서하여 석방하라. 감히 사면한 과거의 일로 서로 고발하는 자는 그 죄로써 처벌하라. _인조실록 11년(1633) 5월 7일

사면령은 고대부터 자주 내려진 왕의 은덕이었다. 그러나 너무 남용하게 되면 사람들이 죄를 가볍게 여길 우려도 있는 양면성이 있다. 형벌과 상은 항상 신중히 사용해야 효과를 거두게 된다. 다음은 홍봉한이 직언을 구한 영조에게 아뢴 말이다.

형벌에서 사면이 있는 것은 마치 날씨에 봄이 있는 것과 같지만, 그렇다고 절도가 없이 자주 사면하면 나쁜 짓을 하는 자가 요행으로 죄를 면하게 됩니다. 그러기 때문에 오한吳漢, 한나라 때의 장군이 사면하지 말기를 원했고, 제갈량이 종신토록 사면을 시행하지 않았습니다. 그런데 지금은 거의 해마다 거르지 않고 사면을 시행하는데, 대사령이 내려지면 용서받지 않는 죄가 없습니다. 가추枷杻, 목에 채우는 칼과 발에 채우는 쇠사슬를 쓴 자도 벗어 나오고, 귀양을 갔던 자들도 방면되어 돌아오는가 하면, 심지어는 의당 일률一律, 사형을 받아야 할 자도 감등이 됩니다. 그러므로 범법자들이 죄에 걸려들면 이미 서로 망령되게 어느 때쯤이면 풀려날 것으로 예상하는데, 백성들이 어찌 법을 경솔히 범하지 않겠으며, 법이 어찌 점점 해이해지지 않겠습니까? _영조실록 40년(1764) 8월 1일

근래에도 사면을 남용해서 논란이 되고 있으니, 홍봉한의 말은 아직도 유효하다고 하겠다. 이러저러한 이유로 가끔 감옥이 비게 되면 왕이 정치를 잘했다는 선전 수단이 되었다. 형조에서 옥이 비었다고 보고를

하면 신하들이 축하하고 임금은 신하들에게 선물을 내렸다. 지금도 '범죄 없는 마을'을 지정하는 제도와 유사하다고 할 수 있다. 그러나 때로는 억지로 감옥이 비게 하는 일도 벌어졌다.

참고 자료

서울과 지방

『북학의』(박제가 저); 안대회 옮김, 『북학의』 외편, 돌베개, 2004; 누리미디어 홈페이지 및 국사편찬위원회 한국사데이터베이스.

『쇄미록』(오희문 저); 이민수 역, 『쇄미록』 상·하, 해주오씨추탄공파종중, 1990; 장서각 디지털 아카이브.

『연암집』(박지원 저); 한국고전번역원 홈페이지.

『오산설림초고』(차천로 저, 『대동야승』 수록); 한국고전번역원 홈페이지.

『오주연문장전산고』(이규경 저); 한국고전번역원 홈페이지.

『을병연행록』(홍대용 저); 정훈식 역, 『을병연행록』 1, 경진, 2012.

『일본행록』(송희경 저, 『해행총재』 수록); 한국고전번역원 홈페이지.

『임하필기』(이유원 저); 한국고전번역원 홈페이지.

『정유각집』(박제가 저); 한국고전번역원 홈페이지.

조선왕조실록; 국사편찬위원회 홈페이지.

『지봉유설』(이수광 저); 누리미디어 및 한국고전번역원 홈페이지.

『청장관전서』(이덕무 저); 한국고전번역원 홈페이지.

『추강냉화』(남효온 저, 『대동야승』 수록); 한국고전번역원 홈페이지.

『해동잡록』(권별 저, 『대동야승』 수록); 한국고전번역원 홈페이지.

루돌프 차벨 지음, 이상희 옮김, 『독일인 부부의 한국 신혼여행 1904』 살림, 2009.

백성현·이한우 지음, 『파란 눈에 비친 하얀 조선』 새날, 1999.

샤를 바라·샤이에 롱 지음, 성귀수 옮김, 『조선기행: 백여 년 전에 조선을 다녀간 두 외국인의 여행기』 눈빛, 2006.

알프레드 에드워드 존 캐번디시 지음, 조행복 옮김, 『백두산으로 가는 길: 영국군 장교의 백두산 등정기』 살림, 2008.
에밀 부르다레 지음, 정진국 옮김, 『대한제국 최후의 숨결』 글항아리, 2009.
중앙문화재연구원, 『대전 상대동 원골유적』 2011.
펠릭스 클레르 리델 지음, 유소연 옮김, 『나의 서울 감옥 생활 1878: 프랑스 선교사 리델의 19세기 조선체험기』 살림, 2008.
혼마 규스케 저, 최혜주 역주, 『조선잡기: 일본인의 조선정탐록』 김영사, 2008.

농사와 거래

『갑진만록』(윤국형 저); 한국고전번역원 홈페이지.
『경도잡지』(유득공 저).
『고려도경』(서긍 저); 한국고전번역원 홈페이지.
『고려사』; 누리미디어 홈페이지.
『금양잡록』(강희맹 저, 『사숙재집』 수록); 한국고전번역원 홈페이지.
『난중잡록』(조경남 저, 『대동야승』 수록); 한국고전번역원 홈페이지.
『농가집성』(신속 저); 장서각 디지털 아카이브.
『동문선』; 한국고전번역원 홈페이지.
『목민심서』(정약용 저); 다산연구회 역주, 『역주 목민심서』 V, 창작과비평사, 1985; 한국고전번역원 및 누리미디어 홈페이지.
『반계수록』(유형원 저); 누리미디어 홈페이지
『북학의』(박제가 저); 안대회 옮김, 『북학의』 외편, 돌베개, 2004; 누리미디어 홈페이지 및 국사편찬위원회 한국사데이터베이스.
『삼국사기』(김부식 저); 동방미디어 홈페이지.
『상촌잡록』(신흠 저, 『대동야승』 수록); 한국고전번역원 홈페이지.
『성호사설』(이익 저); 한국고전번역원 홈페이지.
『소문쇄록』(조신 저, 『대동야승』 수록); 한국고전번역원 홈페이지.
『송와잡설』(이기 저, 『대동야승』 수록); 한국고전번역원 홈페이지.
『쇄미록』(오희문 저); 이민수 역, 『쇄미록』 상·하, 해주오씨추탄공파종중, 1990; 장서각 디지털 아카이브.
『승정원일기』; 국사편찬위원회 홈페이지.
『어우야담』(유몽인 저); 현혜경 등 역주, 『어우야담』 2, 전통문화연구회, 2003.
『여유당전서』(정약용 저); 한국고전번역원 홈페이지.

『연려실기술』(이긍익 저); 한국고전번역원 홈페이지.
『연행일기』(김창업 저, 『연행록선집』 수록); 한국고전번역원 홈페이지.
『열하일기』(박지원 저); 한국고전번역원 홈페이지.
『우서』(유수원 저); 한국고전번역원 홈페이지.
『을병연행록』(홍대용 저); 정훈식 역, 『을병연행록』 1, 경진, 2012.
『이옥전집』; 실시학사 고전문학연구회 편역, 『완역 이옥전집』 1·2, 휴머니스트, 2009.
『임원경제지』(서유구 저); 정명현·김정기 역주, 『임원경제지』 소와당, 2008.
『임하필기』(이유원 저); 한국고전번역원 홈페이지.
『조선부』(동월 저); 董越 저, 윤호진 옮김, 『朝鮮賦』 까치, 1995.
조선왕조실록; 국사편찬위원회 홈페이지.
『증보산림경제』(유중림 저); 장서각 디지털 아카이브; 농촌진흥청, 『증보산림경제』 2003.
『지봉유설』(이수광 저); 누리미디어 및 한국고전번역원 홈페이지.

경남대학교박물관·밀양대학교박물관, 『울산 무거동 옥현유적』 1999. 4.
국립민속박물관, 『한국의 도량형』 1997.
국사편찬위원회 편, 『거상, 전국 상권을 장악하다』 두산동아, 2005.
국사편찬위원회 편, 『농업과 농민, 천하대본의 길』 두산동아, 2009.
국사편찬위원회 편, 『화폐와 경제 활동의 이중주』 두산동아, 2006.
김건태, 「19세기 어느 성리학자의 가작과 그 지향」 『한국문화』 55, 2011.
김건태, 「19세기 집약적 농법의 확산과 작물의 다각화」 2012. 9. 14. 발표문.
김열규·곽진석, 『한국인의 돈』 이숲, 2009.
까를로 로제티 저, 윤종태·김운용 역, 『꼬레아 꼬레아니』 서울학연구소, 1994.
대한서울상공회의소, 『주요 생필품의 거래단위실태 조사보고』 1986. 7.
마르코 폴로 저, 김호동 역주, 『마로코 폴로의 동방견문록』 사계절, 2000.
명지대학교 한국건축문화연구소, 『서울 청진6지구 유적』 2007.
모리스 쿠랑 지음, 파스칼 그러트·조은미 옮김, 『프랑스 문헌학자 모리스 쿠랑이 본 한국의 역사와 문화』 살림, 2009.
박경룡, 「상인들은 어떻게 돈을 벌었을까?」 『조선시대 서울 사람들』 2, 어진이, 2003.
박은숙, 『시장의 역사』 역사비평사, 2008.
샤를 바라·샤이에 롱 지음, 성귀수 옮김, 『조선기행: 백여 년 전에 조선을 다녀간 두 외국인의 여행기』 눈빛, 2006.
서울역사박물관, 『아스팔트 아래 운종가』 2012.

알프레드 에드워드 존 캐번디시 지음, 조행복 옮김, 『백두산으로 가는 길: 영국군 장교의 백두산 등정기』 살림, 2008.
에른스트폰헤세-바르텍 지음, 정현규 옮김, 『조선, 1894년 여름』 책과함께, 2012.
연태시박물관, 『考古烟台』 齊魯書社, 2006.
윤호필 외, 「진주 평거 4-3지구 유적」 『2012년 유적조사 발표회 발표자료집』 한국고고학회, 2012. 7. 7.
이사벨라 버드 비숍 지음, 이인화 옮김, 『한국과 그 이웃나라들』 살림, 1994.
이수미, 『國立中央博物館 所藏 〈太平城市圖〉 屛風 硏究』 서울대학교 고고미술사학과 박사논문, 2004.
이우성·임형택 역편, 『이조한문단편집』 상·중, 일조각, 1973·1978.
이태진, 「신라 통일기의 촌락지배와 공연」 『조선사회사연구』 지식산업사, 1986.
전호태, 『화상석 속의 신화와 역사』 소와당, 2009.
제이콥 로버트 무스 지음, 문무홍 외 옮김, 『1900, 조선에 살다』 푸른역사, 2008.
페르낭 브로델 저, 주경철 옮김, 『물질문명과 자본주의』 I-1, 일상생활의 구조 상, 까치, 1995.
페르낭 브로델 저, 주경철 옮김, 『물질문명과 자본주의』 II-1, 교환의 세계 상, 까치, 1996.
한국역사연구회, 『고려시대 사람들은 어떻게 살았을까』 2, 청년사, 1997.
한국역사연구회, 『조선시대 사람들은 어떻게 살았을까』 1, 청년사, 1996.
혼마 규스케 저, 최혜주 역주, 『조선잡기: 일본인의 조선정탐록』 김영사, 2008.

조세와 행정

『격치경원(格致鏡原)』(청 陳元龍 저); 사고전서 수록.
『고려도경』(서긍 저); 한국고전번역원 홈페이지.
『고려사』; 누리미디어 홈페이지.
『기재사초』(박동량 저, 『대동야승』 수록); 한국고전번역원 홈페이지.
『난중잡록』(조경남 저, 『대동야승』 수록); 한국고전번역원 홈페이지.
『남계집』(박세채 저); 한국고전번역원 홈페이지.
『동각잡기』(이정형 저, 『대동야승』 수록); 한국고전번역원 홈페이지.
『목민심서』(정약용 저); 다산연구회 역주, 『역주 목민심서』 I·IV, 창작과비평사, 1978·1984; 한국고전번역원 및 누리미디어 홈페이지.
『미암일기』(유희춘 저); 담양향토문화연구회, 『미암일기초』 1992; 장서각 디지털 아카이브.
『북학의』(박제가 저); 안대회 옮김, 『북학의』 외편, 돌베개, 2004; 누리미디어 홈페이지 및 국사편찬위원회 한국사데이터베이스.
『삼국사기』(김부식 저); 동방미디어 홈페이지.
『삼국지』(진수 저).
『석담일기』(이이 저, 『대동야승』 수록); 한국고전번역원 홈페이지.
『성호사설』(이익 저); 한국고전번역원 홈페이지.
『쇄미록』(오희문 저); 이민수 역, 『쇄미록』 상 · 하, 해주오씨추탄공파종중, 1990; 장서각 디지털 아카이브.
『수서』(장손무기 등 저).
『양서』(요사렴 저).
『어우야담』(유몽인 저); 현혜경 등 역주, 『어우야담』 2, 전통문화연구회, 2003.
『여유당전서』(정약용 저); 한국고전번역원 홈페이지.
『연려실기술』(이긍익 저); 한국고전번역원 홈페이지.
『우서』(유수원 저); 한국고전번역원 홈페이지.
『육연재이필기(六研齋二筆記)』(명 李日華 저); 사고전서 수록.
『응천일록』(저자 미상, 『대동야승』 수록); 한국고전번역원 홈페이지.
조선왕조실록; 국사편찬위원회 홈페이지.
『지봉유설』(이수광 저); 이종술 등 역, 『지봉집, 지봉유설』 한국의 사상대전집 19, 동화출판공사, 1977; 한국고전번역원 홈페이지 및 누리미디어 홈페이지.
『청성잡기』(성대중 저); 김종태 외 옮김, 『청성잡기』 민족문화추진회, 2006; 한국고전번역원 홈페이지.
『청장관전서』(이덕무 저); 한국고전번역원 홈페이지.
『패관잡기』(어숙권 저, 『대동야승』 수록); 한국고전번역원 홈페이지.

『江戶東京博物館 綜合案內』(도록) 1993.
국립청주박물관, 『조선 왕실의 한글 편지, 숙명신한첩』 2011.
국립해양문화재연구소, 『800년 전의 타임캡슐』 2010.
국민대학교 박물관, 『조선의 싸인』 2004.
국사편찬위원회, 『한국사』 24, 조선 초기의 경제구조, 1994.
김용운 · 김용국, 『한국 수학사』 살림, 2009.
모리스 쿠랑 저, 박상규 역, 『韓國의 書誌와 文化』 신구문화사, 1974.
박용운, 『고려시대 개경 연구』 일지사, 1996.
박정규, 「조보의 기원에 대한 연구」 『언론정보연구』 15, 서울대학교 언론정보연구소, 1978.

박지원 지음, 박희병 옮김, 『고추장 작은 단지를 보내니』 돌베개, 2005.
박지향, 『영국사』 까치, 1998.
샤를 바라 · 샤이에 롱 지음, 성귀수 옮김, 『조선기행: 백여 년 전에 조선을 다녀간 두 외국인의 여행기』 눈빛, 2006.
송기호, 「고대의 문자생활」 『강좌 한국고대사』 5, 가락국사적개발연구원, 2002.
알프레드 에드워드 존 캐번디시 지음, 조행복 옮김, 『백두산으로 가는 길: 영국군 장교의 백두산 등정기』 살림, 2008.
이종욱, 「남산신성비를 통하여 본 신라의 지방통치체제」 『역사학보』 64, 1974.
이헌창 엮음, 『조선후기 재정과 시장』 서울대학교출판문화원, 2010.
이황 저, 이장우 · 전일주 옮김, 『퇴계 이황, 아들에게 편지를 쓰다』 연암서가, 2007.
자크 제르네 지음, 김영제 옮김, 『전통중국인의 일상생활』 신서원, 1995.
최영희, 『한국사기행 -그 터-』 일조각, 1987.

법과 처벌

『고려사』; 누리미디어 홈페이지.
『목민심서』(정약용 저); 다산연구회 역주, 『역주 목민심서』 V, 창작과비평사, 1985; 한국고전번역원 및 누리미디어 홈페이지.
『미암일기』(유희춘 저); 담양향토문화연구회, 『미암일기초』 1992; 장서각 디지털 아카이브.
『삼국지』(진수 저).
『성호사설』(이익 저); 한국고전번역원 홈페이지.
『신주무원록』(왕여 저); 김호 옮김, 『신주무원록』 사계절, 2003,
『연려실기술』(이긍익 저); 한국고전번역원 홈페이지.
『장빈거사호찬』(윤기헌 저, 『대동야승』 수록); 한국고전번역원 홈페이지.
조선왕조실록; 국사편찬위원회 홈페이지.
『청성잡기』(성대중 저); 김종태 외 옮김, 『청성잡기』 민족문화추진회, 2006; 한국고전번역원 홈페이지.
『필원잡기』(서거정 저, 『대동야승』 수록); 한국고전번역원 홈페이지.

도미야 이따루 저, 임병덕 · 임대희 역, 『유골의 증언: 고대중국의 형벌』 서경문화사, 1999.
박병호, 『한국의 법』 세종대왕기념사업회, 1974.
심재우, 『네 죄를 고하여라』 산처럼, 2011.

아베 긴야 지음, 오정환 옮김, 『중세를 여행하는 사람들』 한길사, 2007.

아손 그렙스트 지음, 김상열 옮김, 『스웨덴 기자 아손, 100년 전 한국을 걷다: 을사조약 전야 대한제국 여행기』 책과함께, 2005.

안길정, 『관아를 통해서 본 조선시대 생활사』 상, 사계절, 2000.

지그프리트 겐테 지음, 권영경 옮김, 『독일인 겐테가 본 신선한 나라 조선, 1901』 책과함께, 2007.

펠릭스 클레르 리델 지음, 유소연 옮김, 『나의 서울 감옥 생활 1878: 프랑스 선교사 리델의 19세기 조선체험기』 살림, 2008.

사진, 그림 출처

서울과 지방

인왕산과 백악산, 북한산; 송기호 사진 (17쪽)

남산과 한강; 송기호 사진 (19쪽)

관악산 정상과 연주대; 송기호 사진 (21쪽)

성돌의 차이; 송기호 사진 (22쪽)

동대문과 옹성; 문화재청 자료 (23쪽)

성벽 넘기; 로베르 살레 그림(1905); 백성현 · 이한우, 『파란 눈에 비친 하얀 조선』 새날, 1999, 177쪽에서 재인용 (24쪽)

조리돌림; 『계간미술』 39, 1986 수록 '형정도첩' (28쪽)

현대의 조리돌림; 정부기록 사진(과거 국정홍보처 홈페이지) (28쪽)

종로 청진지구 우물; 송기호 사진 (33쪽)

셰익스피어 고향의 튜더 양식 건물; 송기호 사진 (35쪽)

개성의 황진이 묘; 북한 자료 (39쪽)

개성 민속여관촌; 송기호 사진 (41쪽)

제주 관아와 마을: 탐라순력도; 국립제주박물관, 『제주의 역사와 문화』 2001, 131쪽 (44쪽)

성주청지 안내문; 송기호 사진 (45쪽)

북한의 석탄 더미; 송기호 사진 (49쪽)

원골 마을의 도로와 연못; 중앙문화재연구원 외, 『대전 상대동 원골유적』 본문 II, 2011, 3쪽 (51쪽)

가로수 흔적; 송기호 사진 (52쪽)

해남 대흥사 장승; 송기호 사진 (56쪽)

금강산 만물상; 송기호 사진 (57쪽)

농사와 거래

친경 행사 모형; 농업박물관, 송기호 사진 (62쪽)

창경궁 내농포; 한국문화재보호협회, 『동궐도』 1991 (63쪽)

농촌 풍경; 부벽루연회의 한 장면, 국립중앙박물관, 『조선시대 풍속화』 2002, 47쪽 (64쪽)

새끼 꼬아 물건 삼기; 국립중앙박물관, 『조선시대 풍속화』 2002, 140쪽 (65쪽)

경직도의 한 부분; 국립중앙박물관, 『조선시대 풍속화』 2002, 81쪽 (66쪽)

수확을 감독하는 지주 대리인; 국립중앙박물관 외, 『단원 김홍도』 삼성문화재단, 1995, 100쪽 (69쪽)

대지주가 소작료를 받는 장면; 이태호, 『풍속화(둘)』 대원사, 1996, 115쪽 (69쪽)

'태평성시도'의 양다리방아; 국립중앙박물관 소장, 송기호 사진 (77쪽)

작두질 하기; 안휘준 책임감수, 『풍속화』 한국의 미 19, 중앙일보사, 1985, 도79 (78쪽)

중국 화상석의 성교 장면; 중국 사천성 출토 화상석; 전호태, 『화상석 속의 신화와 역사』 소와당, 2009, 257쪽 재인용 (80쪽)

압록강변의 다락밭; 송기호 사진 (81쪽)

화전 금지 팻말; 송기호 사진 (82쪽)

코뚜레 한 소로 밭갈기; 국립중앙박물관 외, 『단원 김홍도』 삼성문화재단, 1995, 89쪽 (89쪽)

쟁기 끄는 모습; 송기호 사진 (90쪽)

부리망을 씌운 소로 옥수수밭에 북주기; 송기호 사진 (90쪽)

어영청지 동물 뼈 분석표; 서울역사박물관, 『아스팔트 아래 운종가』 2012, 101쪽 (91쪽)

베트남의 물소; 송기호 사진 (95쪽)

뿔에 줄을 맨 소; 송기호 사진 (96쪽)

나주 복암리 5호 목간; 국립나주문화재연구소 사진 (97쪽)

신석기시대 집과 밭; 문화재청 보도자료 '강원 고성 문암리유적에서 신석기시대 경작유구(밭) 발굴: 동아시아 최초의 신석기시대 밭 유적일 가능성 높아' 2012. 6. 26. (101쪽)

미사리 밭 유적; 송기호 사진 (102쪽)

보리혼식 포스터; 세계기록문화전, 송기호 사진 (104쪽)

북한의 논 분포; 동아일보 2013. 3. 1. (110쪽)

저전리 저수지 유적; 이한상 제공 (113쪽)

옥현 청동기, 삼국, 조선의 논; 경남대학교박물관 · 밀양대학교박물관, 『울산 무거동 옥현유적』 1994. 4, 16쪽 (114쪽)

조선시대 모내기; 국립중앙박물관, 『조선시대 풍속화』 2002, 70쪽 (116쪽)

이앙법과 직파법; 농업박물관, 송기호 사진 (117쪽)

시전 건물지; 명지대학교 한국건축문화연구소, 『서울 청진6지구 유적』 2007, 원색화보1 (122쪽)

종로 거리의 시전; 최석로 해설, 『민족의 사진첩』 I, 서문당, 1994, 43쪽 (122쪽)

운종가의 시전 행랑(한양도); 이찬, 『한국의 고지도』 범우사, 1991, 198쪽 (124쪽)

저포전 깃발; 서울역사박물관, 『서울역사박물관』 2002, 81쪽 (125쪽)

종로에 늘어선 시전들(수선총도); 이찬, 『한국의 고지도』 범우사, 1991, 202~203쪽 (126쪽)

남대문 밖 칠패시장; 숭실대학교 한국기독교박물관, 『서양인이 본 근대전환기의 한국·한국인』 2012, 68쪽 (130쪽)

남대문로의 가게들; 최석로 해설, 『민족의 사진첩』 I, 서문당, 1994, 46쪽 (131쪽)

'고소번화도'의 한 부분; 楊東勝 주편, 『姑蘇繁華圖』 中國書店, 2009 (134쪽)

평양의 시장; 조풍연 해설, 『사진으로 보는 조선시대』 서문당, 1986, 13쪽 (136쪽)

행상 부부; 숭실대학교 한국기독교박물관, 『기산 김준근 조선풍속도: 스왈른 수집본』 2008, 23쪽 (143쪽)

시장에 가는 일행; 국립중앙박물관, 『조선시대 풍속화』 2002, 205쪽 (144쪽)

서울의 시전; 송기호 사진, 서울역사박물관 전시 사진 (147쪽)

마포나루; 마포구청 자료 (150쪽)

송파 산대놀이; 문화재청 자료 (150쪽)

경강상인들이 활동했던 한강변 모습; 규장각 소장 '경강부임진도'(규장각 홈페이지) (152쪽)

한글이 쓰인 간식; 송기호 사진 (154쪽)

상가가 있던 송도의 중심가; 국립춘천박물관, 『우리 땅, 우리 진경』 2002, 152쪽 (160쪽)

'태평성시도'의 상점 모습; 국립중앙박물관 소장, 송기호 사진 (160쪽)

조개화폐; 송기호 사진, 화폐금융박물관 전시 (164쪽)

말 머리에 장식된 보배조개; 송기호 사진, 임치 고차박물관 (165쪽)

할슈타트의 소금 광부상; 송기호 사진 (166쪽)

쇄은; 송기호 사진, 화폐금융박물관 전시 (169쪽)

삼베와 무명; 인터넷 사진 편집 (172쪽)

섬, 말, 되; 송기호 사진, 태안 해저유물과 고려시대 조운 특별전 전시 (176쪽)

묶은 흔적이 남아 있는 덩이쇠; 동경국립박물관, 『가야문화전』 1992, 74쪽 (182쪽)

복천동 고분 모형; 송기호 사진, 복천박물관 전시 (182쪽)

사라리 130호 무덤; 영남문화재연구원, 『경주사라리유적』 II, 2001, 원색사진 2 (183쪽)

쇠돈; 송기호 사진, 화폐금융박물관 전시 (185쪽)

은병; 송기호 사진, 화폐금융박물관 전시 (187쪽)

은병 시주 명문; 경남발전연구원 역사문화센터 제공 (188쪽)
중국의 건어물상; 송기호 사진, 중국 산동성 연태시박물관 (190쪽)
원나라 지폐; 中國歷史博物館, 『華夏文明史圖鑑』 4, 朝華出版社, 2002, 15쪽 (191쪽)
돈을 사용하는 모습; 서울역사박물관, 『서울역사박물관』 2002, 101쪽 (194쪽)
상평통보, 당백전 등; 송기호 사진, 국립중앙박물관 전시 (197쪽)
엽전이란 말을 이해할 수 있는 중국 화폐의 주조틀; 송기호 사진, 산시박물관 전시 (200쪽)

조세와 행정

재정 통계 엽서; 서울시립대학교박물관, 『엽서로 보는 근대이야기』 2003, 15쪽 (207쪽)
중국의 쑤저우; 송기호 사진 (213쪽)
중국 주나라 때의 소금 제조; 송기호 사진, 산둥성박물관 (215쪽)
세금을 거둘 때에 사용한 수세패; 송기호 사진, 국립중앙박물관 (217쪽)
종묘 제례; 문화재청 사진 (222쪽)
돈을 세고 있는 로마의 세리; Nigel Rodgers, *Ancient Rome*, Hermes House, 2006, p.101 (224쪽)
신의주의 배; 송기호 사진 (228쪽)
전국쥐잡기 광고; 조선일보 1949. 12. 9. (230쪽)
세곡 운반선; 국립해양문화재연구소, 『조선시대 그림속의 옛배』 2010, 21쪽 (234쪽)
청자주전자 세트; 서울대학교박물관 · 국립해양문화재연구소, 『태안 해저유물과 고려시대 조운』 2010, 28쪽 (237쪽)
노계야철지 출토품; 중원문화재연구원 지도위원회 자료 (238쪽)
민정문서의 해당 부분; 국립중앙박물관, 『문자, 그 이후』 2011, 83쪽 (240쪽)
호패들; 문화재청 (246쪽)
당평제비 비문; 송기호 사진 (248쪽)
고구려 채석장; 송기호 사진 (251쪽)
남산 신성비 제1비; 송기호 사진, 국립중앙박물관 문자전 전시 (251쪽)
남산 신성비, 성산산성 관련 지역; 국립중앙박물관, 『문자, 그 이후』 2011, 150쪽 (252쪽)
백제의 지게 발채; 국립부여박물관, 『능사: 부여 능산리사지 6~8차 발굴조사보고서』 2007, 152쪽 (252쪽)
해미읍성 성돌의 '공주' 명문; 송기호 사진 (253쪽)
왕 행차에 동원된 군졸들; 국립중앙박물관, 『조선시대 풍속화』 2002, 23쪽 (260쪽)
우즈베키스탄의 전통종이 제작; 송기호 사진 (268쪽)

낭야대의 동상; 송기호 사진 (269쪽)

헝겊편지; 문화일보 2011. 12. 28. (269쪽)

어전에서 홀을 들고 있는 모습; 왕세자두후평복진하도(1879); 국립중앙박물관, 『조선시대 궁중행사도』 I, 2010, 131쪽 (270쪽)

안악 3호분 기실; 편찬위원회, 『조선유적유물도감』 5, 1990, 41쪽 (270쪽)

홀기; 한국국학진흥원, 『유교문화박물관』 2006, 177쪽 (271쪽)

곽주의 한글 편지; 국립대구박물관 전시, 송기호 사진 (275쪽)

서와 압; 국민대학교박물관, 『조선의 싸인』 2004, 170쪽 (280쪽)

각압; 국민대학교박물관, 『조선의 싸인』 2004, 121쪽 (280쪽)

서민의 사인; 국민대학교박물관, 『조선의 싸인』 2004, 100쪽, 106쪽 (283쪽)

중성리 신라비; 국립중앙박물관 전시, 송기호 사진 (287쪽)

다호리 붓과 주머니칼, 유물과 복원품; 국립중앙박물관 전시, 송기호 사진 (289쪽)

왕궁리 출토 측주; 국립부여문화재연구소 (296쪽)

선조의 한글 교서; 문화재청 (297쪽)

한글 영비와 복제 비문; 송기호 사진 (299쪽)

비석 이전 기사; 세계일보 1995. 10. 8. (299쪽)

김성일 편지; 장서각 전시, 송기호 사진 (300쪽)

우키요에; 『江戶東京博物館 綜合案內』 1993, 88쪽 (308쪽)

반고흐의 그림; 반고흐 미술관 전시, 송기호 사진 (308쪽)

조보; 국립중앙박물관, 『조선시대 고문서』 1997, 130쪽 (309쪽)

조선시대 달구지; 국립중앙박물관, 『조선시대 풍속화』 2002, 30쪽 (320쪽)

근대 시기 달구지; 조풍연 해설, 『사진으로 보는 조선시대』 속, 서문당, 1987, 75쪽 (320쪽)

장터 가는 길; 정병모, 『한국의 풍속화』 한길아트, 2000, 374쪽 (323쪽)

다리를 건너는 상인들; 조풍연 해설, 『사진으로 보는 조선시대』 속, 서문당, 1987, 164쪽 (원: H.B. Hulbert, *The Passing of Korea*, 1906, p.75) (323쪽)

안개 낀 서호; 송기호 사진 (324쪽)

법과 처벌

백자 상준; 경기도박물관, 『경기도박물관 명품선』 2004, 55쪽 (329쪽)

청화백자 코끼리 문양; 인터넷 자료 (329쪽)

역적 참수하기; 『계간미술』 39, 1986 수록 '형정도첩' (331쪽)

한성부 청사; 민족문화대백과사전 (332쪽)

겨우 합헌이 된 어머니 고소 금지법; 조선일보 2011. 2. 25. (334쪽)

파키스탄 여성들의 명예살인 반대 시위; 인터넷 자료 (341쪽)

함무라비 비석 전면; 송기호 사진 (342쪽)

도박꾼 잡기; 『계간미술』 39, 1986 수록 '형정도첩' (347쪽)

야경; 네덜란드 국립미술관, 송기호 사진 (350쪽)

범인 잡아들이기; 숭실대학교 한국기독교박물관, 『기산 김준근 조선풍속도: 스왈른 수집본』 2008, 103쪽 (351쪽)

검시하기; 조흥윤, 『그림으로 본 19세기 한국풍속과 민중의식』 완자무늬, 2000, 284쪽 (353쪽)

정강이 때리기; 숭실대학교 한국기독교박물관, 『기산 김준근 조선풍속도: 스왈른 수집본』 2008, 110쪽 (361쪽)

주리 틀기; 숭실대학교 한국기독교박물관, 『기산 김준근 조선풍속도: 스왈른 수집본』 2008, 109쪽 (361쪽)

학춤 추기; 『계간미술』 39, 1986 수록 '형정도첩' (363쪽)

고문 전시실 입구의 그림; 송기호 사진 (363쪽)

형도 무덤과 묘지명; 송기호 사진, 중국 고고연구소 (366쪽)

동단산 유적; 송기호 사진 (367쪽)

매질하는 모습; 최석로 해설, 『민족의 사진첩』 II, 민족의 뿌리, 서문당, 1994, 11쪽 (368쪽)

효수; 정순재 편저, 『사진으로 보는 구한말』 매일관광문화사, 1980, 80쪽 (371쪽)

치도곤 치기; 『계간미술』 39, 1986 수록 '형정도첩' (374쪽)

군기시터 발굴; 송기호 사진 (380쪽)

사약받는 양반; 『계간미술』 39, 1986 수록 '형정도첩' (381쪽)

화형되는 잔다르크; 인터넷 자료 (384쪽)

강화도와 교동도; 서울대학교 규장각, 『해동지도』 상, 1995, 86쪽(덕적진) (387쪽)

에딘버러 언약파의 감옥; 송기호 사진 (390쪽)

청도의 원옥; 서울대학교 규장각, 『해동지도』 상, 1995, 164쪽(청도군) (391쪽)

의금부; 유홍준 · 이태호 편, 『만남과 헤어짐의 미학』 학고재, 2000, 그림 4 (391쪽)

형벌 담당 기관들; 이찬 · 양보경, 『서울의 옛 지도』 서울학연구소, 1995, 55쪽 (391쪽)

감옥에 식사 넣기; 『계간미술』 39, 1986 수록 '형정도첩' (392쪽)

낙안읍성에서의 형벌 체험; 송기호 사진 (393쪽)

칼을 차고 있는 죄수들; 조풍연 해설, 『사진으로 보는 조선시대』 속, 생활과 풍속, 서문당, 1987, 139쪽 (394쪽)

근대의 감옥: 조풍연 해설, 『사진으로 보는 조선시대』 속, 생활과 풍속, 서문당, 1987, 138쪽 (396쪽)